西学 大家系列

【奥】西格蒙德·弗洛伊德 著

黄忠晶 王银瓶 黄 巍 编译

Sigmund Freud

弗洛伊德 自述

天津人民出版社

图书在版编目（CIP）数据

弗洛伊德自述／（奥）弗洛伊德著；黄忠晶，王银瓶，黄巍编译. —天津 :天津人民出版社，2010.3（2010.10 重印）
ISBN 978 – 7 – 201 – 06387 – 4

Ⅰ. ①弗… Ⅱ. ①弗… ②黄… ③王… ④黄… Ⅲ. ①弗洛伊德,S.（1856 ~ 1939）—传记 Ⅳ. ①K835.215.1

中国版本图书馆 CIP 数据核字（2009）第 200994 号

天津人民出版社出版

出版人:刘晓津

（天津市西康路 35 号　邮政编码:300051）

邮购部电话:(022)23332469

网址:http://www.tjrmcbs.com.cn

电子信箱:tjrmcbs@126.com

高等教育出版社印刷厂印刷　新华书店经销

2010 年 3 月第 1 版　2010 年 10 月第 2 次印刷
880×1230 毫米　32 开本　9.375 印张　2 插页
字数:180 千字
定　价:22.00 元

目　录

前　言

　　西格蒙德·弗洛伊德(1856—1939)是 20 世纪最有影响的思想家之一。

　　在世纪之交,在总结对过去这个世纪影响最大的科学家、思想家时,在人文社会科学领域,人们公认的有两位:一位就是弗洛伊德,另一位是法国作家、思想家让-保尔·萨特。弗洛伊德在这一领域的影响是广泛而深远的,而这位影响巨大的学者同时又是遭受争议最多的人物,对他的评价可以说是毁誉参半。弗洛伊德去世已七十年,一些关于其学说之重大问题的讨论仍然不能说是盖棺论定。

　　弗洛伊德是一个犹太人,从小就感受到反犹太主义的压迫,被周围多数人排斥。这种社会环境对于养成他特立独行、敢于在思想上冒天下之大不韪的性格起了很大作用。从弗洛伊德的个性来讲,他在探求真理方面具有非同一般的勇气,即使对那些被常识和社会流行意识认为是十分荒谬、不可思议的东西,一旦他认定为真理,就公开宣扬,哪怕被斥为异端邪说也无所畏惧。弗洛伊德的自信是超乎常人的,而这种自信不是来自诸如宗教信仰之类的非理性的东西。他认为自己的理论是真正的科学,换言之,他的自信是来自对理性的坚定信念。

　　无意识理论显然是弗洛伊德学说的核心内容。由于他提出了无意识理论,他的学说就不仅仅是一种神经症诊疗学或一种性学理论,而是在更深广的层次即在心理学、哲学意义上对人的生存状态进行探讨。正因为这一点,他的学说的影响面大大超过了狭窄的精神病学界和性学界,几乎覆盖了西方人文社会科学和文学艺术的所有领域。简要地说,无意识是未曾被人意识到的人的欲望、冲动、情感等的总和,这一总和占据了整个人的本性的很大部分。如果把一个完整的人或人的全部本性比作一座水中的冰山,人对其本性的意识只是露出水面的那很小的一部分,而无意识就是那没入水中的看不见的绝大部分。一个人对自己"没入水中"的部分毫无意识,他就以为自己的本性仅仅是他已意识到的,从而形成了一种对自己完整本性的歪曲和遮蔽,由此产生人的意识与存在之间的根本矛盾。从人本学角度看,弗洛伊德学说的重大意义正在于揭示了这种人们司空见惯的现象所显现的人生存的根本状态。

弗洛伊德精神分析学说的基础是对梦的分析。通过对梦的研究,他发现了无意识与意识的复杂关系,以及这种关系在神经症中的重要作用。1900 年出版的《梦的解析》一书对于精神分析学说来说具有划时代的意义。在该书中弗洛伊德不仅采用了他人的梦作为例证,还对自己的许多梦作了深入分析。而这是需要很大勇气的,因为涉及自己种种隐秘而不可示人的体验、动机、欲望和冲动。从这个意义上说,为了科学研究,弗洛伊德不惜作出极大的自我牺牲。从深度和广度来看,在梦的研究领域,他取得的成就至今还没有人能够超越。

弗洛伊德学说中最让人感兴趣也最招致非议的是性欲理论。他对性欲的定义要比人们通常理解的宽泛得多。他的儿童性欲理论被视为对纯洁天真儿童的亵渎。他将性看作神经症的主要病因,更是被当时医学界拒之门外的主要原因,被视为异端邪说。弗洛伊德的性欲理论与其无意识思想是一致的。在他看来,一个成人被压抑成无意识冲动的,大都是他五岁以前的性体验,而这些无意识的东西对其一生都有着重要的甚至是决定性影响。他不是单就性欲问题本身来研究性欲,而是通过审视性欲活动的时间、范围、方式等,来达到对我们生存状况的重新认识。

弗洛伊德的职业是临床医生,他最初的研究活动的主要目的是为了更好地治疗病人,这以后也始终是他研究工作的一个方面。精神分析创立了自由联想方法,医生让病人发挥自己的主观努力,克服内心抵抗,将被压抑的无意识揭示出来,认清自己真正的欲望和需要,从而让症状得以消除。在这一过程中,医生还要注意克服移情作用可能带来的消极影响。在当时,这一方法对于多种神经症的治疗都是卓有成效的。就是在今天,精神分析的一些基本原则和方法,在精神病和神经症的治疗实践中仍然具有借鉴意义。

关于本能的思想是弗洛伊德学说的主要内容。早期,弗洛伊德将人的本能分为两种——自我保存的本能和性本能。后期,他的思想有了很大的变化,将人的本能分为生的本能和死的本能。生的本能包含自我保存的本能和性本能,又称为爱欲本能。死的本能在转向外部世界时又被称为攻击性本能或破坏本能。弗洛伊德认为,这两大类本能总是纠缠在一起,既互相冲突又彼此融合,由此构成复杂的生命现象。他运用这一观点对战争、暴力等现象作出了有独到见解的解释。

弗洛伊德在其一生中,特别是在后期,花了很大精力来研究人类社会的起源和发展问题。他在这方面的研究也是独树一帜、不同凡响的。他运用自己独创的"俄狄浦斯情结",将人类的起源归之于儿子们合力杀死父亲的"原罪",文明由此开始。他还对文明与爱欲的关系作了深入的探讨,指出文明虽有存在的必要,却是人们不幸福的根源。如何看待文明、怎样处理同文明的关系,是人类最为根本的问题。他还特别探讨了宗教问题,认为宗教是人类幼稚时期的产物,是一种幻觉,当时虽然有存在的理由,现在与科学相比,已经失去了积极的作用。他崇尚科学,认为科学不是幻觉,是现代人真正需要的。

　　弗洛伊德具有十分深厚的人文修养,他将自己的研究成果运用到文学艺术领域,成绩斐然。他运用深层心理学知识来分析作家的创作心态、史诗、英雄神话、观众心态等,别开生面。他还对达·芬奇、米开朗基罗、陀思妥耶夫斯基、莎士比亚等伟大作家、艺术家及其作品作了深入细致的分析,使人不得不叹服其观点新颖、别出心裁,能道出前人之所未及。在这些分析中,他将无意识、心理结构、梦、性欲、神经症症状等方面的思想糅和在一起,十分自如地运用于一个个研究对象,已经达到了炉火纯青的程度。

　　通常的说法是,弗洛伊德的学说没有任何确定的哲学基础。是的,如果要讲直接的承绪关系,那么弗洛伊德确实不信奉任何一种哲学。然而弗洛伊德以无意识为中心,对压抑、抵抗、恋母情结、移情、自恋等现象作了使人耳目一新的研究,并在此基础上构筑了他一整套关于人的学说。这些概念或思想的实质都是表现人生存的根本矛盾和状态:超出自然和返回自然,走向独立和继续依赖,不断创新和耽于守成,渴望冒险和需要安全……这些互相矛盾的倾向永远缠绕着人们,使他们在困惑、迷惘中仍能清醒,在失落中仍能振作,在迂回中仍能够执著地前进。由此看来,辩证法并不是外在于人的东西,人的生存自身就是一个辩证的存在;人一旦失却自身的矛盾,他也就不复为人。这也许就是弗洛伊德的发现给我们的最有意义的启示。

　　本书从弗洛伊德大量的著作、论文、书信等中撷取那些最能反映弗洛伊德个性、思想和生活的内容,根据主题,从多种角度、多个方面摘译编排而成。如果您对弗洛伊德及其思想有兴趣,希望对此有一个全面了解,但又不能浏览其全部作品,那么本书应该是一个不错的选择,应能满足您的需要。

　　2009 年是西格蒙德·弗洛伊德逝世七十周年,谨以此书作为对这位大思想家的纪念。

一、我这个人

1. 从童年到上大学——我的早期生活概况

1856 年 5 月 6 日，我出生在摩拉维亚一个名叫弗莱堡的小镇。我父母都是犹太人，我自己的家庭也都是犹太人。我有理由相信，我的祖辈曾长期定居在莱茵河畔（科隆附近）生活；由于十四、十五世纪那里对犹太人的迫害，他们不得不向东逃难。到十九世纪，他们又从立陶宛经由加利西亚，迁移到奥地利。我四岁时来到维也纳，在这里完成全部学业。

读中学时，我的学习成绩连续七年在班上排名第一，因此享有特殊待遇，差不多所有的课程都免试通过。尽管当时家里生活不很宽裕，父亲还是同意，我将来的职业应该由我自己作出选择。其实我一直对医生这一职业都没有特别的爱好。我确实有一种好奇心，但那是对人而不是对自然界的其他事物，那时我还没有认识到，观察是满足这种好奇心的最好方法。差不多从学会认字开始，就迷上了《圣经》故事，直到很久以后我才发现，这对我的志向有着十分深远的影响。

在学校我有一位高年级的好朋友，他的志向是当一个著名的政治家。由于他的影响，我也曾打算攻读法律，从事社会活动。当时达尔文的学说十分热门，它让我们感觉到，人类对世界的认识有望出现重大进展，这一理论也深深地吸引了我。只是到了毕业前夕，在一次讲座中，卡尔·布吕尔教授给我们朗诵了一篇歌德描绘大自然的散文，十分优美感人，我才决心报考医学专业。

1873年我进入大学，不久就感到有些失望。首先，我发现，周围的人原以为我会因为自己是个犹太人而感到低人一等，跟他们保持一定距离。我绝对不会这样看待自己，我从来都不明白，为什么要为自己的血统或如人们所说的种族感到羞耻。在这种被排斥的环境中我并不太感沮丧。在我看来，无论周围环境怎样排挤我，只要努力学习，积极进取，在这个校园里我还是可以找到一块立足之地的。从另一个角度看，大学里这些最初的感受对我产生的影响是非常重要的。在很年轻的时候我就被迫处于对立面的地位，饱尝被"紧密团结的大多数"压制的滋味。这为我以后形成独立判断的能力，在一定程度上打下了基础。

其次，在大学的头几年里，我不得不看到，由于自己某些天生的特点和局限性，我不可能同时在许多学科领域都获得较大的成就，而以前我曾热切地投身于它们当中的每一个。这时我才真正懂得，梅菲斯特的告诫确实是至理名言："在科学领域广种只会薄收，每个人只能学到他力所能及的东西。"

最后，在恩斯特·布吕克的生理学研究所我才找到自己的归宿，学习的欲望获得满足，并认识了我十分敬仰、奉为楷模的人：伟大的布吕克、他的助手西格蒙德·埃克斯纳和恩斯特·马克索夫。马克索夫十分优秀，能同他结识是我的荣幸。布吕克把一个神经系统组织学方面的课题交给我研究。我很好地完成了这一工作，并且独自在这一领域取得进展。除了几次短暂的中断，从1876年到1882年间，我一直在这个研究所工作，那时大家都以为，研究所一有空缺，我就会被提拔到助教的职位上来。但除了精神病学之外,我几乎对所有的医学领域都不感兴趣。由于放松了学习,直到 1881 年我才获得医学博士学位,这已经很迟了。

——《弗洛伊德自传》

2. 我曾被一位农妇预言为伟人

1897 年春,听说我们大学的两位教授推荐我晋升特别教授,我十分惊喜,并且难以相信这两位知名学者对我的认可,但我立即提醒自己,对此事不要希望太高。过去几年,部长已经拒绝过几次这样的推荐。有好些资历比我高、能力也不比我差的同事都白白地等待了许多年。我没有理由相信自己比他们幸运,因此决定还是听之任之、顺其自然。我自认为不是一个有野心的人,即使没有教授的头衔,我对自己事业上的成就也是满意的。也许"教授"这个葡萄挂得太高了,我吃不着它,就不能说它是酸的。

一天晚上,一位朋友来找我,我一直把他作为自己应该引以为鉴的例子。他很早就被推荐为教授了。一个医生一旦有了教授的头衔,就会被病人看成神仙一样的人物。他不像我这样听天由命,常常到部长那儿去追问自己晋升的可能性。这次来我这里之前,他又一次找到部长,直接质问对方,迟迟不能晋升是否由于自己的宗教信仰。对方的答复是,目前不能晋升,确实有着情感方面的因素。这位朋友得出结论:"我至少知道了自己目前的境况。"他说的这些,对我并不是什么新东西,但加深了我对自己境况的认识,因为我也有着同样的宗教信仰问题。

　　第二天早晨,我做了下面这个梦,它的形式十分奇怪,包括两个想法和两个人物,每一个想法后面紧跟着一个人物。我这里只提出梦的前半部分,因为后半部分跟我这里要讨论的没有什么关系。

　　①我的朋友 R 是我的叔叔,我对他有很深的感情;

　　②我在近处看到他的脸,脸有些变形,好像拉长了,满脸都是黄色胡须,特别显眼。

　　"R 是我的叔叔",这是什么意思? 我只有一个叔叔——约瑟夫。他的经历很悲惨。三十多年前,他为了多赚钱,做了非法交易,为此被判刑。我父亲为此而伤心,几天内头发都白了。他常常说约瑟夫叔叔不是坏人,只是一个被人利用的大傻瓜。我梦见朋友 R 是约瑟夫叔叔,就是说 R 也是大傻瓜,这种想法简直让人难以相信。

　　我不明白这种比较有什么意义,还须继续探索。事实是,我叔叔是个罪犯,但我的朋友 R 的名声却是无可挑剔的……现在,我又想起几天前我跟另一个同事 N 的谈话,谈的也是职务晋升的事情。我是在大街上碰到他的,他也被推荐为教授。他也听到我被推荐的消息,向我表示祝贺。我拒绝了他的祝贺。我说:"你别来调侃我了,你自己也应该很清楚,这种推荐是算不得数的。"他回答道:"话不能这么说。我上不去是有原因的。你不知道有个女人在控告我吗? 我可以告诉你,这完全是一起卑鄙的敲诈勒索,而我因此惹上一些麻烦。部长可能以此为由不任命我,而你在这一方面是没有任何问题的。"现在我明白了谁是罪犯,这个梦该如何解释,其含义是什么。我叔叔约瑟夫代表了我这两位未得到任命的同事——一个是傻瓜,一个是罪犯。现在我明白了他们为什么会出现。如果我的朋友 R 和 N由于宗教信仰问题而不能晋升,那么我的晋升可能也没有希望;如果他们不能晋升的原因是我所没有的,那么我的晋升仍有希望。这就是我的梦采取的步骤：它把我的一个朋友 R 变成傻瓜，把另一个朋友 N 变成罪犯，而我既不是傻瓜，又不是罪犯，在晋升上就没有什么问题了，也就避免了 R 所说的那种坏结果。

想到这里，我对自己的解释仍然不甚满意，觉得应该继续解释下去。为了让自己获得晋升，竟然在梦中这样贬损我平素十分敬仰的两位同事，我对此深感内疚。好在我知道梦中的行为并非实际情况，这可以缓解我对自己的不满。实际上，我根本不可能相信 R 是个大傻瓜，也不会相信 N 真的与那起敲诈勒索有什么关系。

我在梦中表现出来的野心是怎么来的呢？

我想起了孩提时代常听到的一件事：我出生时，一位老农妇对我母亲预言，她生下的这个头胎孩子，将会成为一位世界伟人。其实这种预言很平常：母亲们都希望自己的孩子成龙成凤，而那些农妇们都乐于说些恭维的话，还有些老妇人，历经人间苦难，于是把希望寄托在未来一代身上。何况她们这样说，对自己一点损害也没有。这就是我渴望名声的来源吗？

我又想起了另一个经历，那是在我童年后期，也许能更好地解释这个梦。我十一二岁时，父母常常带我去布拉格。一天晚上，我们在餐馆吃饭，一个人的举动引起我们的注意：他从一个桌子走向另一个桌子，向人讨钱，他的回报是，给钱的人出个题目，他就立即作出一首诗来。父亲让我把他带到桌前。还未待我们出题目，这个诗人就主动为我献上几句诗，并且说，他有预感，我将来肯定会成为内阁部长级的大人物。这个预言给我留下深刻的印象，我至今仍能十分清晰地记起。当时是"中产阶级内阁"时代。没过多久，父亲拿回一些大人物，如赫伯斯特、杰斯科、恩加、波吉等的肖像画，挂在家中，以此为蓬荜生辉。这些人中还有犹太人。因此，几乎每个犹太学生的书包里,总有一个内阁部长式样的公文夹。很可能是这个预言以及这种情势的影响,一直到上大学前,我都打算学法律专业,直到最后一刻才改变主意。

毕竟一个医学专业的学生是不可能成为内阁部长的。现在再回到我的这个梦上面来。我现在明白了,这个梦是把我从当前这种有违初衷的现实生活带回到当年那个能够充分满足我的野心的"中产阶级内阁"时代。仅仅由于这两位学识渊博、值得尊敬的同事是犹太人,我就十分刻毒地把他们一个说成是傻子,一个说成是罪犯,这样子好像我成了部长,可以对他们任意处置。由于部长拒绝任命我为教授,我就在梦中扮演他的角色,作出如此荒谬的举动来。

——《梦的解析》

3. 我和父亲

(1)"犹太人,滚开!"——父亲被人打落帽子

最近一次去意大利旅行,途经特拉斯姆湖,已经看到了台波河,但在离罗马五十里的地方我十分遗憾地返回。这让我加深了童年以来对这个"永恒之都"的憧憬。我打算明年再由这里去罗马,然后去那不勒斯。这时,古典作品中的一句话突然浮现在我的脑海中:"他决定去罗马后,在书房里焦躁地来回走动,拿不定主意怎么办:是当文克尔曼的助手,还是当汉尼拔将军那样的人物。"我自己实际上是步了汉尼拔的后尘。跟他一样,我也注定到不了罗马。在所有的人都期望他进军罗马时,他却转向了坎巴尼亚。在这方面我跟汉尼拔相似,他是我中学

时代崇拜的偶像。那时我和许多同学一样,同情腓尼基战争中的迦太基人,而反对罗马人。作为犹太人,我开始感受到一些同学的歧视,更加深了对这位闪族英雄的倾慕之情。在我年轻的脑海中,汉尼拔和罗马象征着犹太教徒与天主教组织之间的剧烈冲突。后来不断发生的反犹太人运动对我情感生活的影响,使得我的这一印象更加巩固。因此,在梦中,去罗马的愿望成为其他许多强烈欲望的象征。我就像那些迦太基将领一样,他们追随汉尼拔进军罗马的愿望虽然终生未能实现,却始终坚持和努力着。

　　现在,我又想起童年的另一件事情,它至今仍然深深影响着我的所有情感和梦中的生活。大约十到十二岁时,父亲开始带我一起散步,并对我讲一些有关世事的看法。一次散步时,他讲了一件往事,说明现在的日子要比以前好过多了。他说:"那是我年轻时,我们还住在你的出生地。一个星期六,我衣着整齐,戴了一顶新皮帽子,在路上散步。迎面走过来一个基督教徒,他一下就把我的帽子打落到泥地里,并且喊叫道:'犹太佬,滚开!'"我忍不住问:"那你怎么办?"他心平气和地回答:"我捡起帽子,走到一边儿去了。"他牵着我的小手,身高力大,而其行为却是这样让我震惊和失望。我将这种情况与另一个场景进行对照:汉尼拔的父亲哈米卡·巴卡(迦太基的一位将领)把儿子带到家族祭坛前,要他宣誓终生对罗马人复仇。此后我就常常想象着自己就是汉尼拔。

　　这种对迦太基将领的强烈向往还可以追溯到我生活的更早年代。这说明我上面提到的事情不过是对已经形成的某种情感采用了新的形式。在学会读书后,我阅读的几本书中有一本迪尔斯的《执政与帝国》。我还清楚地记得,在读完这本书后,我在我的玩具士兵的背后贴上标签,上面写的是拿破仑的将军们的名字。那时我最敬仰的人物是马塞纳。我特别喜爱他的原因是,我的生日与他相同,并且整整相差一百年。拿破仑曾以汉尼拔自许,因为他们都跨越了阿尔卑斯山。这种对军人的崇拜甚至可以追溯到更早的时期:那时我三岁,跟一个大我一岁的孩子相处,我比他弱,我们有时关系很好,有时又像敌人,这种关系是导致这种军人崇拜心理的原因。

(2)父亲说:"你小子将来不会有出息的!"

我的一个梦:我再次站在火车站,但这一次是一位年老的绅士同我在一起。我正在考虑一个计划,但它还是模糊不清的。但接着这个计划就实现了,好像想着什么就能实现什么。这位老年绅士看上去像个盲人,实际上他有一只眼睛确实瞎了。我递给他一把男性用的玻璃便壶,它一定是我在市里买的或带来的。这样我就成了一名护士,有责任为他递便壶,因为他是一个盲人。如果查票员看到我们,他肯定很随便地就放我们过去。这时这老头的样子和阴茎看起来好像是人造的假东西。(正在这时我醒过来了,感到要小便。)

这个梦应该同我童年时的情况有关。家里人跟我谈过我童年的情景。据说我两岁时还尿床,父亲为此责备我,我安慰他说,我一定要在最近的 N 城买一张新的好看的红色床送给他。也许这就是梦中"我一定要在市里买便壶"的来源:一个人应该说话算话。我两岁时说的话表现出儿童的一种自大狂。我们已经发现,儿童小便有困难在梦中起着重要的作用。在对神经症病人的精神分析中,我们也可以发现,尿床和野心的性格特征之间有着密切的联系。

我还十分清楚地记得七八岁时发生在家里的一件小事。一天晚上,要睡觉时,我不顾家里的规矩,硬要在父母的卧室里睡。父亲责骂了我一顿,他说:"你这小子将来不会有出息的!"这对我的野心来说无疑是当头一棒,因为以后这一场景不断地出现在我的梦中，并且总是跟我展示自己的业绩和成功联系在一起，好像是我在说："你看，我终于成功了！"因此这一场景为梦中的情景提供了材料。当然，在梦中，为了报复，我把角色互换了。那位老年绅士无疑是我父亲，因为他一只眼睛瞎了，就是指我父亲患有单侧青光眼。他现在正对着我小便，就像我幼时对着他小便一样。通过他的青光眼，我联想到可卡因，他动手术时需要用可卡因，这就好像我遵守了自己童年时的承诺一样。此外，我还拿他开了一下心。他眼瞎了，我一定要递尿壶给他，这意味着我因为发现了歇斯底里理论而志得意满，在他面前感到十分自豪。

　　这里还有一些可供进一步分析解释的材料。玻璃便壶让我联想起一个农民在眼镜店里的故事。他在那里试着戴一副眼镜，又试了另一副，无论他试戴多少，仍然是一字不识。我把左拉《土地》中的农民转化成生理机能丧失的父亲，我父亲临去世的那几天，大小便失禁，像个孩子一样。梦中"好像想着什么就能实现什么"，这让我联想起奥斯卡·班尼泽一个很有新意的剧本《爱的集会》。在剧中，上帝被描写成一个瘫痪的老头。对他来说，意念和行为是同一回事，所以不得不受到一位大天使也就是一个年轻的侍者之神的管束，不让他发出诅咒和誓言，因为一旦发出，就会变成现实。"我正在考虑一个计划"，是指对父亲的指责一直延续下来。我整个梦的内容，是叛逆和蔑视权威，这都可以追溯到对父亲的反抗。人们把国王看成全国人民的父亲，对一个孩子来说，父亲是唯一最年长、最重要的权威。在人类文明进程中，所有其他权威实际上都是父亲专制权威发展而来的。"好像想着什么就能实现什么"，这句话对于解释歇斯底里症状也有参考价值。

（3）老父长兄对我的影响

现在谈谈我的《释梦》一书。它出版后，我惊讶地发现，其中有不少失误，大多涉及历史方面的事实，对此我负有不可推脱的责任。在仔细核查之后，我发现，这些失误并不都是由于偶然的疏忽，它们不但可以被检查出来，在经过分析后还可以被解释清楚。

①在该书第 266 页，我提及赫斯州一个叫马格博的镇子，我把它当成席勒的诞生地。这个失误出现在我对一个梦的解释中。这是我的一个梦，发生在晚上，我正在旅行途中，在火车上。我做梦时，列车员报马格博车站的站名，把我弄醒了。梦的内容是，有人问我关于席勒的一本书的问题。实际上席勒并不是出生在赫斯的马格博，而是在斯瓦比亚的马格茨。而且可以肯定地说，我对这一事实是十分清楚的。

②在该书的第 135 页，我把汉尼拔的父亲称为汉斯拔，这个失误尤其让我恼火，但它可以为我关于失误的观点提供强有力的证据。本书的许多读者可能都比我更熟悉巴卡家族的历史，我却产生了这个失误，虽然经过三次校对，也没有发现。汉尼拔父亲的姓名是哈米卡·巴卡，而汉斯拔是汉尼拔哥哥的名字，也是他表哥以及前任的名字。

③在该书第 177 页和 370 页两个地方，我都谈到卢斯阉割了他的父亲卡拉纳斯，并迫其退位。但我却把这一残暴的行为往前推了一辈。根据希腊神话，是卡拉纳斯对其父亲尤兰纳斯实施了这种暴行。

在这些方面，记忆给我提供的信息是不准确的。怎样解释这种失误呢？正如读者所知道的那样，通常我能很好地把握自己的记忆，它们也提供给我许多准确无误的东西。但是为什么会出现这样的失误？为什么在三次仔细校对之后，我仍然像一个瞎子那样不能发现这种失误？

　　歌德谈到利基格时说："他在说笑话时,后面总藏着一个问题。"在谈到我的书中这些内容时,也可以这么说："在出现失误的地方,后面总有被压抑的东西存在。"或者更确切地说,这些不实和歪曲是来自被压抑的材料。在分析我报告的那个梦时,由于这个梦同一些被压抑的东西相联系,我不得不在还没有完成前就中止了自己的分析,同时还通过歪曲事实来遮掩我的这种做法。我不得不这样做,因为如果要继续下去,我就没有办法选择了。我的这种左右为难的境况与梦的特殊角色关系很大,这种角色又会让那些被压抑的材料表现出来,也就是说,这些材料是不允许进入意识层面的。但是在歪曲或掩盖这些想法时,我做得并不成功,我知道这些想法仍然在活动,虽然似乎没有留下什么痕迹。一般来说,我想压抑的东西会阻止我表达它的内容,但它也会以失误的形式表现出来,虽然人们往往不会去注意它。我上面列举的三个例子都是源于同一个主题:造成这些失误的被压抑的想法都跟我已经去世的父亲有关系。

　　①读者如果仔细阅读该书第266页那段关于梦的分析材料,就会明显发现,或者从暗含的信息中推断,一旦出现对我父亲不友好或指责的想法时,我的分析就中断了。如果让这些想法或回忆继续下去,必定会浮现过去的一些不幸事情,其中有较大影响的是父亲生意上的一个朋友,他叫马格博,跟那个把我唤醒的车站同名。在进行分析时,我试图把这个马格博先生隐藏起来,不让自己和读者知道。而被压抑的东西作为报复,就让我在介绍席勒时,把他的出生地由马格茨变成马格博。

　　②这里将哈米卡变成汉斯拔的失误,或者用一个哥哥的名字来取代一个父亲的名字的失误,跟我童年关于汉尼拔的幻想有关,也跟我对父亲的不满有关,这种不满来自父亲对"我们犹太人的敌人"的态度。下面我想谈谈我和父亲的关系是怎样发

生变化的:这一变化发生于我在英格兰的一次旅行中。在那里,我认识了我的同父异母哥哥,他就生活在英格兰。他是我父亲和第一个妻子的孩子,而他的大儿子的年龄跟我差不多。由此我突然冒出一个十分奇怪的想法:如果我不是我父亲的孩子,而是这个哥哥的孩子,我的情况又会怎样呢? 这种被压抑的想法使得我的书在这里产生失误,我的分析也被中断,迫使我以哥哥的名字来取代父亲的名字。

③同样受到我对这个哥哥记忆的影响,我把希腊神话中的残暴行为往前推了一辈。我至今仍然记得这个哥哥对我说的一句话。他说:"有件事你别忘了:就你和父亲的关系而言,你的生活行为与其说是属于第二代,还不如说是属于第三代。"我父亲晚年再婚,他第二次结婚时要比自己的儿子大许多岁,而书中的失误是我在讨论子女对父母的孝敬问题时产生的。

————《梦的解析》、《日常生活的心理病理学》

4. 关于母亲的三个梦或回忆——与性有关

(1)揉面团的女人

一次旅行后,由于疲劳和饥饿,我一上床就睡着了。这种状况在梦中也得到反映。我做了下面这个梦:"我走进厨房,想找一些布丁吃。那里有三个女人,其中一个是女主人,她手中正搓揉着什么,好像是面团之类的。她要我再等一会儿(她的话听得不太清楚)。我觉得受到侮辱,很不耐烦地走了。我穿上大衣,发现它太长,又脱了下来,惊讶地发现,它的边上镶有贵重的毛皮。我又穿上另一件大衣,它里面绣有土耳其式样的图案。一个陌生人走过来,他的脸长长的,留有短须,他说这大衣是他的,不能拿走。我给他看这大衣上的土耳其样式的花纹。他答道:'土耳其(图案、花纹……)跟你有什么相干?'但不久我们就开始友好相待了。"

开始分析这个梦时,我意外地记起我读过的第一部小说,那时我大约十三岁。实际上我是从这部小说第一卷的结尾开始读起的。我记不起这部小说的书名和作者,但对它的结局记得很清楚:主人公疯了,不断狂呼着给他一生带来大喜大悲的三个女人的名字。其中一个叫贝拉姬。我还是没搞明白,我在分析这梦时,为什么会想到这部小说。从这三个女人,我想起三位掌管人类命运的女神。我还知道,三个女人中的一个,就是那个女店主,是生了小孩的母亲。就我来说,是母亲给了我生命和营养。只有在母亲的乳房里,一个人的爱和饥饿的需要才能得到满足。一位年轻男士,对女性美十分赞赏,孩提时代给他喂奶的乳母十分漂亮,他说:"十分遗憾的是,那时我未能利用这个大好机会。"

三位命运女神中的一个双手搓揉,好像在做面团;命运女神竟有如此奇怪的举动,这需要进一步的解释。由此我记起更早时候的事情:六岁时,母亲给我上了第一堂课,她说,人都是由尘土造成的,最后又复归尘土。我听着这话感到很不舒服,表示不相信。于是母亲双手合在一起互相搓揉,就像在制作面团一样,只是手中没有东西。她把搓揉下来的黑色皮屑给我看,以此证明我们是尘土造成的。我对这一现场演示大感惊讶,也就默默认同了她的说法,以后这一说法被表述为:"生命终要复归自然。"童年时,我肚子饿了,常常跑到厨房去要吃的,而母亲总是教训我,要等正餐弄好了后才能吃。我梦见的厨房中的女人确实是命运女神。

我关于三位女神的梦明显是一个关系到饥饿的梦,但它成功地把对食物的渴求返回到孩子对母亲乳房的渴求,并且以一个天真无邪的欲望作伪装,掩盖了另一个不能公开的欲望。

(2)长着鹰嘴的人

已有许多年我都没有做过真正焦虑的梦。但我仍然记得七八岁时做的一个梦,直到三十年后,我才来解析它。在梦中,我看见我深爱的母亲,她脸上有一种特别安详、沉睡着的表情。两三个长着鸟嘴的人把她抬进屋里,放在床上。我从梦中哭喊着醒过来,把父母都吵醒了。这些身着奇异服装、身材高大、长着鸟嘴的人应该来自我看过的菲利普圣经的插图,我想他们一定是古埃及墓上雕刻的鹰头神祇。另外,通过自我分析,我还联想到一个看门人的儿子,人很坏,他的名字就叫菲利普。我们小时候在屋前草坪上一起玩。从他那里,我第一次听到"性交"的粗话,而有教养的人是用拉丁文"交媾"这个词,这个词与"鹰头"的发音很相近。梦中出现鹰头可能与此有关。我想必是从年轻老师在读这个词时的面部表情猜出这个词具有的性意味。在梦中,母亲脸上的表情是来自我看到的祖父的面容,在去世前几天他一直处于昏迷状态,好像睡着了一样。因此,由于文饰作用,在梦中就成了母亲正在死去,而墓上的雕刻也符合这种情况。我在焦虑中醒来,一直到把父母吵醒后,我还在哭着喊叫。我记得,在看到母亲的面容后,心里突然平静下来,好像需要看到她并没有死去的保证。我在前意识中解释道,我并没有因为梦见母亲正在死去而焦虑,这是因为我已经处在焦虑的影响之下。如果我们考虑到压抑的存在,这一焦虑的情绪可以追溯到一种模糊而确实是性的欲望,它表露在梦的视觉内容之中。

（3）母亲在衣柜里

我举一个例子说明，一种童年的体验表面看起来没有什么意义，但通过分析，我们可以发现它的意义在哪里。

四十三岁那一年，我开始对自己童年记忆留下的东西发生兴趣。其中有一个场景经常出现在我的意识中，那应该是很早留下来的记忆，大概是三四岁时的事情。我看到自己站在一个衣柜前，大喊大叫，要寻找什么东西。这时，比我大二十岁的哥哥——他和我同父异母——打开了柜门，我母亲突然走进房间；她好像是从街上回来，看起来身材苗条、十分漂亮。留在我脑海里的情景就是这样的，但我不知道怎样分析其意义。我哥哥为什么要打开或关上柜门，我为什么要大喊大叫，我母亲为什么会突然回来——我对此一无所知。我应该给自己解释清楚的是，关于哥哥行为的记忆和母亲作为情景结束的记忆。平时我们往往理解不了童年的记忆：虽然能回忆起一种情景，但不明白其中心是什么，其心理要素是什么。通过努力分析，我对这一情景有了全新的看法：我失去了母亲，因此以为她被关在衣柜里，也正是由于这个原因，我要求哥哥打开衣柜。当他按照我的要求做的时候，我发现母亲不在里面，就哭了起来。在记忆中这一场景倏忽而过，接着就是母亲出现了，这让我的焦虑之情得到缓解。

但我为什么要到衣柜里去寻找母亲呢？在分析这一情景期间，我做了一些梦，梦中模模糊糊关系到一个保姆。我对这个保姆也有一些记忆，比如她经常向我要一些硬币，这些钱是别人作为礼物送给我的。这个细节或许对我解开回忆被遮蔽之谜很有帮助。为了更好地解释这些情景，我问了母亲关于这个保姆的情况。母亲年纪已很大了，但仍然可以记起关于这个保姆的许多细节。这个保姆很精明能干，但不老实，母亲分娩时她偷了我们家不少东西，为此我哥哥把她告上法庭。这一信息让我可能很好地解释童年的记忆。对我来说，这个保姆的突然消失并不重要，重要的是为什么我会把注意力转移到哥哥身上，并向他发问母亲在哪里。这可能是因为，我注意到母亲的消失跟他有一定关系，他在回答我的问题时遮遮掩掩、故作轻松的样子让我感觉到，他把母亲关起来了。当时我就是以这种幼稚的方式来理解他对我的讲话。我也不再问他别的什么问题，因为我知道不会有答案的。一旦母亲离开一会儿，我就以为是这个可恶的哥哥把她关起来了，就像他对保姆做的那样，因此我强使他去把衣柜打开。现在我也理解了，为什么在我记忆的情景中，母亲的身材是那么苗条：当时母亲生下妹妹不久，身体刚刚恢复，我比妹妹大两岁半，我三岁时就不再同这个异母哥哥住在一起了。

任何一个对儿童心理有兴趣的人都会猜想，从深层看，这个哥哥是一个决定因素。这个孩子还不到三岁，但他已经知道，一个将要出生的妹妹就活在母亲体内，而他并不希望家里多这么一个新成员；他还以为，母亲身体内还藏着许多小孩，于是心中充满焦虑和敌意。记忆中的这个衣柜代表了母亲的身体，因此他坚持要打开衣柜看一看。他还把自己的敌意转移到哥哥身上，当小孩出现时，他让自己取代了父亲的角色。哥哥将那个消失的保姆关起来，让他疑窦丛生，此外他还产生了其他一些疑虑：哥哥把就要出生的小孩关到母亲身体内，当他发现衣柜是空的时，至少从表面看，他有某种失望感。从深层看，他有一种相反的感觉：母亲回来时，看到她身材苗条（没有小孩），心理上获得极大的满足。

　　　　　　——《梦的解析》、《日常生活的心理病理学》

5. 我对弟弟晋升教授的无意识反应

　　一天,在读报时,我将"徒步"误读为"木桶"。为什么会这样呢？在搞清楚这个问题的过程中,我遇到很多困难。浮现在我脑海里的第一个联想显然是古希腊哲学家狄奥根尼的木桶。近来我读了一些艺术史方面的书,对亚历山大时代的艺术有所了解,由此想到亚历山大的名言："如果我不是亚历山大,我宁愿当狄奥根尼。"我还搜集了赫曼·瑞顿的不少照片,这人坐在树干上旅行,后来我的联想开始变得慢了,我在艺术史书籍里没有找到有这句名言的那一页。几个月后,本来我已经不再去想这个问题了,它突然又跳进我的脑海中,这次终于有了答案。

　　我记起曾读过一份报纸、一个新闻,标题说的是有人采用十分奇特的方式到巴黎看国际博览会,时间是 1900 年。我记得有这么一段十分有趣的文字：一位先生自己钻进一个大桶,让另一位先生滚动着它去巴黎。不需多说就可以明白,这些人的目的是,用这种愚蠢的方式来吸引人们的眼球。实际上,赫曼·瑞顿就是第一个采用类似的奇特的交通方式的人。这又让我联想到我的一个病人,他的病态焦虑主要表现在读报的过程中,他希望看到自己的名字被印出来,被印在报纸上,这是其野心的一种反映。马其顿帝国的亚历山大大帝无疑是迄今为止最有野心的人,他抱怨说,这世上再也没有像荷马这样的诗人为他歌功颂德了。但是我为什么没有想到另一个跟我关系密切的亚历山大呢？我说的是我弟弟,他也叫亚历山大。

　　我立即发现自己关于亚历山大的想法受到压抑,直到现在才露出苗头。弟弟亚历山大是税收和交易方面的专家,他在商学院讲授这方面的课程,后来获得教授头衔。而几年前在大学的一次晋级中,虽然学校考虑了我,但最终我还是落选了。当时,母亲露出吃惊的神情:小儿子已经成为教授,但大儿子还不是。这就是我读报产生误读的原因。

但我弟弟也有他的不足之处。他虽然是一个教授,挣的钱却比我少得多。这样,我的误读的意义就更清楚了。他这方面的不足好像消除了我心中的某种障碍,我看起来是在读报,实际上是在读他的任命书,我看起来是在说"一个人这样愚蠢地出现在报纸上,真是奇怪",实际上是在说"一个人由于被任命为教授,只有这么少的收入,这真是奇怪"。在这之后,我很轻易地就在艺术史书籍中找到有关亚历山大名言的那一页。让我感到惊讶的是,以前我曾多次翻阅这些页码,每次翻到我要找的地方,好像被迫处于休眠状态,总是错过去了。实际上,亚历山大的这句话没有任何让我觉得新奇的东西,也就是说,没有任何值得我遗忘的东西。我想,让我产生这种症状的主要目的,是为了把我引向迷途,让我以为问题出在与马其顿的亚历山大有关的事情上面,于是只有沿着这一线索去思考,这样就不会再去注意与他同名的弟弟。实际上,这一手法是十分成功的:我的全部注意力都集中到寻找艺术史书籍中这一消失的段落。

——《日常生活的心理病理学》

6. 侄儿是我的朋友和敌人

我已经说明,我对同龄人强烈的友情和敌意,是怎样来自童年时比我大一岁的侄子;他是怎样骑在我的头上;我又怎样学会反抗他来保护自己。我们又是不可分离的朋友,长辈们说,我们有时又会争闹斗殴。从某种意义上说,后来我所有的朋友都是来自我这个小伙伴,他"最初曾浮现在我蒙眬的双眼中",我的朋友们都是他的灵魂附体。在我少年时期,这个侄儿还出现在我的生活中,我们分别扮演着凯撒和布鲁图的角色。就我的感情生活而言,我总是希望有一个亲密的朋友和一个可恶的敌人,而且总是能够做到这一点,能够重现我童年时的情景,将朋友和敌人集于一个人身上;当然不是跟童年完全一样,有时是同时集于一人身上,有时是一人轮流成为朋友和敌人。

　　为了解释梦的目的,我们可以假设,童年回忆或想象具有这样的内容:两个小孩在占有一个物品上发生争执,他们都说自己是先拿到手的,因此有权占有它。最后的结果是为此打斗不休,强力战胜了真理。在我的梦中,也许我已经意识到自己是错的一方,但我是强者并且战胜了对方。侄儿战败了,跑到他祖父也就是我父亲那里告状,而我在父亲面前为自己辩护说:"我打他,是因为他打我。"这话其实是从父亲那里学来的。这个回忆,也可能是想象,在我正分析自己的梦时呈现在记忆中,成为梦流的中介,将那些激情汇合在一起,就像一口井汇集流入其中的水一样。这样,梦的流动就是遵循下面的途径进行的:"如果你退让了,那你就是活该。你干吗推开我?我并不需要你,我找别人玩很容易!"如此等等。这些想法都进入了梦的流动。有段时间,我也以梦中对人的态度来对待我的朋友约瑟夫,他接替我在布吕克生理学研究所中的职务,而这里职务的晋升是十分缓慢的,让人难以忍耐。布吕克的两位助手一直都没有离开现有岗位的样子,这位年轻人就等不下去了。约瑟夫知道自己活不了多久,他跟顶头上司的关系也不太好,时不时公开表示自己的不满。他的上司也有重病,约瑟夫希望对方离职,就不仅仅是希望自己得到晋升,还可能有更坏的意思在里面。这种情况并不偶然，几年前，我自己也强烈地希望能够补别人的缺，得到晋升。只要职务分为等级，晋升有着机会，这种被压抑的欲望就会被唤醒。莎士比亚笔下的哈姆雷特王子，即使守在父亲的病床前，也无法抵挡戴上王冠的诱惑。

不可否认的是，一个人要报告自己的梦，需要有一种极大的自律力。因为在梦中，他生活在一群有道德的人中，只有自己才会表现为一个坏人。所以对我来说，很自然地，那些附体复活的灵魂，是我们希望他们复活才能活过来；如果我们想消除它们，它们就不会存在。我那位童年朋友化身为这些附体灵魂，所以我往往能随意为一个人找到替身，因此我感到心满意足。即使我将要失去一个朋友，我也能为他再找一个替身，因此在我看来，没有什么人是不可替代的。

但是梦的检查作用在哪里呢？它为什么不起来极力反抗这些不仁慈的利己的想法呢？为什么不把这种想法产生的满足感变为一种极其不舒服的感觉呢？我的解释是，与此相对的另一些想法也获得了满足，而且它们对童年受到压抑的情感有所遮蔽。在那个纪念碑揭幕典礼上，我是这样想的："我失去了这么多宝贵的朋友！他们有些是去世了，有些是跟我的友谊破裂了。好在我已经为他们一一找到替身，这些替身对我来说意义非常，在我这个年龄，已经很难建立新友谊了，但我不会再失去他们了！"我为失去的朋友找到替身，心中十分满意，这在梦中不被干涉地表现出来了。但与此同时，同样来自童年的对这些人的敌意，也悄悄地进入我的梦中。

——《梦的解析》

7. 我学生时代的表现

一个梦：一群人，一个学生集会，一位伯爵（他是图恩或是达夫）正在演讲。他用一种挑衅的语气谈论对德国人的看法，态度蛮横，说德国人最喜欢的花是款冬，然后他拿起一片破叶，或者更准确地说是一片枯叶，插在衣服纽扣的孔眼上。我暴跳起来，尽管我对自己的行为感到惊讶。

总的来说，这个梦具有一种幻觉的性质，它把我带回 1848 年的革命时期。1898 年我们举行了法国约瑟夫国王五十周年纪念会，并去瓦谢作短途旅行。在这次旅行中，我参观了阿姆斯多，当年的学生领袖费西就隐居在这里。梦中表现出来的几个意念应该与他有关。然后我联想到英格兰和我哥哥住的地方。我哥哥经常说"五十年前如何如何"来向他的妻子开玩笑，后来他的孩子把这个话改为"十五年前如何如何"。但这个革命的幻觉是由于我在火车站台上看到图恩伯爵而产生的。

梦中的情景是有好几个场景混合在一起，我可以把它们分开。梦中伯爵蛮横的态度是来自我十五岁在中学时的一个场景。当时我们这些学生策划一个运动，来反对一位男老师，他毫无学识，学生都对他不满。主持其事的人是我的一位同学，他常常以英国亨利八世国王作为自己的榜样。他指定我为搞突然袭击的指挥者，当我提出讨论多瑙河对奥地利的重要性时，这就是发出了开始攻击对方的信号。我们这些反叛者中有一个贵族子弟，他是我们班唯一的贵族，他上身很长，同学们都叫他"长颈鹿"。他受到那位暴君般的德语教师的责骂时，身体站得笔直，就像我梦中的伯爵一样。梦中喜欢的花和插在伯爵衣服纽扣孔中的某种类似花的东西，让我想起莎士比亚历史剧《亨利六世》的第一幕第一场，它再现了红白玫瑰战争，我是通过"亨利八世"而联想到这一点的。这样，我们离"红白康乃馨"就很近了。我不禁联想起两句诗，一句是德语，一句是西班牙语："玫瑰、郁金香、康乃馨，所有的花都有凋谢时；伊莎贝娜，不要为花的凋谢而哭泣。"后一句诗又让我联想到《费加罗的婚礼》。在维也纳，白康乃馨已成为反犹太人的象征，红康乃馨则是社会民主党的象征。后来我又想起一件事：那次乘火车去美丽的撒克逊农村旅行时，我遭遇了一个对犹太人挑衅的事件。这第三个场景应该来自我早年的大学生活。一次，德国学生沙龙举行讨论会，论题是哲学与自然科学的关系。当时我年少气盛，相信物质主义理论，很唐突地提出一种十分偏激的看法。一个高年级学生，年龄比我大，很有组织能力，那时已经俨然是学生中的领袖（顺便说一下，他也有一个"动物"绰号）。他站起来，声色俱厉地教训了我一通。他对我们说，他小时候也很偏激，后来后悔了，改过了，回到了父母身边。当时我暴跳起来，就像梦中那样，态度粗暴地回答他，既然他小的时候也有这样的经历，我对他讲这番话也就不感到惊讶了。（而在梦中，我对自己的德国国家主义的态度感到惊讶。）我的话引起会场上一阵骚动，许多人要求我收回刚才讲的话，被我拒绝了。而这位年长的同学十分明白道理，并没有把这件事看成是我向他挑战，于是这场争端就这样结束了。

——《梦的解析》

8. "关窗"风波

夜里坐三等车厢我觉得有些不舒服。虽然我一路上浮想联翩,到了时间我就想睡觉,而这里条件太差,无法安眠。火车开到德累斯顿和利萨之间,我在这里出了点事,当时很让人生气,现在想来却很有趣。你知道,坐火车时我总是喜欢把车窗打开,借此呼吸一下新鲜空气。这次我照样打开车窗,把头伸出去凉快凉快。忽然有人喊道:"把窗户关上!"这人说,他正在风头上,这风让他受不了。我向他解释说,如果对面的窗户开了,我这扇窗可以关上,但整节长长的车厢没有一扇窗户是开着的。

正当我们扯这个事时,后面有个人喊道:"他是一个讨厌的犹太佬!"这句话让整个事情发生根本的变化。开始跟我扯事的那个人现在也成了反犹太主义者。他指责我说:"我们基督教徒总是为大家着想,你不能强调自我,应该服从集体的利益。"如此等等。后说话的那个家伙毫无教养,不停地谩骂,还爬上座椅向我示威。要是在一年前,可能我会惊慌失措,不知如何应对。现在我完全不一样的。我一点也不惧怕这个小流氓。我先要第一个说话的人说话注意一些,而我根本就不想听他那一套说教。我叫第二个说话的人到我面前来,听听我的回应:如果他再骂,我就对他不客气了。他没敢过来。我很高兴自己没有跟他们一样恶语伤人,这种事只有他们才做得出。后来我和他们之间终于达成一项协议:用电风扇对着窗户扇风。这个闹剧的第一幕就这样结束了。

双方发生争执时,我曾叫来一个乘务员。这人很怕事,要我到另一个车厢去,被我断然拒绝了。后来有几个人打开了一扇窗户,下车时没有关上,我索性坐到那里去了,我就是要让这个窗户一直开着。那个谩骂我的小子又要我关上窗户,不过这次态度变得客气了,但我没有理睬他,让他有事去找乘务员。就这样,我一直坐到下一站。那个乘务员仍然没有对这件事情表态。但车厢里又来了一个铁路上的人,他之前不知道这里有过争执,对我说,冬天必须把所有的窗户都关上。我就关上了窗。

可以说,我赢得了这场争执,但也成了那些人攻击的目标。他们或者不停地煽风点火,或者破口大骂,或者冷嘲热讽。我索性转过身去,对着他们的头喊道:"你是不是想跟我比试比试?要想对付我,恐怕你还差点劲!"不过那小子真的过来,我不一定赢得了他,打架并非我的特长。我以为他们可能会继续闹腾下去。不料他们一下子都安静下来了。我想,我以自己的方式表现了胆量和勇气,而不是跟他们一样粗野蛮横。我不是身高力大的人,不会张牙舞爪,也不会大声吼叫,看起来也没有特别过人之处,但我很快就让这伙流氓明白,我是不怕他们的。现在说起这事,并没有影响我的情绪,虽然这个闹剧费了我不少时间和精力。信纸用完了,现在我得去买。

从德累斯顿到这里路程很远,我到达时已经五点半钟,天都黑了。我叫了个搬运工,还有一个向导,我先去电报局去领艾玛努尔的电报,看他的旅行计划有无改变。如果不变,我就到马德堡火车站附近一家旅馆过夜。我在那里预订了一个房间,我和他住。另外又为鲁宾逊先生订了一个房间。我们把这次有点奇怪的会面称为"去弗莱堡",弗莱堡是我出生的地方。我和艾玛努尔先去那里,但那儿还不是那个真正的弗莱堡。现在我要把自己打扮一番,显得精神一些,我走近镜子,看看自己到底是个什么形象。在车上,我同那伙人斗了一场,增强了自信心,但在镜子前一照,我的自信又有所减弱。我的形象看起来一点也不高贵,虽然外穿黑色大衣,内着白衬衫,仍然无法掩盖我那明显的平民气质。但是有一个你这样的温柔公主爱着我。当我有了钱,会给我的公主买最漂亮的衣裳,我肯定会有钱的,对此我十分自信,那时人们就不得不承认我是唯一与公主相配的王子了。

——《给未婚妻玛莎的信》

9. 我的性格:外柔内刚

亲爱的,你应该知道我为什么而活着。只有当某一事情成为我追求的理想,我才能全心全意地去实现它。在认识你之前,我的生活没有什么乐趣。现在,从名分上说,你已经是我的人了。为了完全得到你,我不得不对自己的生活状况提出更高的要求,而以前我对此是不太在意的。我这个人脾气很偏,喜欢冒险,常常寻求强烈刺激,做的许多事情,在那些四平八稳的人看来是不理智的。比如说,我几乎一文不名,却去搞那些科学研究,后来,我在一贫如洗的条件下,竟然去追求我那可爱的姑娘。但我还是要沿着这条道路走下去:勇于冒险,勇于想象,同时努力工作。在我身上是看不到那些小市民才有的谨小慎微的特性的。

你坦率地承认自己有好胜心,并认为这是一种缺陷。而我却认为,我的幸福应该归功于这种好胜心,否则我就不会有勇气向你求婚了。到目前为止,若有人问起我对自己生活状况的看法,我可以回答说,虽然我的人生道路颇多曲折——经济条件很差,工作没有什么成就,不太招人喜欢,过于敏感,有神经质和焦虑,但是由于确信可以获得你的爱情,确信你是爱我的,我感到十分幸福。我在你面前一直都是十分坦率的,难道不是吗?我从来不让自己东家长西家短地去褒贬别人。长久以来,我一直以你为榜样,希望能够赢得你的芳心,此外再无他求。

你真的认为我在外面挺招人喜欢的吗?我自己对此表示怀疑。在我看来,也许是别人发现,我具有某些与众不同的气质:最根本的是,年轻时我并不显得幼稚无知,而到了一定年龄,却仍然充满活力。在人生的道路上,我曾经历过这样的时刻:一心一意追求知识,渴望名声,不停地抱怨老天爷没有给我天赋,让我岁月蹉跎,徒生烦恼。从我得知自己不是一个天才那一刻起,就十分茫然,不知道接下来该怎么办。我确实缺乏才华;如果说从总体上看,我还有一定的工作能力,那或许是由于我的性格还比较坚强,没有那种知识分子通常具有的弱点。这两者的结合,有利于我不断地取得一些成绩。我知道,如果条件更有利一些,我会取得比诺特纳格更大的成就,会在许多方面胜过他。我也知道,也许以后我会取得像沙可那样高的成就,当然,这并非说我一定能达到这样的高度,因为我还缺少一些有利条件,也不具备像沙可那样的天才和能力。我不过是在这里信口开河而已。

我还想说些别的事情。你在信中问道,我为什么会有对人态度粗暴的缺点。我的回答是,这是由于我对人不信任。一旦我认识到,无论是一般的人还是那些坏蛋都可能对我态度恶劣,我的胆怯和自卑的感觉就逐渐消失了,我觉得自己不应该害怕他们。我应该有自信心,不再依赖任何人。我可以聊以自慰的是,也许有些顶头上司和地位比我高的人会对我产生反感,而地位比我低下或相当的人绝不会有这种感觉。人们并不知道,当年在学校读书时,只要发生不公平的事情,我都会挺身而起,为此而受罚也不顾。后来,有好多年我都是优等生,地位比其他同学高,大家都很尊重我,这时没有任何人说我对人态度不好。

你知道,一天晚上布洛伊尔对我说了些什么? 他说,从表面看起来,我好像很胆小怕事,实际上内心十分大胆,无所畏惧。我被他的话感动了,连咱俩订婚的秘密也告诉他了。我自己就是这样看的,但从来不敢向别人说出。我常常有这样的感觉:好像我充分继承了我祖先的坚强性格和保家卫国的激情,如果需要的话,我愿意为此而牺牲自己的生命。而在现实中,我却是那样软弱无力,甚至不能用一句话、一首诗来表达我火一样的热情。因此,我常常感到苦恼。我相信,有些人会看出我的这个特点的。

我亲爱的人儿,在这里我向你敞开了我的心扉,虽然絮絮叨叨,显得有些愚蠢。原因是,我服用了可卡因,变得十分健谈。现在我要去吃晚饭了,然后加件衣服,接着再写。

——《给未婚妻玛莎的信》

10. 一仆二主:爱人和科学

我可爱的姑娘,我正在做实验,仍然忍不住要给你写这封信。几页纸是从笔记本上撕下来的,笔是从教授桌子上偷偷拿过来的,身旁的人以为我正在分析数据。刚才有人找我,耽误了十分钟。身旁那伙愚蠢的医生正在挖空心思测试一种更加愚蠢的药膏,看它是否含有有害物质。我面前的仪器里面沸腾着气泡,扑哧作响,我的工作就是将液体过滤,整个实验过程漫长而乏味,需要耐心和等待。三分之二的化学反应都是由等待而造成的,人生也是这样,其中最美好的就是躲藏在不为人知的地方，偷着取乐，就像我现在做的这样。你的来信太可爱了，出乎我的意料，实在让我兴奋不已。我徜徉在你信中描绘的参天大树林和美丽多彩的花园之间，甚至信中偶尔有的难解之处也让我长时间回味……正在这时，一个愚蠢至极的医生打断我的思路，非要跟我讨论汞盐问题。但愿上帝惩罚他的不识趣！

太奇妙了！你的来信让今天的坏天气都变得可爱了。尽管窗外是一片迷雾和连绵不断的阴雨，我心中却是阳光灿烂、晴空如洗。

玛莎，由于你，我变得懒惰了。白天一整天要工作，晚上我也没有时间读书。小说我已经不再看了，因为我知道，我现在正经历着一个比神话还要美好的故事。至于高贵的科学，我是十分崇敬的，我对它说："至高无上的主人，我永远是你恭顺忠实的仆人，但请你不要鄙视和遗弃我。你从未对我好过，从未鼓励过我，从未对我作出回应，从未倾听过我心里话。但我知道，还有一位女士，她要比你好过一百倍。我对她的每一次效劳都能获得加倍回报。最让我感动的是，她不像你，有无数的仆人，她只有我这一个仆人。现在你该明白了吧，为什么我要献身于这样一位无比温柔、白璧无瑕的女士。但我还会回来的，请你不要把我给忘了。现在我得给我亲爱的玛莎继续写信了。"

我想，在我能天天看到玛莎、同她谈心的时候，这种情况也许会发生改变。这两位我都无法舍弃的女士最终会友好相处，那位骄傲而冷淡的女士一定会向温柔谦逊者作出让步。昨天我见到朋友恩斯特。如果不是有了你，到现在我都会羡慕他。但现在我觉得自己比他强。他跟一个年龄相当的姑娘相爱已有 10 年或 12 年，而最终他们分手了。我不知道他们之间发生了什么。恩斯特十分优秀，在他身上，先天的素质和后天的教育完美地结合在一起。同他交往时,我突然产生一个奇怪的想法:如果他看上一个像玛莎一样完美无瑕的姑娘,他会为她做些什么呢？恩斯特比我大九岁,这九年如果玛莎是同他在一起,而不是把时间花费在与我分离、无望的等待和漫长的思念上,她是否会生活得更幸福一些？我眼前浮现出让我痛苦不已的一幕:也许要发生这一切是再容易不过了,恩斯特每年要在慕尼黑待上两个月,他经常参加上层人士聚会,很有可能在玛莎的舅舅家里遇上她。那时他是否会爱上玛莎？……我还是把自己从白日梦中拉出来吧,因为我十分清楚地听到自己的心声:即使我不是玛莎最好的人选,我也决不会放弃她,因为她是我的最爱。相爱时我没能让她获得应有的幸福,以后我一定会弥补的。亲爱的姑娘,你要答应我,让青春的活力永在,即使再过九年,你还是风采依然、明媚动人,让每一个见到你的人都为你的美丽而惊叹。玛莎是永远属于我的。向我爱的人致敬！

——《给未婚妻玛莎的信》

11. 我意识到自己贫穷

啊,亲爱的玛莎,我们是多么贫穷！我们说,我们要生活在一起,有人问:"为此你们需要些什么呢？"我们的回答是,除了相爱,我们什么也不需要。是的,我们还是需要两三个房间,让我们在里面住宿、吃饭和招待客人,我们还需要一个烧饭的炉子。房间里应该什么都有:桌子、椅子、床、镜子;一个钟,可以让幸福的人记住时间;一把靠背椅,可以在上面小寐一会儿;房间铺上地毯,这样家庭主妇就容易打扫清洁了;箱子里有成捆的内衣;而外套的式样新颖时尚;帽子上装饰着人工制作的花;

墙上挂有装饰画；还有玻璃杯，平时用来喝水，节日用来喝酒；还有盘子和碟子；一个装满食品的小储藏间，我们肚子饿了或来了客人就有东西吃了；手中握有一大串钥匙，它们发出丁零当啷的声音；还有一大排图书；一台缝纫机；光线柔和的灯具。总之，许多许多赏心悦目的东西，一切都摆放得井井有条，这样才能让那位操劳的家庭主妇感到舒服。这些家具应该与整个房间协调一致，应该有艺术性。有些东西是朋友赠送的，它们能引发我们美好的回忆；有些是在我们去过的城市购买的；还有些东西是在某些特定的日子买下的，为的是留下一些纪念。我们这个小天地充满了幸福，那些朋友和可尊敬的人为我们这个小巢作出了贡献。当两个人相爱时，即使这个小巢甚至连基础都没有，也得首先予以考虑。

我们应不应该为这些小事努力呢？只要我们的贫穷状况不会奇迹般地发生根本转变，我们就应该这样做，然后我们才有可能每天在一起说"我爱你"。穷困这个可怕的东西导致两个相爱的人不能厮守在一起倾诉衷肠，除非有了什么灾难或其他糟糕的事情发生。为了能在一起，该花的钱我们还是要花的，我总是可以想办法挣一些钱的。如果长期不在一起，感情就可能逐渐枯竭，就像一把锁，长期不用可能会生锈。我俩相爱，但不能在一起。留在这里的我，深深想念我的姑娘。我可爱的宝贝，你从不提及自己心中的悲伤，不愿独自享受生活乐趣，却眷顾着我这个不幸的人。你一定会带给我幸福，你本身就是我的幸福。如果没有你，我的生活就毫无乐趣，我也就没有任何动力。有了你，并且为了你，我就想用自己的双手向这个世界争取我们应得的那部分东西，同你一起来享受它们。

——《给未婚妻玛莎的信》

12. 自我分析两则

(1)我的内心深处：不想给亲戚钱治病

我想从邮政储蓄中取一笔钱，三百金币，寄给一个远房亲戚，他治病需要钱。我发现自己账上有四千三百八十金币，我打算留一个整数，四千金币，以后没有特殊情况，一段时间内不动它了。我填了支票，剪下与取钱数目一致的数码，突然发现，我要取的不是三百八十金币，而是四百三十八金币。我奇怪自己为什么会填错支票。刚开始我觉得这没有什么，现在我不太穷了，多取点钱也没关系。但我得搞清楚是什么原因让自己弄错，而且我自己还没有意识到。

首先，我从写错的这一行开始联想：我是不是想从四百三十八金币里面扣除三百八十金币？我没有看出有什么必要这样做。最后，一个想法在我脑海浮现，让我看清了事情之间的联系：四百三十八是我这整笔钱的十分之一！我想起来了，一个书商给过我十分之一的折扣。几天前，我从自己的藏书中挑选出一些我不再感兴趣的医学书，要卖给这个书商，三百金币。他说我出的价太高了，答应过几天给我消息。如果他要了我的这些书，给了三百金币，就足以补偿我给害病亲戚的钱。毫无疑问，我对支出这笔钱感到后悔了。

实际上可以这样来理解我填写支票时产生失误的情感活动：由于付出这笔钱，我可能再次面临贫穷潦倒的境况。对这两种情感活动，一种是付出这笔钱后感到后悔，一种是害怕自己变得穷困，当时是完全没有意识到的。实际上，在决定要给这笔钱时，我并没有感到后悔，而且后来发现这一原因时还感到好笑。如果我不熟悉压抑在心理活动中的作用，如果前几天我没有做过一个梦，后来对梦的分析得出相同的结论，我也不会相信自己有这样的动机和情感。

（2）"我想向一个老女人施暴！"

一般来说，一个正常人的失误不会带来多大伤害性的后果。如果事情涉及可能引起严重后果的失误，我们对它有更大的探究兴趣。

在医疗实践中我很少出现失误，在我的记忆中，这样的失误只有一次。有几年时间，我每天都要去看一位高龄女士两次。早上的这次有两项工作：一是往她眼里滴几滴洗眼液，二是给她注射一针吗啡。通常我要准备两个小瓶：一个蓝色瓶装洗眼液，一个白色瓶装吗啡溶液。在做这两项治疗工作时，通常我还在思考其他的事情，因为经常做这样的操作，我已经非常熟练自如了。一天早上，我发现自己产生了失误：我把洗眼液倒进白色瓶，把吗啡倒进蓝色瓶，结果把吗啡当成洗眼液滴进这个老女士的眼中。我很害怕，随后安慰自己说，即使滴进结膜囊里，几滴百分之二的吗啡溶液不会对她有什么危害。我惶恐不安的情绪的发生，应该还有其他原因。

在尝试分析这一小小失误时，我首先联想起这句话："向一个老女人施暴！"这一联想让我有可能搞清楚问题的答案。这表明，我还在受一位年轻人前一天晚上做的一个梦的影响。他梦见自己跟母亲性交，而母亲似乎十分年轻，没有表示任何拒绝。在我看来，这种梦境与下述结论十分吻合：在爱恋上自己的母亲时，一个人是不会从她现在的情况来看的，她是像他童年时看到的那样年轻而出现在其幻想中。只有当这一幻想被意识到，才会发现这种不协调，从而附着在某一时期。当我围绕这一问题思考时，想起了这个老女人，她已经超过九十岁了。我发现，俄狄浦斯神话是普遍适用于人类的，而我这种失误行为好像是一种神谕，与命运相关，因为当时我是在向这个老女人施暴。这里的失误行为并没有什么真正的伤害，但在两种可能的失误当中，一种是用吗啡溶液滴眼，一种是注射洗眼液，我在不经意间还是选择了伤害较大的一种。

　　　　　　　　　　　　——《日常生活的心理病理学》

二、我的事业

1. 我能忍受同行对我的冷淡和敌意

　　刚开始的时候，我并没有意识到自己的发现所具有的特殊意义。由于对神经症病人患病原因中的性因素作系统的探究，我不得不让自己牺牲了越来越响亮的医生名声和越来越多的就诊病人，而获得的是许多新的事实，使我进一步坚定了对性因素重要性的信心。我曾经十分天真地在维也纳精神病学和神经症学学会（克拉夫·埃宾是该学会会长）上讲话，希望同行们能对我的发现感兴趣并承认它的价值，这样我为此付出的经济收入方面的代价就可以得到一定补偿。我认为自己的发现对科学事业具有普遍意义，同行们应该本着同样的精神来承认它。但是，我的沟通活动遭到冷落，我似乎生活在一个虚空的世界；人们传递过来的信息让我逐渐认识到，一个人如果主张性欲是神经症的一个病因，他就不能指望在沟通活动中得到公正的对待。于是我明白了，从这时起，正如黑格尔所说，我就成了那个"打破世界沉睡"的人，不可能得到任何客观宽容的对待。我越来越坚信自己观察和结论的普遍意义以及其准确性，对于自己作出的判断充满自信，在道德层面上具有极大的勇气，因此，对于这种遭遇能够安之若素。我对自己说，如果我有幸发现一些特别重要的事实和联系，就应该坦然承受由此带来的后果。

我对自己的未来作了这样的展望：由于采用了新的治疗方法，我实际上一直是卓有成就的，但在我的有生之年，学术界却始终对我不理不睬。几十年后，会有别的人在做跟我类似的事情，他们将得到承认，并把我当作一个必然遭到失败的先驱来看待，对我表示一定的尊重。而那时我像鲁滨逊·克卢索一样，在一个荒岛上快乐地生活。当我从现在的种种压力和忙乱中解脱出来时，回顾过去这些凄惨的岁月，却觉得它好似一个十分荣耀的英雄时代。我的"壮美的孤立"自有它的优势和魅力。我不需去读任何出版物，不必去听任何反对者的声音，不受任何东西的影响，也不用担心被任何人排挤。我学会控制自己的冥思苦索，遵循导师沙可的谆谆教诲，那是我永不会忘的："反复观察同一个东西，直到它自己出来说话。"我出书很难，但还是有机会，不过它的出版总是大大落后于我已经达到的认识。只要我不作较大努力，出版的事情就会被拖延下来，因为我并没有获得任何出版优先权。例如，《梦的解析》是在 1896年完成主要部分，但直到 1899 年夏秋之交才最后写完。《少女杜拉的故事》是 1899 年底完成的，但直到 1905 年才出版。此外，我的论著从未在医学期刊上得到评论，或者即使偶尔被提及，那也是把它们当作嘲笑的对象，或者值得同情的误入歧途者。偶尔有一位同行在他的书中引证了我论著的一些内容，也十分简短，而且绝不会有任何称赞的话，反而会使用像"偏执"、"极端"或"非常奇怪"这样的词语。一次，我在维也纳一个诊疗所讲授大学课程，其中一位助理医师要求听我的课，他听得很认真，但什么也不说。在听完最后一节课时，他提出要跟我谈谈。我们在外面边走边聊。他对我说，他根据其上司的意思，写了一本书，是反对我的观点的；现在他很后悔没有在写书前听我的课,如果那样的话,他写的东西就会大不相同。当时,在写书前,他确实在诊疗所问过是否应该先读一读《梦的解析》这本书。而人们对他的回答是,不必这样做,不需弄得这么麻烦。于是他就根据自己当时的理解,将我的理论构造与天主教的理论构造从本质上进行比较。可以想象到,以他那种拯救灵魂的观点,在其叙述中已经包含了对我理论的某种评价。这人最后说,由于这书已经付排,其中的任何观点都不可能改变了。我的同事认为,以后没有必要说明他已经改变了对精神分析的看法。但这人身为一个医学期刊的正式评论员,评论精神分析的发展却是这样轻率随意。

在那些年里,尽管我不在意自身利益,却有一种情况将我从苦难中拯救出来。并非所有处于孤立的发现者都能遭遇到这种情况的。通常说来,这些发现者十分苦恼,他们不明白为什么得不到人们的同情,反而遭受厌恶,往往在精神上处于矛盾之中。而我却没有这种矛盾。精神分析理论使我能够理解我同时代人的这种态度,在我看来,它是精神分析的一个必然结果。如果说,在对病人作精神分析时,他们会由于自身情感的抵抗而无视我发现的事实,那么,这种抵抗也会出现在健康人身上,他们由于某种外部原因也会遭受压抑。因此,他们试图证明,完全可以在理性基础上反对我的观点,这是毫不奇怪的;实际上其最初的原因完全是情感方面的。同样的情况常常发生在病人身上。他们反对我的根据,从深处说也是站不住脚的。拿菲斯塔的话说,其原因是"林林总总"。两者的唯一区别是,对病人必须施加一定压力,引导他们看清和克服自己的抵抗;而对于表面看起来是健康的人,我们就没有这样做的条件了。怎样迫使健康人用客观冷静的态度来看待自身的难题,是一个最好留待时间来解决的问题。在科学史上我们往往可以看到这种情况:有些命题在刚开始时造成一些矛盾,并没有得到证实,到后来却一一获得承认,尽管并没有谁再提出能够证实它的新根据。

因此,在我孤独地代表精神分析的岁月里,我从未指望过世界舆论会对我有特别的尊重,或者人们满足理性的要求时不带任何偏见。

——《精神分析运动的历史》

2．　我求职的过程

好,说说今天的事情。我带着自己的一些论文和美内特先生的推荐信去见罗纳格先生。他的住房刚刚装修完,墙上涂的油漆还闪亮发光,客厅布置得简洁大方。墙上挂着一幅照片,上面有四个孩子,一男孩三女孩,男孩长得十分俊美,二十年以后如果去学医,会找到一个好工作;一个小女孩也很漂亮,十年后如果出现在舞厅,肯定会让年轻的大学生为她而大打出手。这两个孩子的头发都是褐色的,我猜想他们的母亲头发一定是黑色的,后来事实证实了我的猜测。还有一个女孩年龄大一些,金发碧眼,看来是遗传了父亲的特点,但没有小的那一个招人喜爱,她手中抱着一个婴儿,看不清是男是女。紧靠着客厅的墙摆满了书,都是罗纳格先生的。书上方的墙挂了一巨幅画像,是一位女士,神情肃穆,坐在一个样式有点像画板架的椅子上,旁边站着她丈夫,也就是即将决定我命运的罗纳格先生。要见这位大人物我很紧张,因为他对我太重要了,而我对他却没有任何影响。罗纳格先生看来跟我不是一个种族,他很像一个日耳曼的洞穴野人:头发是金黄的,脸、脖子和眉头上的毛也是金黄的,皮肤的颜色跟毛发几乎完全一样。他的脸颊和鼻梁上各有一个很大的痣。罗纳格先生长得不是特别出众,但很有特点。在等候时我很紧张,甚至有点发抖,但走进客厅时,处于战斗状态,我的心情开始平静了。我说:"美内特教授让我向你问候,上次他错过了跟你见面的机会,感到十分遗憾。请允许我呈上他写的推荐信。"在他看信的时候我坐了下来。信的内容我是知道的:"亲爱的教授,我谨在此向你热情推荐西格蒙德·弗洛伊德,他在生物学领域的研究已经取得一定成就。如果你能垂听一下他的一些见解,我将十分感谢。期盼我们能早日再见。你的朋友塞德·美内特。"看完信后,罗纳格先生说:"我对同事美内特的推荐是十分重视的。亲爱的弗洛伊德先生,请谈谈你的想法。"他说话时,给人一种十分亲切和蔼的印象。他话不多,但说话很有分量。我说:"我的来意也许你已经猜到了,听说你现在缺一个助手,以后还可能有新的工作岗位。我知道你很重视科研工作,我这方面有一定经验,但直到现在还没有一个合适的岗位。所以我想申请这个工作岗位,我觉得这对双方来说都是合适的。"他问:"那么弗洛伊德先生,你的论文带来了吗?"我答道:"带来了。"我把论文呈给了他。

趁他看论文的时候,我继续向他介绍自己的情况:"以前我是学动物学的,后来转到生理学方面,同时也涉及生理组织学的一些内容。由于布吕克教授无法向助手提供岗位津贴,他劝我这个穷学生另找出路,我才不得不离开他。"

这时罗纳格教授说:"坦率地说,此前已经有许多人来我这里谋求这份工作,我得公平对待大家,所以请你不要对它抱太大希望。不过一旦有新的岗位,我会考虑你的,并且会立即通知你。但这次得请你原谅,恐怕没有什么希望了。我们这里的实际情况就是这样的。啊,你的论文能不能保留一份在我这儿?"我很难描绘他说这话时亲切友好的神情。他为人高雅,善待一切。第一个岗位显然已有人获取了(听说是给了布拉格一位教授的儿子），而第二个岗位现在还没有空缺，他也不想直接干预这事，但他对我确实十分重视。我说："现在我在一家综合医院进修，如果你认为我没有可能担任助手的工作，我愿意跟随你，做你的进修生。"

他问："什么是进修生？我还不太明白你说的这个新词儿。"

于是我开始进行解释：一个综合医院有两个部门：临床科和专科门诊。临床科是教授和助教给大学生上课，专科门诊是由主治医生和助理医生给病人治疗。教授可以选择他的助教，而主治医生不能随意选择助理医生。任何医生都有机会申请成为助理医生，而在等待助理医生空缺的时间段里，他被称为进修生。我现在就是这样的。这一时期，进修生既可以在临床科进行研究，也可以在各个专科进行工作。罗纳格教授似乎没有听明白我的话，他说："如果你可能得到那个助理外科医生的工作，请不要放弃。不过我觉得你还是很适合搞科研的，一旦有机会，我会立即考虑你。"我回答说："不过我不想继续以现在这种方式搞研究，我要扩大自己的知识面，尽快学完各门课程以便就业。我有可能去英国开业，那边有我的亲戚。很长时间以来，我都是在辛苦工作，但没有什么收获。由于经济困难，我不得不放弃了一篇化学方面的论文写作。"

他说："我的意思并不是要你发表论文，你完全可以在行医的过程中从事科研工作，两者并不冲突。"

我回答："我明白，但迫于生计，我现在最需要的是从业行医。"

他说："你就这样去做吧！我不会为此而看不起你的，我这里一有新的工作机会，就一定会考虑你的。"

我向罗纳格先生鞠躬告辞，这事就这样结束了。到现在我仍然什么也没有得到。第一个岗位肯定是得不到了。如果有第二个岗位,我的申请有可能被着重考虑。过几天美内特教授还会亲自来这里为我说话,而罗纳格先生是很尊重他的。如果罗纳格先生知道还有一些有名的教授都跟我关系不错的话,我在他心目中的形象肯定会更好一些。但我现在要做的是抛开那些不切实际的幻想,继续寻找工作。我还没有确定自己下一步到底进入哪一个领域,很有可能是皮肤学专业。这个专业不太让人喜欢,但在医学实践中却很重要,皮肤病理学方面的研究也很有意思。明天我就要到皮肤专科申请进修生资格;如果那里也没有空缺,我会再去找美内特先生。

——《给未婚妻玛莎的信》

3. 三位前辈传授给我的关键知识

在每次神经症治疗中,都会出现含有性内容的移情现象,无论是采取温情脉脉的形式,还是采取敌意有加的形式。而这既非医生所想,也非病人所望,也不是他们作为个体所诱使的。在我看来,这一事实是最不可缺少的证据,表明神经症的动力根源来自性生活。这一论点从未受到任何应有的注意。在我看来,这个论点具有决定意义,是精神分析最独特的发现。

就我关于神经症来自性问题的观点而言,其起源应该来自三个人,他们是布洛伊尔、沙可和克罗巴克,最后这一位是大学的妇科专家,也许是维也纳最优秀的医生。这三人都传授给了我一些知识,虽然严格说起来,他们自己并不真正具有这些知识。后来我向他们提起这事时,他们当中有两个否认了这个事实,而如果我能见到第三人(了不起的沙可),他同样会否认的。

那时我还是一名年轻的家庭医生。一天,我和布洛伊尔一起在街上走着。突然一个人走上前来，他显然是有急事要同布洛伊尔谈，我落在后面。那人走后，布洛伊尔就以他常有的讲课一样的和善方式对我说，那人是他一位病人的丈夫，向他提供了妻子的一些信息。布洛伊尔还告诉我，这位妻子由于在社会上行为怪诞，而被当作神经症患者送到他这里来的。他最后得出结论说："这种病症往往是秘密幽会的结果！"我十分惊讶地问他这话的意思，他向我解释了什么是秘密幽会，但他没有意识到，他所讲述的事情对我来说具有怎样不同寻常的意义。

几年之后，在沙可举办的一次聚会上，我正巧站在这位了不起的老师身边，当时他正向布罗德讲述自己白天工作的事情，十分有趣。我没有听到故事的开头，但逐渐被他谈的内容所吸引：有一对从东方遥远国度来的年轻夫妇向他求医，那女的患有重病，而男的极端性无能。我听到沙可反复地对布罗德说："我相信，只要继续努力，你一定会成功。"而布罗德回应的声音很小，大概是表达他的惊讶之情：这位妻子的症状竟然是由于这种境况造成的。沙可突然十分激动地喊叫道："这种病例往往是由生殖器造成的，往往是，往往是，往往是！"这时他用其特有的表达方式，将双臂交叉在胸前，双脚上下跳动多次。这一瞬间，我惊讶得几乎失去感觉了，自言自语道："啊，他已经知道了这种事，但为什么以前从未听他说过呢？"不过这一强烈印象在不久以后就被遗忘了，那时对歇斯底里瘫痪症的脑解剖和实验占据了我的全部兴趣。

一年以后，我作为神经症专业的讲师开始在维也纳行医，像所有那些受过大学训练的医生一样，我对神经症的病因仍然是一无所知。一天，克罗巴克满怀好意，要我先代他接待一位女病人。他新近在一所大学任教，不能及时为她诊治。我先到病人家中，发现她处于极度焦虑之中，只有得知医生要来的准确时日，她才能让自己的痛苦稍微缓解。然后克罗巴克到达病人家,他将我带到一边,私下说,病人焦虑的原因是,她结婚十八年了,仍然是一个处女,而她的丈夫是一个完全的性无能者。他说,在这种情况下,医生是完全无能为力的,唯一能做的是,当人们指责他这么多年仍然治不好她的病时,他只有忍受,以牺牲自己医生的名声来维护这个家庭免遭灾难。他接着说,"其实这样的疾病,应该开什么样的处方,我们大家都很清楚,但就是没法开出来。应该这样写:使阴茎勃起恢复正常的药剂,并且反复练习。"此前我从没有听到过这样的处方,面对我这位朋友的善意调侃,我也只有摇头叹息。

我在这里说明,我这个被人们认为是可耻的观点,竟然来自那些名家大师,并不是要他们为此负责。我很明白,在不经意间随口说出一种想法是一回事,而十分认真地对待它则是另一回事。后者不仅需要搞清楚这一思想的内涵,还要搞清楚它所表达的许多细节,包括自相矛盾的地方。如果把前一种情况比喻为偶尔的调情,那么后一种情况就是要跟某种思想严肃认真地谈婚论嫁了。

——《精神分析运动的历史》

4. 我和恩师沙可

十点钟,沙可教授来了。他个子很高,年龄大约五十八岁,戴一顶礼帽,十分和蔼可亲,黑眼睛,稀疏的长发留在脑后,脸刮得很干净,嘴唇饱满,给人的印象是像一个很会享受生活的精明能干的传教士。他坐下来给病人看病。他诊断准确到位,对病情兴趣浓厚,给我留下深刻印象;而我们维也纳医院的那些医生却只会高高在上。我把自己的名片交给他的助手,助手转交给沙可教授。他拿在手上看了一会儿，然后问门诊医生我在哪儿。于是我走上前呈送介绍信。他认出信是美内特写的，草草看了一下，说道："很高兴见到你！"并要我跟随他。看来一切都很顺利，我受到很好的对待。他首先让我和他的助手商定我的工作，然后带我参观实验室和报告厅。经过几个病房时他又跟我谈了一些事情。总的来说，这个人虽然不像我原先想象的那样文雅，却很随和，我还是很满意的。我感到，在不经意间就受到重视。经过他同意，我给他看了自己今天才做好的几个切片。

今天是检查眼睛日，诊疗所有自己的眼科医生，我可以随意进入他的工作室。这里工作环境十分民主，人们都是无拘无束的。沙可教授途经这里时发表了一些高见，问了一些问题，还很有礼貌地纠正了我那十分拙劣的法语中的错误。他在这里的时候，我站在他身边，感到就像在家里一样。

沙可不仅是一个伟大的医生，还是一个天才的观察者，他只要几句话就可以把我想要表达的东西说出来。每次听他的课，我就像刚从巴黎圣母院出来一样，充满一种全新的感受。离开他以后，我就没有兴趣再做别的事情了。实际上我已经三天没做什么了，却仍然觉得十分自在。我的头脑就像塞满了东西，再也装不下别的什么了。在这以前，还没有其他任何人能这样影响我。每次回到住处，我都对自己说，一个人要有重大成就，是在五十到七十岁之间，我们这样的年轻人只要能够生活下去就行了。我现在要做的是，在漫漫人生道路上学会理解周围的一切，为我们结婚后能相亲相爱地生活在一起而努力做一些事，而不是在学术上像一匹赛马那样拼命奔跑。

昨天我做了一件傻事，从心理的角度看挺有意思：我本来想买一本沙可的回忆录，价格五法郎，但书已卖完，我不得不花十二法郎买了另一本沙可的书，多花了七法郎。对我来说，这已经是太奢侈了。书商对我说,如果我想订购一套沙可选集,原价总共要一百四十法郎,他可以减价为六十法郎,再加上订阅一年的《神经症学史料》需二十法郎,这样我总共只需花八十法郎,可以节省八十法郎。沙可选集对我来说当然十分重要,但八十法郎对我来说也是一个不小的数目。为此我每天都要省下一点钱。如果你为此而感动的话,别忘了这次我是太奢侈了。

今天沙可把我叫到一旁:"我有话要对你说。"他告诉我,他十分乐意我将他的全集第三卷翻译成德文,不仅包括已经用法文出版的第一部分,还包括尚未出版的第二部分。你感到高兴吗?我是非常兴奋的。这真是又一件大好事,它一定会让我在德国的医生和病人中出名,这样即使花上几个星期的时间和几百古尔盾也是值得的,何况还有几百古尔盾的收入。这个翻译工作对我是一个锻炼,对我出版自己的著作是一个准备。

现在我是沙可身边唯一的外国人。今天,他收到一批英文版的书,递给我一本,这样我就有机会给他留下一些印象。他讲述了一个病例,大家都笑了起来,我趁机说:"你在讲课时提到这个病例。"我还引用了他的几句话。他似乎很高兴。一小时后他对他的助手说:"下面你和弗洛伊德先生一起观察病例吧!"然后他转过身,问我是否愿意同这个助手一起观察。我当然愿意。看来沙可对这个病例十分感兴趣,虽然对我来说它并不很重要,但我也许会同这个助手一起就此写一篇论文。这件事的价值在于,它表明沙可早就注意到了我。从这时起,这个助手对我的态度也改变了。观察结束后,助手竟邀请我同医院的其他一些医生共进午餐,我受到客人般的款待。所有这些都是由于沙可教授一个小小的举动!而这对我来说是多么难得。

——《给未婚妻玛莎的信》

5. 我和布洛伊尔的合作及分手

我还在布吕克的研究所工作时,认识了约瑟夫·布洛伊尔医生,他在维也纳医学界很受尊重。他比我大 14 岁,很有才华。认识不久我们就成了十分要好的朋友。在我生活困难的时候,他给了我很大帮助。我们在科研方面逐渐有了共同的兴趣。我俩的友谊,我是主要的受益者。令人遗憾的是,后来精神分析的发展让我们的友谊破裂了。

在我去巴黎之前,布洛伊尔就对我说到,在 1880 年到 1882 年期间,他采用一种独特方法对一位歇斯底里病人治疗,从而能够深入观察歇斯底里症状的病因和意义。他向我介绍这一病例的许多细节。我认为他的方法在治疗神经症方面要比其他方法更有用。

从巴黎返回维也纳后,我再次对布洛伊尔的研究产生兴趣,希望他能多介绍一些情况。他的这位病人是一位年轻女子,受过很好的教育,很有才华,对父亲的感情很深。在护理父亲的时候她就已经得病了,布洛伊尔给她看病时,她有麻痹、痉挛、压抑、精神错乱等症状。在一次偶然的观察中,布洛伊尔发现,要是能够引导她说出自己即时的情感幻想,就有可能消除其一些症状。由此他找到一种新的治疗方法:让病人进入深度催眠状态,讲出压抑在心中的想法。这样,通过一段时间治疗,她的抑郁性精神错乱的发作得到控制,有关的身体症状也得到大大缓解。在清醒时这位病人无法说清自己的病因,也搞不清楚这些症状跟自己生活经历的联系,而在催眠状态中这些联系都被她一一说出。她的所有症状都跟照料父亲时的情感体验有关,也就是说,是其残留的痕迹,或者无意识的显现。情况表明,在父亲病床旁,她不得不压抑某种想法或冲动,由此产生了其替代物——症状。病人在催眠中发生幻觉,似乎回到当时的场景,并通过自由表达情感使得原先被压抑的心理活动持续下来直到完成,这时症状就得以消除,而且不再复发。经过长期艰难的治疗,布洛伊尔终于治愈了这位病人,消除了她的所有症状。

我开始对自己的病人采用这一治疗方法,几年的时间表明,在歇斯底里病人身上这一治疗是很有效果的。我向布洛伊尔建议合写一本书。开始时他表示反对,后来作了让步。1893年,我和布洛伊尔合写的《歇斯底里症状的心理机制》一文发表,1895年,我们合著的《歇斯底里研究》出版。在这本书中提出的理论比较简单,大都是对观察的直接描述,并没有说明歇斯底里的性质,只是尝试说明其症状的起因。这一理论强调了区别无意识和意识的重要意义,假设症状是产生于情感的压抑,由此提出动力要素的思想;它还认为症状是大量能量转化的结果,由此提出经济或转换要素的思想。布洛伊尔将我们的方法称为疏导法。疏导法的治疗效果是不错的,而它的缺陷也是所有催眠疗法都有的。

早在我和布洛伊尔合作之初,我们的看法就不完全一致。布洛伊尔更愿意用生理学方面的理论来确定精神疾病的发病时间,而我则倾向于用几种力量互相作用来解释它。如果没有其他因素,这一分歧还不会让布洛伊尔放弃我们研究的课题。其中一个重要因素就是,他有大量的内科和家庭医生方面的工作要做,不像我能够全力以赴地进行疏导法研究。此外,我们合写的书在维也纳和德国遭到冷落,也使得他十分沮丧。但使得他最终退出研究的决定性因素,还是对我下一步研究方向的反对。

随着治疗经验的增多，我逐渐认识到，并非所有的情感刺激都会造成神经症症状，能够造成这一后果的，通常只是性的情感刺激，也就是当下经历的性冲突或早期性体验的结果。这一结论完全出乎我的意料，因为我在开始研究神经症病人时根本不会想到这一点。这样，在自己惊人发现的鼓舞下，我跨出了关键的一步，超出歇斯底里病症的范围，开始探讨一般神经衰弱病人的性生活。那时有许多这样的病人来我这里就诊。我的实验对我作为医生的声誉有所影响，但给了我的研究以信心，就是在近三十年后的今天，我的信心仍然保持不变。在治疗中，一旦搞清楚许多模糊不清的现象，就可以发现，所有病人在性功能方面都有比较严重的问题。由此我将神经症看成是性功能失调的结果。得出这一结论，作为医生我心中十分欣慰，觉得自己在医学领域填补了一项空白，因为在关涉这一重要的生物功能时，医学界除了提到传染病或机体损伤造成的创伤外，还没有其他说法。

在《歇斯底里研究》发表几年后，我向多个医学学会宣读了性在神经症症中作用的论文，遭遇到的都是怀疑和反对。有一段时间布洛伊尔向我表示支持，但也没有什么结果。而且他本人也不敢承认自己有"性欲导致神经症"的观点。他对我的态度既有赞同的成分，又有批评的因素，后来我们发生了一些小争执，就分道扬镳，不再往来了。

　　　　　　　　　　　　　——《弗洛伊德自传》

6. 精神分析运动的产生和发展

从 1902 年起，开始有许多年轻的医生集合在我的周围，学习、实践和传播精神分析知识。在一些夜晚，他们在我家举行定期集会，根据一些规则进行讨论，努力确定自己在这一新的研究领域的位置，并促使他人对精神分析产生兴趣。一天，一位毕业于某技术学院的年轻人找到我，作了自我介绍，还递交了一份关于精神分析的手稿，这手稿表现出作者对此具有非同寻常的理解力。他的专业不是医学，我建议他去学校进一步深造，以便更好地从事精神分析工作。他为人忠诚可靠，后来就成了我们这个小团体的秘书，也是我的得力助手和伙伴，他就是奥托·兰克。

以后几年里，我们这个小团体在迅速扩大，人员也经常变动。我认为，总的来说，在人才的数量和种类齐全方面，精神分析并不比任何医学专业差；无论从一开始还是到后来，在精神分析运动历史上发挥过重要作用的人都是这样，尽管这些作用并不是都被看好。当时人们根本无法预测精神分析运动的发展。而我对这一运动的发展是满意的。我认为自己已经竭尽可能将有关知识和经验告诉他人了。只有两次情况很糟糕，团体中的一些人离开了我。我未能成功地同精神分析的一些成员维持友好的关系，而这种关系在从事艰难工作的人们中本该建立起来的；我也未能阻止成员间关于优先权的争论，而在共同的工作中要获得优先权的机会本来是很多的。在精神分析工作中，最难的是实践方法的传授，由此导致许多争吵，并对维也纳个体精神分析学会的活动造成影响。我自己从未提出一套有关的技术和理论规范来避免其他的人误入歧途。从心理学的角度看，有知识的人恃才自傲，很早就对他们的老师有一种独立性，这往往是一件好事，他们在学术界能获得高出常人的地位，对科学发展是很有利的。精神分析要求它的成员通过长期严格的训练而能做到自律。精神分析在外的名声极坏、也看不到发展前景，而从事这一职业的人们对其十分忠诚，因此，我对成员中持反对意见的人，采取了宽容和忍耐的态度。我们的成员，除了医生之外还有作家、艺术家等等，他们都是受过教育的人，认可精神分析的一些重要原则。从一开始，在《梦的解析》和《论诙谐与无意识之间的关系》等书中，我就说明，精神分析理论不仅用于医学界，它还能广泛应用于精神科学的各个领域。

1907 年，情况突然有了一些改变。同以前预料的相反，精神分析好像慢慢引起人们的兴趣，获得了一些理解，有些科学工作者也打算承认它了。此前布鲁尔在一封信中告诉我，我的著作在布格利得到研究和应用。1907 年 1 月，苏黎世诊疗所的艾丁根医生来维也纳访问了我，此后又有其他一系列访问，使得这一学科领域的交流十分活跃。最后，在荣格的邀请下（当时他还是布格利的助理医师），我们于 1908 年春在萨尔茨堡召开了第一次精神分析大会。这次会议使维也纳、苏黎世和其他地方的精神分析界朋友欢聚一堂。这次大会的一个成果就是，创办了一个专业期刊《精神分析和精神病理学研究年鉴》，它于 1909 年创刊，由布鲁尔和弗洛伊德指导，荣格任编辑。这个刊物体现了维也纳和苏黎世之间的密切合作。

1907 年以后，由于维也纳和苏黎世学派联合在一起，精神分析运动开始形成巨大的浪潮，其势头直到现在我们还能感受到。这从精神分析文献越来越广泛的传播、学习和实践精神分析的医生越来越多、学术界和各种会议对精神分析的攻击越来越频繁可以得到反映。精神分析运动已经波及最遥远的大陆，不仅让各地的精神病学家感到吃惊，还引起其他领域中有教养的公众和科学工作者的注意。霭理斯从未自称是精神分析的信徒，却一直对精神分析的发展抱有善意的态度，他在 1911 年为大洋洲医学大会所作的报告中指出："弗洛伊德的精神分析目前不仅在奥地利和瑞士，而且在美国、英国、印度、加拿大，无疑还在澳洲,都得到人们的拥护和实行。"一位智利(也可能是德国)医生在 1910 年布宜诺斯艾利斯国际会议上宣布支持儿童性欲的观点,并高度评价精神分析在治疗强迫性歇斯底里时的功效。在印度中部(伯克利山),一位美国神经症学家,让他的一位著名的同事来访欧洲时告诉我,他在对印度穆斯林作分析时发现,他们的神经症病因与我们欧洲人是一样的。

在北美洲,精神分析受到特别的尊崇。1909 年秋天,美国马萨诸塞州沃西斯特的克拉克大学校长斯坦利·霍尔邀请荣格和我参加该校二十周年校庆,我在大会上作了多次演讲。让我们十分惊讶的是,我们发现,这所学校不大,但办学质量很高,口碑很好,那些研究教育学和哲学的老师没有任何偏见,十分熟悉精神分析的所有文献,在给学生的课中也会讲到精神分析。对于那些正宗的美国人来说,自由、科学地讨论日常生活中种种让人厌烦的事情,至少在学院范围内是可能的。我在大学的五次演讲,后来用英文发表在《美国心理学杂志》上(1910),以后又用德文发表,题目是《论精神分析》。在这期间,荣格宣读了他关于联想实验的诊断学论文,还宣读了一篇关于儿童心理冲突的论文。我们获得该校颁发的法学名誉博士学位。参加该校校庆周活动的精神分析运动代表,除了我和荣格,还有费伦茨、琼斯(当时他在加拿大多伦多大学,现在伦敦)和布利尔(当时已经在纽约实践精神分析治疗)。

布利尔和琼斯对精神分析运动的进一步发展作出了最大的贡献。他们通过自己的论著,不厌其烦地引导自己国家的人们去关注那些在日常生活、梦和神经症中能够观察到的基本事实。布利尔在医疗实践中采用精神分析技术,还翻译了我的著作,促进了精神分析的发展。琼斯讲授精神分析课程,在美国各种会议上为精神分析作辩论,从而为精神分析运动作出贡献。美国没有特别深层次的科学传统,也缺乏官方严格规定的权威科学计划,对于斯坦利·霍尔传播精神分析理论来说,这是一个有决定意义的有利条件。

在瑞典,比埃尔的海水浴治疗获得成功,他为了支持精神分析而放弃了催眠暗示治疗,至少当时是放弃了。沃特在1907年出版的《精神病学基础》一书中对精神分析作了称赞。第一本用精神分析观点写的精神病学教科书是用挪威文写的。在俄罗斯,精神分析已经广为人知,得到广泛传播,我和其他精神分析家的几乎所有论著都被翻译成俄文。但是,这里真正理解精神分析理论的人还不是太多,所以俄国医生对它的贡献我们还不需特别注意。这里唯一受过专业训练的精神分析家是沃尔夫,他在敖德萨开业行医。在波兰,主要是杰克斯把精神分析介绍给这里的科学文化界。匈牙利在地理位置上十分接近奥地利,但在科学上却相差太远。这里只出现了一个精神分析家费伦茨,不过他一人却抵得过整个团队。

多年来,精神分析的反对者高声大气地表达着他们的观点,而那些拥护者受到种种威胁,被迫保持沉默,这是很自然的。一些最初对精神分析作出重要贡献的人,大家本来对他们期望有加,后来却在境况的压迫下退出这个运动。但这一运动仍在悄然前行,这是毫无疑问的。经常有精神病学家和非专业者加入到拥护精神分析的行列中来,精神分析文献也有了越来越多的读者,同时它的反对者的攻击力度也越来越大。近几年来,在一些会议上,在一些科学团体的报告中,在一些出版物的评论中,我多次听到和读到,精神分析已经灭亡了,它被彻底打垮了。对这些说法,最好的回答是马克·吐温的话。报纸上发表了他死去的消息,他发去电报说:"你们对我死亡的报道未免太早了一点!"在每次宣布精神分析死亡的讣告之后,精神分析反而会得到更多的拥护者和合作者,等于是被扩大了宣传范围。因此,与被悄悄地埋葬相比,被宣告死亡也可以说是一个进步。

　　精神分析运动在向空间发展的同时,在内容上也有拓展,从神经症和精神病学领域扩展到其他知识领域。这种发展还处于初期,才获得一点点成功,大多是开端性的尝试,有些还只有一个计划。一个人只要采取公平态度,就不会在这些方面大挑毛病。在这些领域,研究者的人数相对较少,面对的工作则是数量巨大,他们当中多数人另外还有主要职业,在这些不熟悉的领域只能以业余者的身份来从事相关的研究工作。这些研究者是不会讳言自己的业余身份的。他们的目的只是为专家起一个抛砖引玉的作用,在进行相关工作时,他们随意使用和发挥精神分析的技术和原理。尽管如此,他们取得成果是十分可观的。其原因有两个方面,一是精神分析方法本身是十分丰富多彩的,二是有些研究者虽然不是医生,却已经将精神分析应用到心理科学上,并以此作为自己的终身职业。

　　这些对于精神分析理论的应用,大都可以从我早期关于精神分析的著作中找到其来源。精神分析发现,神经症患者身上出现的症状,在正常人身上也可以看到。精神分析不仅提供了对病理现象的说明,还为我们揭示了病理现象和正常心理生活之间的联系,揭示了精神病学和其他各种心理学科之间的联系。例如,有些种类的梦能够对一些神话和童话作出解释。在一次精神分析会议上,荣格的同事们论证了早发性痴呆症幻想与原始部族的世界创始思想之间有着一致性,给所有的与会者留下深刻印象。在后来的著作中,荣格尝试进一步探讨神经症与宗教、神话幻想之间的联系,这些神话学材料得到更为详尽的论述。

　　由梦的研究产生的另一条发展途径是对想象作品的精神分析,并最终导致对其创作者(作家和艺术家)自身的分析。在早期阶段就已经发现,对作家想象出来的梦,我们可以像对待真正的梦那样进行分析。无意识的心理活动这一概念可以让我们对想象的创作物作出一些猜测,而对神经症和本能冲动作用的研究也可以让我们认识艺术作品的来源,同时也使我们面临两个问题:艺术家是怎样对刺激物作出反应的? 他采用什么手段来伪装自己的反应行为? 大多数兴趣广泛的精神分析家都为解决这两个问题作出了贡献,而这一方面的精神分析运用也是最有吸引力的。当然,那些对精神分析不了解的人也反对这些运用,态度激烈,就像他们在原初领域反对精神分析一样。因此我们得有心理准备,无论精神分析进入哪一领域,它都无法避开同原先占有那一领域的人们之间的斗争。

我自己冒了一回风险,将宗教仪式和神经症症状之间作了比较研究,首次涉及宗教心理学的问题。在以《图腾与禁忌》(1912—1913)为题的四篇论文中,我尝试着运用精神分析来探讨社会人类学问题。这一研究方向将直接涉及我们的文明、国家结构、道德、宗教以及乱伦禁忌、良心等重要风俗的起源问题。当然,要确定这些结论能否经受住相应的批评考验,还需要很长的时间。

——《精神分析运动的历史》

7. 苏黎世精神病学派对精神分析的巨大贡献

我一再感谢苏黎世精神病学派尤其是布洛伊勒和荣格在传播精神分析中所给予的巨大帮助。即使当前情况有了很大改变,我也要再次感谢他们。如果没有苏黎世学派的支持,就没有科学界对精神分析的关注。当时的情况是,精神分析的潜伏期已经过去,在各个地方,人们对它的兴趣日渐增长,但这种兴趣的增长并非别的,而是非常激烈、非常愤怒的否定。在苏黎世,情况正好相反,占支配地位的是与精神分析相一致的学派。而在别的任何地方,都不可能像这样,存在着关系密切的精神分析学者,有为精神分析研究服务的公立诊所,临床教师把精神分析理论作为自己精神病学课程的一部分。因此,苏黎世学派成了那些为精神分析而奋斗的小团体的核心。只有在那里,才有学习精神分析新技术和进行实践的机会。现在,大多数追随者和合作者都是经由苏黎世才来到我这里,包括那些从地理上看到维也纳比到瑞士要近的人。在与西欧的关系中,维也纳处于边陲地位,多年来其声誉由于强烈偏见而受到影响。所有最重要国家的代表都聚集在瑞士,这里有着特别活跃的学术活动。

　　按照一位同事所说,在布格利,精神分析似乎很早就引起人们的兴趣。1902 年,荣格发表的论神秘现象的著作已经提到我的《梦的解析》一书。维也纳和苏黎世两地的精神分析学家建立起个人关系后,还产生了一个非正式的学会,1907 年在布格利的定期会议上讨论了精神分析问题。在两地联盟中,这些瑞士人不仅仅是接受者,他们已经写出了许多值得称道的科学著作,对精神分析作出了贡献。在精神分析的意义上他们对冯特学派的联想实验作出解释并加以应用。由此,苏黎世学派能够对精神分析观察迅速作出实验检验,并直接向学生证实一个精神分析学家作出的某些论断。连接实验心理学和精神分析的第一座桥梁就这样建立起来了。

　　在精神分析治疗中,联想实验可以让我们对病例进行短时的定性分析,但在技术上却没有什么突破。更重要的一步是由苏黎世学派或其领导者布洛伊勒和荣格完成的。布洛伊勒表明,借助于精神分析(由弗洛伊德)在梦和神经症中认识到的过程,就可以让我们搞清楚许多纯粹的精神病问题。荣格在 1907

年成功地把精神分析解释方法应用于各种不同的早发性痴呆
现象（精神分裂症），这样，我们就可以搞清楚这些病例在其生
活和爱好方面的来源。在这以后，精神病学家再也不可能轻视
精神分析了。布洛伊尔关于精神分裂症的著作（1911 年出版）
将精神分析的观点和临床体系的观点完美地结合在一起，取得
了巨大成就。

　　我要指出的是，当时维也纳和苏黎世这两个学派在研究方
向上已经有了让人注目的分歧。早在 1897 年我就发表了对一
个精神分裂症病例的精神分析，但这一病例具有偏执狂的特
点，因此其治疗方法还不能超出荣格分析的范畴。而对我来
说，重要的不是从神经机制的角度解释其症状的可能性，而是
探求它与已发现的歇斯底里机制的一致性。那时我还没有弄
清楚这两种机制之间的差异，因为当时我正致力于神经症的里
比多理论的研究，这一理论是要把所有神经症和精神病现象，
都解释为里比多变化失常而产生的。而瑞士的研究者忽视了
我的这一观点。就我所知，一直到现在，布洛伊尔仍然认为各
种早发性痴呆都有器质性的原因。在 1908 年萨尔茨堡会议
上，荣格表示支持"这种疾病的原因是一种毒素"的理论，而没
有考虑到里比多理论。1907 年他发表了关于这种疾病的专
著，1912 年，他在著作中采用了许多自己以前曾拒绝使用的材
料，从而陷入可悲的境况。

　　瑞士学派所做的第三个贡献应该完全归功于荣格，虽然我
对此的评价并不像其他一些人那样高。我指的是由《诊断的联
想研究》发展而来的"情结"理论。这一理论自身并没有产生一
种心理学理论，它也不能很轻易地结合到精神分析理论的复杂
结构中去。另一方面，"情结"一词可以说已经移植到精神分析
的语言中了；在概括性地描述某种心理状态时，它是一个十分
方便甚至不可缺少的术语。精神分析出于自身需要而创造出

来的术语,没有一个能够像这样广泛流行,同时对它的滥用也已经损害到精神分析概念的明白清晰。

——《精神分析运动的历史》

8. 我和荣格的关系

在精神分析第一次代表大会之后两年,1910 年 3 月,在纽伦堡召开了第二次会议。在两次会议期间,由于感受到在美国时让人兴奋的接待,也由于感受到德语国家中越来越大的敌意,还由于得到苏黎世学界出人意料的支持,我产生了一个想法,并在友人费伦茨的帮助下在第二次会议上得到实施。这就是要组织好精神分析运动,把中心转移到苏黎世,并确定一名精神分析运动的领导人。这一想法遭到一些精神分析运动支持者的反对,我向他们详细解释了这样做的理由。我希望这些理由能证明我是正确的,结果却表明,我这样做并不是很明智的。

当时我认为,维也纳对精神分析运动没有什么好处,相反倒会起阻碍作用。而苏黎世这样位于欧洲中心的城市,可以让精神分析运动的发展更有希望。我还认为,第二个阻碍是我自己。那些赞同我的人把我比成哥伦布、达尔文和开普勒,那些辱骂我的人说我是个脑瘫病人。因此,我想通过苏黎世这个让精神分析首次闪亮登场的城市来把自己给隐蔽起来。我已经不是年轻人了,而这一运动还刚刚开始,要当一个领袖,对我来说为时已晚。我觉得这个运动应该有一个领袖,否则它在以后的发展中会面临危险。我希望,推选出一个可以发号施令的权威者,就可以避免这种危险。起初只有我才有资格担任这一角色,因为我有十五年的研究经验,这是其他任何人都无法相比的。我觉得应该把权力交给一个年轻人,在我死后他就顺理成章地取代我的位置。这个人只能是荣格,因为就年龄而言,布洛伊勒跟我算是同龄人。荣格的优势在于,他有突出的才能,并已经为精神分析作出了贡献,他的独立性和人格也让人放心。此外,他好像愿意同我建立一种良好关系,并且为我而放弃了以前曾有的种族偏见。当时我根本没有认识到,尽管有这些优势,我所作的这一选择是最糟糕的。这个人不能容忍他人的权威,也不会正确使用自己手中的权力,只是将能力用在他自己感兴趣的研究领域中。

我认为应该建立一个正式的学会,因为我担心精神分析一旦流行起来,就会被人们所滥用。应该有一个领导机构,它的任务就是宣布:"所有这些胡言乱语都与精神分析无关,它们都不是精神分析。"各地方的学会应该指导有关人员学习如何进行精神分析,如何训练医生。在我看来,既然官方科学界对精神分析发布了戒严令,对从事精神分析的医生和机构进行联合抵制,我们这些精神分析运动的拥护者就应该联合起来,建立友好关系,互相交流,互相支持。

1912 年荣格在一封写自美国的信中夸耀地说,他对精神分析的改革已经克服了许多人的抵抗,这些人以前是不承认精神分析的。我的回信说,这没有什么可夸耀的,他对我们辛苦获得的精神分析的真理放弃得越多,就会发现所谓的抵抗消除得越快。这些瑞士人很骄傲地所说的改革不是别的什么,不过是取消精神分析理论中性因素的重要性。

荣格关于"为了获得良好意志"的观点是建立在一个过于乐观的假说的基础上:认为人类及其文明和知识的进步总是沿着直线发展的,没有衰退的时候,在每一次革命之后没有任何反动和复辟,每一代人都没有倒退,都不会放弃前辈获得的东西。

正如批评者(亚伯拉罕、费伦茨和琼斯)所指出的,荣格的新理论非常晦涩难懂,人们无法采纳其任何观点。一个人只要自认理解了一点荣格的东西,另一个人就会说他误解了它。换言之,这一理论被提出的方式是犹豫不决的,一会儿是作为对精神分析"很微小的修正",而不是激烈的反对,一会儿又说是为精神分析开辟了一个新时代,是一个新世界观。

我们看到荣格在各种公开和私下场合说话的不一致,不禁要问:这里有多少成分是由于头脑不清楚,有多少是由于缺乏诚意?应该承认,这个新理论的阐释者发现自己处于一种困难的境况:他们现在反对的,正是以前所赞成的。此外,他们这样做,并不是因为又有了一些新的观察发现,而是这些新解释可以让他们把以前的东西看得完全不同。因此,他们不愿意放弃跟精神分析的联系,作为精神分析的代表,他们已经广为人知,因此他们只能说,是精神分析发生了变化。在慕尼黑大会上,我觉得有必要消除这种混乱,宣布说,瑞士人所谓的改革不是由我发起的精神分析的合法继承和进一步发展。亚伯拉罕正确地指出,荣格已经完全放弃精神分析。我承认,每个人都有权利随意思考和写作,但他无权说一些完全不符合实际的东西。

荣格提出所谓精神分析改革,是出于这一目的:消除家庭情结中他想反对的东西,使之不出现在宗教和道德之中。他提出一个抽象概念来替代性欲里比多。他创造出一种新的宗教一道德体系来重新解释、歪曲和抛弃那些实际上是由精神分析发现的东西。这个跟精神分析完全不一样的新运动也表现在荣格对压抑的态度上,表现在他对梦的误解上,表现在他完全不顾及梦的心理学,表现在他完全不理解无意识,总之,表现在精神分析实质内容的一切方面。当荣格对我们说,乱伦情结只是象征性的,并不是真实存在,一个野蛮人是不会对一个年老丑陋的女人产生欲望,而只会对一位年轻漂亮的女子产生欲望时,我们想说的是,这里"象征性的"和"并不是真实存在"的意思只能是,由于乱伦情结的表现形式和致病作用,它应该被精神分析描述为"无意识存在的"。

　　这个意在取代精神分析的新学说只不过是对精神分析的放弃和脱离。有些人担心,由于这一新学说是由那些在精神分析运动中做了许多工作、起了巨大作用的人们提出的,这种放弃和脱离一定会造成十分巨大的影响。但我并不这样认为。在我看来,只有当人们表达一种强大思想时,他们才是强大的;而一旦他们反对这种思想,就会变得软弱无力。精神分析能抗得住这些损失,因为必定会有新的追随者取而代之。

——《精神分析运动的历史》

9. 我与阿德勒的决裂

　　精神分析面临的第一个任务就是解释神经症。它以抵抗、移情这两个事实为出发点,还探讨遗忘这第三个事实,运用神经症压抑理论、性动力理论和无意识理论对有关病情进行分析。精神分析从来没有要求提供一个关于人类心理的全面理论,只是希望它提供的理论可以用来补充或纠正其他方法获得的知识。而阿德勒的理论完全超出了这一要求,希图能够一揽子解释人类行为和特征、人类的神经症和精神病。这一理论其实更适合于其他领域而不是神经症领域。许多年来,我对阿德勒有所了解,也承认他有过人的才能,并且为他作了一些特别的安排。他说曾受到我的迫害,对此我可以指出这一事实:精神分析协会成立后,我一直让他担任维也纳小组的负责人,直到在协会全体成员的一再要求下,我才同意重新来主持精神分析学术大会。当发现阿德勒在确定无意识材料方面缺乏才能时,我改变了看法,而希望他在发现精神分析与心理学的联系以及精神分析与本能的生物学基础的联系方面能够有所成就。他在发现某些事实方面确实获得一些成果。但他的工作给人的印象是,他似乎在证明,由于精神分析轻率地采信了神经症病人的话,把太多的东西都归结为性动力,精神分析全是错的。这里我可以公开指出他工作的个人动机:他曾当着维也纳小组一些人的面对我说:"如果我的一生都处在你的保护之下,你认为我会快乐吗?"当然,一个年轻人承认自己雄心勃勃,这没有什么可指责的。但一个人在受这种动机支配时,应该运用良好的为人处世之道来避免对人不公正,而他在这一点上几乎从来就没有成功过,这从他著作中无法控制的许多恶意和获得优先权的渴望反映出来。在维也纳精神分析协会上,我们确实听到他要求提出"神经症整体"和"神经症动力观"概念的优先权。这让我深感惊讶,因为我始终认为,在认识阿德勒之前,我就提出了这两个概念。

不过跟阿德勒进行的这场权力之争也有对精神分析好的一面。学术上的意见分歧不可调和而且已经公开,我不得不让阿德勒辞去《精神分析机关杂志》编辑的职务,他同时离开了维也纳学会,创建了一个新组织,最初起名为"自由精神分析协会"。但精神分析之外的人们无法识别这两种精神分析观点上的区别,就像我们欧洲人无法识别两个中国人面孔的差别一样。在一般人看来,自由精神分析应该受到正统精神分析的保护并且是其一个下属组织。后来阿德勒做了一件应该让我们感谢的事情:他断绝了同精神分析的一切关系,将他自己的理论命名为"个体心理学"。上帝创造的这个世界上有足够的空间,任何人都有权在其中任意游荡;但要让两个不再互相理解也互不相容的人住在同一个房间,却是一件很不好办的事情。现在,阿德勒的个体心理学属于许多反对精神分析的心理学派别当中的一个,它的进一步发展与我们精神分析已经毫无关系了。

——《精神分析运动的历史》

10. 我晚年研究兴趣的转移

在我的自传中,始终有两个主题:一是我个人的经历,二是精神分析的历史。这两个方面又是密不可分地交织在一起的。自传中叙述了精神分析占据我生活的全部过程,说明没有任何其他东西能够超出我和精神分析的关系。

在写这部自传前不久,我的恶性肿瘤再次发作,我似乎要向这个世界告别了。幸运的是,1923 年动了一次手术,我活了下来,还能继续工作。但从那以后,我再也无法摆脱病魔的折磨。以后十多年里,我从来没有停止过精神分析方面的研究,从来没有停下手中的笔,我的十二卷选集的完成就是证明。但我觉得自己已经发生了很大变化。过去发展过程中交织在一起的许多线索现在已经开始分散,我后来的一些研究兴趣在逐渐减弱,而早先的那些兴趣又增强了。近十年来在精神分析方面我仍然作了一些较重要的研究,例如 1926 年我在《压抑、症状和焦虑》一书中对焦虑问题作了修正,一年后又对恋性癖作了简要说明。但是也应该承认,在提出了爱欲和死亡两种本能存在的假说,以及把心理人格划分为自我、超我和本我(1923)之后,在精神分析方面我再没有大的贡献。以后我在这方面的文章也就写得比较一般,其他人会在此基础上进一步拓展。出现这种情况的一个原因,是我本人在学术兴趣上有所返回。我的一生是沿着自然科学、医学、心理治疗绕了一个圈子,最后又回到早年思考的问题,也就是关于人类文明的问题。还是在1912年,我的精神分析研究处于巅峰时期,我就在《图腾与禁忌》一书中运用精神分析新发现来研究宗教和道德的起源问题。后来,在《一个幻觉的未来》(1927)和《文明及其缺陷》(1930)中,将这方面的研究又往前推进了一步。我更为清楚地认识到,人类历史中的重大事件是人的本性、文明发展和原始经验三者的互相作用,而这不过是精神分析所研究的个体心理中自我、本我和超我三者互相冲突的一种反映,是同一个过程在更为壮阔的场面上的再现。《在一个幻觉的未来》中,我对宗教的态度是基本否定的。不久以后我对宗教有了一个更为适当的态度:宗教的力量来自它所包含的真理中,但这种真理不是实在的,而是历史的。这些研究都是产生于精神分析,但又远远超出了这一学科,也许更能获得公众的支持。后来人们将我误认为是很可以的作家,连德意志这样的大国都注意到了,可能跟上述研究有些关系。1929年,德国人公认的发言人托马斯·曼以其深邃而热情的语言,将我列入现代思想发展史中。此后不久,我荣获1930年的歌德奖,我女儿安娜代表我去美因河畔的法兰克福参加授奖大会。这是我作为公民生活的巅峰。此后不久,我们的国土日益缩小,而德国也不在意我们了。

——《弗洛伊德自传》

三、人的心理结构

1. 为什么说无意识是存在的

　　我们提出，在人的心理中有一个无意识系统。许多人反对我们的这一假设，更不会把它作为科学研究的前提和目的。我们对此的回答是，关于无意识的假设很有必要，十分合理，因为我们有它存在的许多证据。

　　首先，我们说这一假设是必要的，是因为目前我们关于意识的材料还很不完善，无论对于健康人还是病人，我们往往通过其他活动来推测、解释其心理活动，但意识似乎很难承担起这样重大的任务。这些心理活动不仅有健康人的失误动作和梦，还包括心理病人的种种精神症状或强迫观念。有时候，一些最熟悉的日常生活经验会导致我们突然产生一种连自己也感到惊讶的观念，我们不知道它是怎样产生的，不知道它是怎么形成的。还有一些心理活动往往会产生一些十分奇特的结果，让我们大惑不解。因此，如果我们还是沿袭旧的思路，以为意识可以察觉我们任何一种心理活动，那就无法解释上面所说的种种现象。如果我们一定要把这些都归于意识活动，它们就成了彼此毫无联系、没有什么道理可言的东西了。而另一方面，如果我们把假设的无意识活动放入其中，就有可能建立起一种可以得到证实的联系。我们由此突破直接经验的局限,合乎情理地推导出其目的和动机来。此外,当我们假设有一个无意识系统时,有可能产生一种切实有效的方法,帮助我们对意识活动过程施加有利影响。这同时又为证实无意识的存在提供了无可置疑的证据。因此,我们完全有理由相信,那种认定意识可以察觉所有心理活动的看法是不能成立,没有根据的。

为了证实无意识状态是存在的,我们还可以进一步辨析说,在通常情况下,意识只是占有我们心理活动中很少的内容,而大多数被我们称为意识知识的东西是长时间地潜存着,也就是说,是无意识的。如果考虑到我们许多记忆都是潜在的,要否认无意识的存在就显得很没有道理了。也许有人会反对说,这些潜在的记忆不能再算是心理活动了,它们只能算是某种身体残余物,即使可能继续从中榨取某些心理产品。对此,我们可以十分明白地回答说,这种潜在的记忆不是身体残余物,恰恰相反,它们完全是心理活动的痕迹。更重要的是,我们必须清醒地认识到,这种反对意见是错误地将意识活动与心理活动等同起来了;虽然他们没有明说,在这些人看来,这是不言而喻的。这种等同或者被人们当作逻辑推导的前提,用来证明心理活动必定是意识活动;或者是一种习惯性的说法,成为一个专用术语。后一种情况不须多说就难以成立,因为许多习惯性说法后来都被证明为错误百出。现在要讨论的是,这种说法是否被证明是有用的,因此我们应该接受它。对此,我们的回答是,这种等同是完全不适用的,它破坏了心理的连续性,让我们跌入身心二元论的泥潭而不能自拔,它还毫无根据地高估了意识的作用,让我们退离心理学研究领域,没有任何可以补救的地方。

这种潜在的心理活动状态无疑是存在的,问题在于,它究竟应该被看作是一种与意识相关的心理状态,还是一种与身体同一的状态。我们必须把这个问题搞清楚。一旦我们把这些活动归结为某种身体特性，就无法接近它们：没有任何生理学概念或者生物化学过程可以告诉我们有关这些活动的性质。另一方面，我们可以十分确切地知道，它们同意识的心理过程有着难以数清的联系，在某些力量的帮助下，它们可以转变为心理过程，或者被心理过程所替代。而且，我们所有用来描述意识的心理活动的范畴如观念、意向、难题解决等等，都可以用在它们身上。我们不得不承认，这些潜在状态与清醒状态唯一的区别就是，它们是缺乏意识的。因此，我们应该毫不犹豫地把它们看作心理学研究对象，看作意识的心理活动的"密友"。

那种不承认潜在的心理活动具有心理特性的观点之所以产生，也许是由于这样一种情况：除了精神分析，几乎所有的相关学科都没有把它们作为自己研究的主题。许多人不顾病理学的事实，把正常人的失误动作看成是一种偶然事件，还是满足于用《梦的解析》出版以前的陈旧观点来看待梦，把全部注意力都放在意识心理学的那些老问题上，不可能再去注意无意识心理活动的问题。在精神分析产生之前，催眠实验，尤其是催眠后的暗示就已经让人信服地证实了无意识心理的存在以及活动方式，不过这样的情况十分偶然。

其次，存在着无意识的假设是完全合理的。在我们提出这一假设时，并没有脱离人们通常习惯的思维方式。意识只能让我们每个人知道自己的心理状态，对于别人的心理状态，只有靠类比来予以理解，或者通过观察别人身上相似的看法和行为方式而达到对他们心理上的理解。（在心理学中，这一看法无疑是正确的：不需特别地去想，就可以认定，其他人跟自己构造相同，也具有意识。这一认同作用是我们理解意识活动绝对必要的条件。）在人类早期，这种推论（认同作用）被扩大到其他人、动物、植物、无生命物体甚至整个外部世界上面。总之，一个个体只要感受到跟自己相似的外部事物,就会对其产生这种认同作用。但是,随着一个人的自我跟他之外的人和物的区别越来越大,这种认同作用就越来越趋于消失。现在我们已经具有相当的评判能力,对其他动物也有意识的说法表示怀疑。我们可以明确地否定植物具有意识,并认为那种无生命物也有意识的假设乃是一种神秘主义的表现。

精神分析要求我们去做的,也就是把上面所说的评判能力应用到我们自身。在这样做的时候,还得注意我们自身内部的二元对立;如果看不到这一点,还不能把无意识活动揭示出来。从逻辑推理看,如果发现我们身上的许多行为和表现无法跟我们所能察觉到的自我心理活动联系起来,人们就能得出另外一种假设:在自我中还有第二种意识,它与我们所知道的那种意识可以结合为一个整体。但是,这种假设是不能成立的。其理由是:第一,一种属于自己却又不为自己所知道的意识,跟那种既属于自己又属于别人的意识是完全不同的。这种缺乏重要特征的意识应不应该被研究,这一问题本身就应该首先搞清楚。即使是那些一贯反对无意识心理假设的人,也没有打算用一种意识不到的意识来取代无意识这个概念。第二,精神分析表明,我们所推断出的种种不同的潜在心理活动具有高度的相对独立性,它们之间似乎没有什么联系。按照那种假设,我们除了认定有第二种意识外,还应该认定有第三种意识、第四种意识乃至于无数种意识。而这显然是不合理的。第三,也是精神分析最有分量的驳斥,我们还应该考虑这样一个事实:精神分析相关研究表明,一些潜在的意识过程自身就具有其独特的性质,我们对此很不熟悉,甚至认为是不可信的,因为它们跟我们熟悉的那种意识性质是完全对立的。因此,上述假设是不能成立的,也就是说,我们所推断或试图证明存在的,并非是存在着第二种意识,而是有一种意识不能知晓的特殊心理活动。

因此，在精神分析中，我们不得不断定，人的心理活动是无意识的，而意识只能像感官感觉外部世界那样来感觉它。我们认为，精神分析是一种关于存在着无意识心理活动的假说；这种理论可以看成是原初泛灵论的发展，它让我们通过周围事物来感觉自身；它还可以看成是康德对种种外部知觉错误看法的批判的延续。正像康德警告我们的那样，万万不可忽视了我们的知觉是受主观条件限制的，万万不可将知觉与被我们知觉的不可知之物混同起来。精神分析同样警告我们，不要把意识的知觉跟作为知觉对象的无意识心理活动混同起来。正像物理事实一样，心理事实也不是我们看到的那个样子。我们欣慰地看到，对内在知觉的校正要比外在知觉容易一些，相对于外部世界而言，内部对象不可知的成分要少很多。

——《论无意识》

2． 无意识、前意识和意识

一方面，无意识包含着各种跟意识活动相似的活动，它们与意识的区别仅仅在于处于潜伏状态而暂时不被意识所察觉；另一方面，无意识也包含着各种被压抑的活动，它们如果可能转化为意识，肯定与原先的意识活动极不相同，形成强烈对比。因此，在描述各种心理活动时，如果我们不管它是意识还是无意识的，只是按照其目的、自身构成以及所属心理系统内的等级来分类，并不能够消除对它们的误解，而且也是行不通的。例如，我们使用意识和无意识这两个词，有时是在描述意义上，有时是在系统意义上。在后一种意义上，它们各自代表一个特殊的心理系统，有着自己独特的性质。这样就很容易造成混乱。

　　下面我们对精神分析的一些肯定性的发现作出阐释。通常我们说一种心理活动会经历两个阶段或两种状态，在其间插有一个"检查"的关卡。第一阶段的心理活动是无意识的，属于无意识系统。如果在被检查时不能通过关卡，就无法进入第二阶段，我们就说它受到压抑，必须留在无意识中。如果它通过了检查，就进入第二阶段，属于第二系统，也就是意识系统。实际上尽管它已经属于这一系统，还不能明确地断定它就是意识。也就是说，这时它还不是意识，只是有了转变为意识的可能。只有在一定条件下，它才可能成为意识的对象。由于它具有变成意识的能力，我们可以称它为前意识。如果还能证实有一种专门机构通过检查让前意识成为意识，我们就可以更为清楚地区分前意识和意识。而现在我们要记住的是，前意识系统具有意识系统的特性。

　　由于承认有两个或三个心理系统的存在，精神分析就从描述性的意识心理学向前进了一大步，提出了一些新问题，获得了一些新内容。此前，精神分析与意识心理学的主要区别是，它是以一种动态的观点看待心理活动。而现在，在此基础上，精神分析发展到一种"心理地形学"理论，从而区别于意识心理学；也就是说，在涉及一种特定心理活动时，总是要说到它属于哪一个系统，或者它发生于哪些系统之间。因此，精神分析又可称为深层心理学。

　　目前我们提出的假设还只是一种图解性的说明。具体来说，有两种可能性。第一种，把某一观念的意识阶段看作是在原先状态不变的情况下，移动到新的位置。这种假设比较方便，但不太成熟。第二种，认为该观念位置没有变，而是其自身的状态或功能发生变化。这一假设具有更大的可能性，应该优先考虑，不过其规律很难把握。按照第一种假设，这一观念可以划分为无意识系统和意识系统。也就是说,同一个观念有可能同时出现在心理器官中的两个地方。实际上,如果没有遇到检查阻挡的话,某一观念就会从一个位置移到另一个位置;而原先的位置还是承认它以前的到达。

这种情况看起来似乎很怪,却可以通过精神分析的实践得到证实。我们同一位病人交流他的一些观念,它们是他原先有过的,后来被压抑了,再后来又被我们发现了,在这一过程中,病人的心理状态看上去并没有什么变化。这种交流无助于这些观念突破压抑的束缚,或者说压抑仍在起作用,因此,我们不能指望这些无意识观念会变成意识。在这个病人的心理结构中,这些观念是以不同形式出现在两个位置上。一种是有意识的记忆,另一种是早年体验到的无意识记忆。实际上,当这种有意识的观念冲破一切障碍联系上无意识记忆痕迹之前,由压抑所形成的抵抗是不会消失的;而这只有通过把无意识记忆痕迹变成有意识的,才可能获得成功。粗看起来,会认为意识观念和无意识观念只是同一个内容在两个不同的地形学位置的表现。但只要稍微思考一下,就可以发现,病人这时获得的信息与他被压抑的记忆之间只有表面的相同,实际上不是一回事。

——《论无意识》

3. 我们被压抑的乃是本能的观念

现在要提出一个新问题。我们已经说明了存在着意识观念和无意识观念,但是否还存在着无意识的本能冲动、情绪和感情呢?可否把它们合在一起分析呢?

　　在我看来,无意识与意识的对立并不适用于本能。本能永远不能成为意识的对象,只有再现本能的观念才能成为意识的对象。即使在无意识领域里,本能也只能以观念的形式再现出来。如果本能不依附于一种观念,其自身状态无法清楚显现,我们就不会对它有任何了解。我们平时常说某种无意识的本能冲动或者某种被压抑的本能冲动,这种说法其实是不严谨的,虽然它也没有大碍。我们在说及本能冲动时,真正与意识相对,最恰当表达其含义的,应该是无意识一词,其他的说法都容易造成混乱。

　　基于以上所说,我们可以对上面提出的问题作出回答了。只有在我们知觉到某种情绪,或者说意识到它,才可能把握它的本质。因此,我们在分析无意识的性质时,毫无疑问应该把情绪、情感等包含进去。然而在精神分析的实践中,我们习惯说无意识的爱、无意识的恨、无意识的愤怒等等,我们还习惯于使用一些奇怪的混合词如"无意识的犯罪意识",或一些互相矛盾的词如"无意识的焦虑"等等。这样一些说法是否比人们通常说的"无意识本能"更为恰当呢?

　　我认为这样一些说法同样存在问题。首先,有可能发生这种情况:某种情感或情绪的冲动被知觉到了,但同时也被误解了。由于真正适合于它的表达或词语受到压抑,它不得不寻求另一种观念,而我们却自以为是地误认它就是这一观念的具体表现。如果我们能够恢复它与那个真正适合的观念的联系,就会把原初的情感冲动称为"无意识冲动",但其产生的情感效应从来就不是无意识的。这里真正发生的事情是它的观念受到压抑。总的来说,"无意识情感"和"无意识情绪"等术语是指本能冲动经过压抑后的变化。这种变化可能有三种:这种情感在压抑后,一、全部或部分被保存下来;二、转化成一种不同的情感,首先是焦虑;三、其发展受到阻滞。我们知道,压抑的目的在于阻止情感的发展，如果还不能做到这一点，其工作就没有完成。在所有的事例中，当压抑成功地阻止了情感发展，我们就称这些情感是无意识的（当压抑消除后，它们又恢复原状），因此，应该说，这些词语的使用还是前后一致的。但是，如果我们拿它们来与无意识观念相比较，其间又有着明显区别。在受到压抑后，无意识观念作为一个真实的结构，仍然存在于无意识系统之中。而与之相应的无意识情感仍然处于被压抑状态，没有任何发展。严格说来，根本就没有无意识观念意义上的无意识情感，尽管这一说法看起来似乎没有错误。但在无意识系统中可能存在着一些能够转化为意识的情感结构。实际上两者的根本区别在于，观念是记忆痕迹的贯注，而情感或情绪却是一种释放，最终被释放为我们能够知觉的感情。

我们很有兴趣地确认了这一事实：在将本能冲动转化为情感表现的同时，压抑也成功地对它进行了抑制。这让我们认识到，意识系统总是对情感加以控制，并且增强了其活动能力。这里体现了压抑的重要性，它不仅能阻止事情进入意识，还在阻止情感表现的同时，阻止了相应的肌肉活动。也许我们可以说，只要意识系统控制了情感表现和肌肉活动，人的心理状态就是正常的。但这一控制系统对两者的关系有根本不同。意识系统对自发性动作的控制是稳定可靠的，完全可以抵挡神经症的反复冲击，只是在精神病面前，这一控制才失去效用。而意识系统对情感的控制却没有什么力度。即使在日常生活中，我们也可以察觉到，在意识系统和无意识系统之间，总是不断地进行着对情感优先控制的斗争；这两种争斗的力量有时可以区分开来，有时交织在一起而无法分清。

搞清楚意识系统（或前意识系统）在释放情感和身体活动的重要性，可以让我们更清楚地认识到替代观念在决定病情形式方面的作用。情感发展有可能直接在无意识系统中产生，这时情感往往具有焦虑的特征,因为焦虑与所有"被压抑"的情感可以互换。但在更多情况下,本能冲动总是要在意识系统中找到一个替代观念。这样一来,情感就可以在此替代观念中发展,而这一替代观念的特性又决定了由此而来的情感的性质。我们说过,在压抑过程中情感跟它所属的观念产生分离,此后它们各自又经历了变化。从描述的角度看,这是没有问题的。但实际上情感活动并不能直接产生,只有在它冲破限制,在意识系统找到一个替代物后,才能实现自身。

——《论无意识》

4. 本我、自我和超我

通过研究人类个体的发展,我们获得关于人的精神结构的知识。我们把其中最古老的部分称为本我。本我是遗传的,人生来就有的,它由本能所构成。本能来源于人的肉体组织,在本我中,它以我们还不了解的形式得到最初的心理表现。

在我们周围外部现实世界的影响下,本我的一部分得到特别的发展,从而产生一个专门组织。它来自本我的表层,有着接受刺激的器官,还具有免遭刺激伤害的活动程序。这一特殊组织由此成为本我和外部世界之间的中介。我们称之为自我。

自我有这样一些基本特征。由于预先在感觉和肌肉活动之间建立了联系,自我可以控制随意运动。它的任务就是自我保存。就外部事件而言,自我通过意识到刺激,通过记忆储存有关刺激的经验,通过逃避免除过于强烈的刺激,通过适应接受适当的刺激,最后,通过活动学会有效改造外部世界以利于自身,来完成自我保存的任务。就内部事件而言,与本我相联系,自我通过对本能愿望的控制,通过决定是否允许本能愿望获得满足,通过延缓本能愿望的满足、压抑其兴奋直到外部世界具备了有利时机,来完成自我保存的任务。自我的活动由刺激产生的紧张而引发,无论这紧张是自发的还是外来的。紧张的出现通常被感觉为不快乐,而紧张的减弱被感觉为快乐。但感觉为快乐或不快乐,也许不在于紧张的绝对强度,而是其变化的节奏。自我总是力求快乐,尽量避免不快乐。当预期有不快乐增加时,往往会伴随着焦虑。无论来自内部还是外部,不快乐的增加都会被当成危险时刻。这时自我常常放弃与外部世界的联系,退回到睡眠状态,并对其组织作出范围广泛的改变。

正在长大的人依赖父母度过很长的童年期,父母的影响在这人的自我中产生了特殊的作用,并作为沉淀物而留存下来,我们称它为超我。因此,超我是由自我分化而出的,或者说与自我相对立,从而构成自我必须关注的第三种力量。

自我的活动在于同时满足本我、超我和现实的要求,也就是在三者之间协调它们的关系。当我们回溯儿童对父母的态度时,就很容易理解自我与超我之间的具体联系。这些继续起作用的父母影响,不仅包括父母的实际人格,还包括由此而代代相传的家庭、民族、国家的传统,包括由此体现的直接社会环境的要求。在个体发展过程中,老师以及其他公众生活中被看作社会理想的典范等等,也会作为父母的后继者和替代者塑造一个人的超我。我们看到,本我和超我有着根本差别,同时也有一个共同点:它们都体现了过去的影响,本我体现了遗传的影响,超我主要体现了继承下来的前人的影响;而自我主要受到个体自身经验的控制,也就是受当前偶然实践的控制。

在我们的精神结构中,混沌一团的本我构成了我们生命的核心内容。它同外部世界没有直接的接触,只有通过中介才能

被我们自己所了解。在本我中,人肌体的各种本能起着作用,
这些本能是由爱欲和破坏这两种原始力量以各种比例混合在
一起的产物,它们与不同的器官或器官系统相联系而分化出
来。这些本能唯一的动力是获得满足,这是器官借用外部世界
而让自身内部发生某种变化。但是,像本我这样的本能,它直
接和任意的满足往往会造成与外部世界的危险冲突,引发重大
灾难。本我并不知道要为确保生存而担心,因此也不知道什么
是焦虑。或者更准确些说,尽管它可以产生焦虑的感觉要素,
却不会利用它们。我们假定存在于本我心理要素之中的那些
原初过程,跟存在于我们智力和情感生活之中、由我们的意识
所知觉并为我们所熟悉的那些过程是完全不同的。它们不受
逻辑的严格控制,因为逻辑可能以不合理为由,来排斥和消除
其中一些过程。

　　本我与外部世界相隔离,它有自己的感觉世界。它能十分
敏感地察觉其内部的某些变化,特别是来自其本能需要的紧张
波动。这些变化作为快乐或不快乐的感受而变成意识。本我
服从不可抗拒的快乐原则,但并非只有它才如此,其他心理活
动也服从这一原则;或许它们可能对这一原则作出一些修改,
但不可能取消它。快乐原则是要求减少甚至消除本能需要带
来的紧张。

　　精神结构的另一部分是自我,这是我们最为了解和最容易
认识的,它由本我的表层处发展而来,本我的表层在接受或排
斥刺激的过程中直接跟外部世界相接触。自我的构建功能是
把思想活动引入本能的要求和满足本能的行动之间,让它在确
定当前方向和估计以前经验之后,预测所计划的行动后果。这
样,自我就会作出决定:是力求实现本能需要的满足,还是加以
拖延。有时根本不要求自我做什么,因为本能的要求很危险而
完全被压抑了。这里我们就有了现实原则,就像本我只是指向

快乐一样,自我主要考虑的是安全。自我责无旁贷地承担着自我保存的任务,而这正是本我所忽略的。自我以焦虑感为信号,对威胁自身完整的危险发出警告。由于记忆痕迹特别是语言残余能够变成意识,起着跟知觉相同的作用,就可能引起混乱,造成对现实的误解。通过设立现实检查,自我让自己消除这种可能性。由于睡眠状态的特殊性,这种现实检查在梦中失去作用。在寻求保存自己的过程中,自我不仅会受到来自外部现实危险的威胁,还可能受到内部本我类似的危险威胁。首先,过度强烈的本能会伤害自我,这跟外部世界的过度刺激相类似。实际上,过度强烈的本能并不会毁灭自我,却能够毁灭自我特有的动力组织,使自我重新变成本我的一部分。其次,经验告诉自我,某些本能需要自身并不是无法承受的,但它们的满足会带来现实世界的危险,因此这种本能需要也是危险的。这样,自我是在两个战场作战:它既要防止外部世界毁灭自身的威胁,又要防止内部世界提出过分要求,从而保存自己。它对待两者的方法是相同的,但在对付内部敌人方面处于不利状态。自我在起源上跟内部敌人相一致,后来它们又关系密切,共生共存,因此自我很难躲避内部的危险。虽然内部敌人暂时受到压制,却一直作为威胁而存在。

我们可以这样来描述自我:它介于本我和外部世界之间;它接受本我的本能要求,让其获得满足;它从外部世界获得知觉,作为记忆加以使用;它着意于自我保存,抵挡着来自本我和外部世界的过分要求;同时它所有的决定都服从于修改过的快乐原则。实际上,这样描述的自我只是适用于童年初期,大约到五岁。此后有了一个重大变化。部分外部世界不再是对象,而是通过认同作用被纳入自我之中,成为内部世界的一部分。这个新的心理构成部分开始起着以前是由外部世界的人们所起的作用,它观察自我,命令自我,以惩罚来威胁自我,简直就像这个孩子的父母。我们把这个构成部分称为超我。由于超我作为我们的良心而起着评判作用，我们可以意识到它。值得注意的是，超我往往表现得十分严厉，其程度超过了真正的父母。超我要求自我不仅说明自己的活动，还要说明自己的种种想法以及没有实施的种种图谋，它似乎能够觉察一切。

当自我和超我十分协调地发挥作用时，很难区别两者的表现；而它们关系紧张和疏远时，要区别两者就比较容易。人们受到良心责备时会感到苦恼，这是道德的力量在起作用。另一方面，如果自我成功地抵制了超我的某种诱惑，做了一些反对超我的事情，它就会提高自信和自尊，好像取得了一些成就。这时超我虽然已经变成内部世界的一部分，对自我仍然扮演着外部世界的角色。在以后整个一生中，超我都体现了一个人童年受到的影响，也就是父母的教养所施加的影响，以及他对他们的依赖所产生的影响。由于长期与父母生活在一起，人类的童年期被大大延长了。实际上超我感受的不仅是父母个人的品质，还有他们所属社会等级的品位和标准以及他们所属民族的意向和传统。有些喜欢明确划分的人也许会说，在跟父母分离后，个体面对的外部世界代表了现实力量；他带有遗传倾向的本我代表了有机体的过去；后来，超我逐渐把外部世界和本我连接在一起，更多的是代表了过去的文明，作为流传下来的经验，这是儿童早期生活中必然会重复的经历。这一概括不见得都是对的。文明肯定会在本我中留下一些沉淀物。超我的主要作用是在本我中引起回应；儿童的许多新体验得到加强，这是因为，它们不过是某些早期种族发生时的经验的重现。

因此，超我处于本我和外部世界当中，它将现在和过去的影响合并于一身。在确立超我的同时，我们就已经有了一种方式，让现在转变为过去。

——《精神分析纲要》

5. 自我也可以是无意识的

　　每个人都有一个心理过程的连贯组织，我们称之为这个人的自我。这个自我包括意识，它对能动性进行控制，也就是控制着对外部世界作出兴奋反应的通路。这一心理组织调节着自身所有的形成过程，直到晚上睡觉时才停下来，即使在那时，它还对梦起着检查作用。由此，自我还有压抑作用，通过压抑把一些心理倾向排除在意识之外，并且禁止它们采用其他表现形式或活动。在精神分析中，这些被排斥的倾向与自我形成对立，自我对于被压抑表现出抵抗。精神分析要做的就是把这些抵抗消除掉。现在我们发现，在作精神分析时，一些病人陷入困境：当他的联想接近被压抑的东西时，就联想不下去了。于是我们告诉他，他被某种抵抗所支配，但他自己却意识不到这一事实，即使可能从感觉不适中猜测到一点什么。他不知道这是什么，也不知道怎样描述它，但这一抵抗来源于他的自我并属于自我，这是毫无疑问的，因此我们感到有些意外。我们在自我本身也发现了某种无意识，其行为就像被压抑的东西一样；虽然它本身不是有意识的，却会产生很大影响；要它成为有意识的，就需要做特别的工作。从精神分析实践的观点看，这一观察的结果是，如果我们坚持以前那种习惯的表达方式，试图从意识和无意识的对峙中发现神经症，就可能陷入极大混乱和无穷无尽的困境之中。鉴于我们对心理构成条件的了解，我们不得不用另一种对立来替代这种对立，也就是有组织的自我与从中分裂出去的被压抑的自我之间的对立。

　　对于无意识概念来说，新的观察结果更为重要。应该承认,无意识并不与被压抑的东西相一致:说一切被压抑的东西都是无意识的,这是对的;但不能说一切无意识的都是被压抑的。自我的一部分(非常重要的一部分)也可能是无意识的,确定无疑是无意识的。这种属于自我的无意识不像前意识那样是潜伏的;否则它只有成为有意识的才会被激活,它成为有意识的过程就不会太困难。我们发现,现在面临着第三种不被压抑的无意识,应该承认,成为无意识这一性质对我们来说开始失去意义了。这一性质成了具有多种含义的东西。这样它就不能像我们希望的那样,成为深层的必然性结论的根据。但我们也不要因此而忽视了这种性质,因为它毕竟是深层心理学中照透底部的唯一光束。

有这样一个问题:是自我和超我本身就是无意识的,还是仅仅产生了无意识的结果?我们有理由回答,它们本身就是无意识的。这也是一个事实:大部分自我和超我能够保持在无意识状态,通常是无意识的。也就是说,个体对其内容一无所知,要让它们变为有意识的须经过相当的努力。实际上自我与意识并不是一致的,压抑与无意识也不是一致的。在看待意识—无意识的问题上,我们的态度应该有一个根本的改变。刚开始时,由于意识表明自己不能被信任,我们倾向于降低其价值。我们这样做可能是不公平的。正像我们的生命一样,意识虽然没有很大价值,但却是我们所有的一切。没有意识之光的照射,在深层心理学中我们就会迷路,但我们必须努力寻找新的道路。

在动态意义上,一部分自我和超我是无意识的,这一发现尽管实际运用时不太方便,却可以消除问题的复杂性。我们看到,不能把不同于自我的那个心理领域称为无意识系统,因为无意识的特征并非如此。既然这样,我们不再在系统学的意义上使用无意识这个术语,而代之以“本我”一词。这个词更适用于表达不同于自我这一事实。然后,超我、自我和本我,个体的心理构成可以分为这三个部分。

　　　　　　　　——《自我与本我、精神分析引论续编》

6.　自我与压抑

　　当面临某一危险的本能冲动时,如果自我通过某种压抑过程进行了自我保护,它肯定会抑制和破坏本我的相关部分,同时它又给了这一部分以独立性,因此也就放弃了自己的相关权力。从压抑过程的本质看,这是必然的。压抑主要是一种逃避的企图,被压抑的内容实际上被驱逐出自我的大组织,逃亡在外,只服从无意识领域的规则。因此,如果危险境况发生变化,某一新的本能冲动跟被压抑的内容相似,这时自我无法对其产生防御,产生的后果是:新的冲动会自行发展。这一发展路径跟先前被压抑的冲动完全一样,好像原先的危险境况仍然存在。因此,压抑中的固有因素就是无意识本我的强迫性重复,在正常情况下,这一强迫性只能由自我的自由活动功能予以排除。有时自我也可能破除由自己设置的压抑障碍,来发现它对本能冲动的影响,并将新的冲动引导到已经被改变的危险境况之中。而实际上自我很难做到这一点,它无法解除自己设置的压抑。双方较量的结果要看谁的力量更大一些。有时我们会感受到,结果是强制性的:由于被压抑的冲动产生了返回式吸引,还由于压抑的力量过于强大,新的冲动只能实行强迫性重复,而不可能有其他做法。有时会有另一种因素起作用:被压抑的原型所产生的吸引力,受到真实生活强大力量的排斥,从而使得新的本能冲动不再实行这种强迫性重复。

精神分析治疗的实践表明,关于压抑过程的固着以及对不再是危险境况的回复的说法是正确的。这一事实看似平常,从理论角度看,无论怎样高的评价都不过分。在精神分析中,我们采用了一些辅助措施来帮助自我除去其压抑时,它就重新获得对被压抑的本我的控制,并允许本能冲动自行发展,好像原有的危险境况根本不存在一样。在这一过程中,我们取得的成果跟其他医学领域是一致的。总的来说,我们的结果更快、更可靠,花费的能量也更少。

因此,在涉及原有的危险境况是否继续存在、自我的压抑是否被保持以及儿童神经症是否继续存在等问题时,关键因素是量的关系,这一关系无法直接观察,但可以推知。在有关神经症和心理活动的各种因素中,有三个是十分突出的:一个是生物学因素,一个是种类发生因素,还有一个是纯粹的心理因素。

生物学因素就是长期的进化过程。在这一过程中,人类早年处于一种无助的依赖状态。与其他动物相比,人类在子宫内存在的时间较短,并且在出生时发育程度较低。因此,外部世界对其影响就更大,促使自我与本我之间较早分化。不仅如此,由于外部世界对他的危险性加大,那个能够单独保护他、并替代他早年生活的子宫的对象,其价值就被大大提高了。因此,生物学因素不仅建立了最早的危险境况,还创造了伴随一个人一生的被爱的需要。

第二个因素是种类发生因素。我们发现,跟那些与人类十分接近的动物相比,从出生到成熟,人的性生活并不能获得稳定发展。在五岁时,人的性生活达到一个早期发展高峰,然后受到一次明显干扰,在到达青春期时又重新开始这一发展过程,而且是从童年早期被打断的地方作为起点开始的。这就诱使我们作出这样的假设:在人类种族进化史中必定发生过一些重大事件,它们作为历史积淀以某种形式保存在个体的性发育中。这一因素具有病因学意义:这种幼儿性欲大都被自我当作危险加以处理和防御,后来的青春期性冲动不得不屈从于其婴儿期原型的吸引,并随后进入压抑之中。在这里我们发现神经症最直接的病因。

第三个因素也就是心理因素,存在于我们心理机构的某种缺陷之中,这一缺陷与自我和本我的分化相关,在最终意义上也可以归因于外部世界的影响。从外部实在的危险来看,自我必须对本我中某些本能冲动加以防御,将其当作危险处理。然而针对内部本能危险采取的自我保护,不可能像针对外部世界那么有效,因为自我和本我是密切结合在一起的,它只能通过限制自身组织、以形成症状作为交换来毁坏本能,来排除本能的危险。如果被排除的本能重新发起进攻,自我就有可能被那些作为神经疾病而为我们所知的困难压倒。

——《抑制、症状和焦虑》

7.　遗忘的心理问题——以自己为例

一个夏天假日,妻子惹得我生了气,尽管是一件小事:我们在餐馆吃饭,坐在我们对面的男子来自维也纳,我和他彼此认识,但我不想跟他打招呼。这个人有点名气,妻子听说过他的名字,她不但认真倾听他跟身边的人谈话,还接着其话题向我提一些问题。我一忍再忍,终于向她发了火。几个星期后,我向一位亲戚埋怨妻子当时的行为,但回忆不起来那人谈话的任何内容。我是一个容易记恨人的人,不会忘记让我烦恼的那些细节,这次健忘的原因是考虑到妻子。不久之前我又有了一次类似的经历：几个小时前，妻子讲了一个笑话给我听，我很想将它讲给我的一个好朋友听，但我无论如何也想不起来她给我讲了些什么。后来问了妻子才想了起来。这原因是，妻子讲的内容涉及一个让我们感到烦恼的问题。

一位未见过面的女士托我给她代买一个装文件和钱的小保险箱。我答应了。卖这类保险箱的一个商店位于市中心，我应该很熟悉，头脑里有印象。但我无法回忆起这条街道的名字，不过有一点可以肯定，只要在这个地方走一下，就可以找到这家商店。记忆好像告诉我，我在这里走过无数次。但令人遗憾的是，我在这一地区从各个方向走了许多遍，始终没有找到这个商店。或许可以查一下有关的商店名录，知道了确切的街道门牌号码就好找了。一翻相关材料，我马上就看到了那家商店的地址。实际上，多年前我曾在这个商店前走过无数次，那是去拜访 M 一家人，一定会路过这家商店。几年后我跟这一家人的关系疏远了。这次找不到这个商店的原因原来是在无意识里想要避开这一家人住的房子和周围的地方。我在这一地区寻找这个商店时，几乎所有的方向都走到了，唯独漏掉了这个房子所在的方向，好像是有意避开这个地方似的。由这个例子我们可以发现，我们感到不愉快或厌恶是造成遗忘的原因。这里厌恶的不是保险箱，而是一个我不愿意见到的人。

我应某公司的邀请对其职员做一次巡访。在去公司的路上，我产生了一个想法：我不得不在公司所在那栋大楼反复寻找。到了大楼，上到高一层楼时，总觉得公司应该在下面的一层楼。我记不起公司的房子是什么样的了，也不记得我在这里见到什么人。经过思索后我发现，这个公司总部在费舍尔寄宿学校的下面，在那里我多次看到一个病人。同时我回忆起，这栋楼里还居住着公司和寄宿学校的职员。但是，是什么让我产生遗忘呢？这还是个谜。我记得这个公司、寄宿学校和居住在这里的病人并没有伤害我的地方，我也没有感到有什么让自己焦虑的地方。在去看另一个病人的路上，我的脑海中浮现出这个遗忘的原因。以前这个病人存在着严重的认知困难，我给他下的诊断说，他会渐渐瘫痪。后来我听说他的病好了。这说明我的诊断错了。这应该是一个例外，因为我对其他痴呆性麻痹的诊断都是正确的。因此，我忘掉公司的地址应该与这个病人有关。另一个内科医生跟我一样，也把这个病例诊断为麻痹症，他的名字叫费舍尔，跟这个寄宿学校的名字一样。记不起寄宿学校以及其下的公司地址应该与此有关。

在看书和写作时，我对书桌上放的东西是很熟悉的，但最近却将一个刚刚寄来的书的目录放丢了，结果再也找不到这本书。这本书的书名是《谈语言》，对于它的介绍说，书的作者很有思想，风格十分活泼。我很喜欢这种风格，也认为作者对于心理学以及文明的看法很有价值。后来我对于这一遗忘作了分析：我曾将这个作者的书借给熟人看，几天前，熟人还书时对我说："我觉得他的风格和思考方式都跟你很相似。"这句话对我有所触动。一些年前，我还比较年轻，很有必要同学术界的人士联系。我很欣赏一位年老同行的著作，他在医学界有些名气，他也对我说过跟上面类似的话："这很像你的思考方式和风格。"被他的话所鼓舞，我给他写了一封信，希望有更为密切的接触，但他一直没有回信。也许就是这一段不愉快的经历使我遗忘了那个书的目录。

1901年夏天，我跟一个朋友交流学术观点，对他说："如果我们采用个体原始两性本能的假设，这些神经症问题就可以迎刃而解。"他回答说："两年半前我就对你说过这些话，但你并没有接受我的观点。"我回忆不起来有这次谈话，也记不起来他说过这番话。我们两人中肯定有一个记忆有误。经过一星期的回想，我记起了整个事情，正像我这位朋友说的那样，我还记起了自己当时对他的回答:"我想现在还不能接受你的观点,我也不想研究这一问题。"在这以后,在查看医学资料,看到有表述我的观点的内容却没提我的名字时,我就比以前宽容多了。

以上这些遗忘并不是偶然的,对它们进行研究后可以发现,都有一种不愉快的经历或体验隐藏于其后。在我看来,人们遗忘这些不愉快经历的倾向是十分普遍的。

——《日常生活的心理病理学》

8. 动作失误的自我分析

我收到《神经症学和精神病学》一书的校样,我对作者姓名的校对是很仔细的,但排字人员还是查出了一个错误。我写的是"Buckrhard",排字人员认为应该是"Burckhard",当然他是对的。这个叫 Burckhard 的产科医生写过一篇论儿童麻痹的文章,很有价值,我不会对他不满。而维也纳另有一个与他同名的作者,对我关于梦的解释提出质疑,让我烦恼。我在写这个产科医生名字时,产生了对另一个 Burckhard 的反感,无意识中用写错来表达这种情绪。

1901 年,我写了一本关于梦的小册子,总结了 1900 年出版的《梦的解析》一书中的一些观点,属于《心理生理边缘丛书》之一本。出版商将这书的清样寄给我,并让尽快把校对好的清样寄回去,因为要赶在圣诞节前出版该书。收到清样的当天晚上,我就校对好了,将清样放进抽屉里面,打算第二天早上取出。第二天早上,我忘了这事,直到下午看到桌子上的包装纸才想起来。但到第三天早上,我又忘了这事,直到下午才强使自己将清样寄出。当时我不明白自己这样拖延的原因,显然我不想寄出清样,但不知道为什么。一次散步时我给出版了《梦的解析》的出版商打了一个电话,谈了些别的话,然后好像被迫似的说:"我想你已经知道我又写了一本关于梦的书。"他回答:"什么?我不明白你的意思!"我说:"你不要吃惊,这不过是一套丛书中的一个小册子。"但他仍然表示不满,担心这个小册子的出版会影响到《梦的解析》的发行。我认为不会有什么影响。我问:"如果我提前告诉你这事,你会不同意我出版这书吗?"他说:"当然不会。"尽管我的这一做法并没有什么不妥,还是对这个出版商有一些歉意,这是我拖延交付清样的原因。

以前有些年我更多的是上病人家中给他们治疗,有好多次到达这些病人门口时,没有敲门或按门铃,而是从口袋里掏出钥匙,发现不对又把它收起来。我的分析是,这表明我对这家人的尊重,对这个病人的喜爱,等于在说:"在这里我感到像是在自己家里一样。"(在自己家是用不着按门铃的。)

这种失误表达了我的一个想法,但毕竟不能被我的意识所接受,因为对一个神经学专家来说,他应该很好地知道,病人客气礼貌地对待你,是希望你很好地治疗他的病,并没有其他什么意思。

我在二楼的一个房间住了六年,每天要进出两次。这期间发生过两次失误,而且间隔的时间很短。两次都是多上了一层楼,爬得过高,登上了三楼。一次是正沉浸在一个白日梦中,这个白日梦的内容就是想让自己"更上一层楼"。第二次是正在想着一个问题:有人批评我的论著总是把话题扯得太远,我很生气,结果真的"爬得太远"。

一次治疗结束后我要赶火车,在匆忙中我本来想拿反射锤,结果拿了音叉。为什么会这样?我问自己:"是谁最后使用这个音叉的?"这是一个低能的小孩。我用音叉测试他的感觉能力,但他太被音叉吸引了,竟将它拿过去玩,我费了很大的劲才从他手中夺回来。这是不是说明我本人也很低能呢？显然是的，因为我由锤子联想到蠢驴。

为什么会有这样的联想？我将要到西部铁路线旁一个地方治疗一个病人。从寄给我的病历看，几个月前他从阳台上摔下，从此就不能行走了。通知我的医生在信中说，他还无法确定该病人患的是脊髓损伤还是创伤性神经症即歇斯底里症，这正是要我去确定的。他建议我要小心行事，作出诊断时要慎重。我的同事都认为不能轻易作出歇斯底里症的诊断，否则会导致严重后果。但这也不至于让我联想到"蠢驴"这样带侮辱性的词语。为什么呢？我又联想到这个要去的小车站。几年前我在那里给一个年轻人作了治疗。在经历了一次情绪波折后，他也是不能走路了。当时我诊断为歇斯底里症，并用心理方式为其治疗。我这一诊断不能说是不正确，也不能说是正确。病人确有不少歇斯底里症状，在治疗过程中这些症状消失了，但他还有其他症状却并没有消失。这一症状只能被解释为多发性僵化。别的医生应该很容易看出这一器质性疾病的影响，而我却没有诊断出来。我觉得自己有了严重失误：我曾答应这个病人一定会治好他，但这一承诺没有实现。

我错拿了音叉而不是反射锤，这一失误转化为语言就是："你这个蠢驴！这次诊断你可不能将有器质性疾病的人诊断为歇斯底里症，就像几年前你做的那样。"这次失误实际上是一种自责，失误是一种表现自责的适当方式，通过这一失误让原先的错误再现出来。

平时我很少打碎东西。我的书房比较狭小，摆放的一些陶器、奇形怪状的石头位置不太适当，来我书房的人都提醒我可能摔碎这些东西。但这样的事情从来没有发生过。有一天我却失手将一个普通的大理石墨水瓶盖碰到地上摔碎了。为什么会这样呢？当时我正坐在书桌后写作，拿笔的手不知怎么地动了一下,将瓶盖碰倒在地。

对于这一失误不难作出解释:几个小时前,我妹妹来书房看了看,她对我的收藏评价甚高,还说:"你书桌上的东西太吸引人了,只有这个墨水瓶架比较难看,应该放一个更好的。"我跟她一起出去了几个小时。从妹妹的话中我似乎可以指望,在节日里她会送一个漂亮的墨水瓶架给我。我打碎这个墨水瓶盖是否意在实现我的指望呢? 如果是这样,表面看起来是不经意的失手,实际上是一种巧妙安排的失误。而周围那些贵重物品并没有被失手摔碎,也可以说明这一点。有些表面看起来是偶然发生的笨拙行动如痉挛性失调动作,实际上被一种意向或动机所控制,从而达到有意识的行动无法达到的目的。

——《日常生活的心理病理学》

9. 论焦虑

首先,焦虑是我们能感觉到的一种情感状态。作为一种感觉,焦虑一个明显的特征是不愉快。但这并不是它的全部性质。并非所有的不愉快都可以称之为焦虑,还有其他一些感觉如紧张、痛苦和悲伤等都具有不愉快的特征。因此,除了不愉快以外,焦虑必定还有其他一些明显特征。

我们注意到,焦虑伴有相当明显的生理感觉,是由身体的某些特殊器官产生的。其中最明显、最经常发生的感觉与呼吸系统和心脏有关。这就表明,在通常的焦虑现象中,由运动神经支配的释放过程在起作用。因此,对焦虑状态的分析揭示了下述情况:①焦虑具有不愉快的性质;②焦虑基于一种释放活动;③焦虑是对这些活动的知觉。后面这两点表明焦虑与其他不愉快状态如悲伤、痛苦等的区别。悲伤、痛苦等没有任何运动表现，或者即使有，这些运动也不是悲伤、痛苦等状态的内在成分，而是作为其结果或对其反应而存在。因此，焦虑是一种特殊的不愉快状态，与之相随的是特殊神经通道上的运动释放。我们可以认为，焦虑是以某种兴奋的增强为基础，这种兴奋一方面产生不愉快的感受，另一方面又通过上述运动释放过程让兴奋状态得到缓解。但这一纯粹生理学的解释并没有完全解决问题，因此，我们或许可以假定存在着一种历史因素，它将焦虑的感受和神经过程紧密联系在一起。换言之，我们假定焦虑是某种经验的产物，而上述兴奋的增强以及由某些特殊通道释放的过程是形成这种经验的必要条件。正是在这一条件下，焦虑才具有不愉快这一特殊性质。就人类来说，分娩就是这种原初经验，因此，我们可以把焦虑状态看作是分娩创伤的产物。

我们的观点立即招致许多反对意见，对此必须作出回应。有人认为，焦虑很可能是各种高等动物的一种普遍反应，而分娩只是哺乳动物的经验；如果认为在所有的哺乳动物中，分娩都具有创伤意义，这是很值得怀疑的；因此完全有可能存在那种不具有分娩原型的焦虑。这一反对意见让我们超越了心理学和生物学之间的界限。正因为焦虑不可避免地要完成某些生物学方面的功能，以此作为对危险状态的一种反应，所以对不同的物种它具有不同的意义。况且我们并不知道，在那些离人类很远的物种中，焦虑是否也伴随着同样的感觉和神经兴奋。因此，这一反对意见并没有提供充足论据来反驳我们的观点。

如果焦虑的结构和起源确实如上所述，接下来的问题是，它的功能是什么？答案似乎很明显，也很让人信服：最初焦虑是作为对一种危险状态的反应而产生的，以后，当这一状态重现时,焦虑就再次产生。

　　但这里"危险"究竟是什么呢?在分娩活动中确实存在着一个对生命真实的危险。我们知道这种危险客观上意味着什么,但在心理学上它什么也说明不了。分娩的危险没有任何心理内容,因为我们很难设想胎儿能意识到分娩过程中自己生命有被毁灭的危险。

　　新生儿想要知觉母亲的存在,这是因为,他已经通过经验得知,母亲总是可以满足他的所有需要。因此,被婴儿看作"危险"并希望寻求保护的境况,就是那种需要得不到满足的境况,由于这种不满足而造成紧张的境况。在这种境况中,婴儿处于完全无助状态。我想,如果我们接受这一观点,所有的事实都可以得到解释。在需要得不到满足的境况中,兴奋总量会逐渐增强到不愉快的程度,并且无法在精神上加以控制或释放。对婴儿来说,这一境况必定与被出生时的经验相类似,是对分娩危险境况的一种重复。

　　当婴儿通过经验发现,某一外部可感知的对象能够终止危险境况时,他所恐惧的危险在内容上就由经济条件转移到决定这一条件的境况之上,也就是对象的失去。现在,造成危险的是母亲的不在;一旦出现这种危险,婴儿就会发出强烈的信号。这一变化是婴儿自己实施保护措施的重要一步,也代表了焦虑由最初自动而不随意的表现向一种危险信号的意向性产物的过渡。

　　从作为自动现象和作为求助信号两方面来说,焦虑都是婴儿心理无助的产物,而心理无助是其生理无助的自然对应物。新生儿和幼婴的焦虑都是由于跟母亲分离而形成的,这一巧合从生物学上就可以解释清楚:正像母亲用自己的身体组织满足胎儿各种需要一样,胎儿出生后,她也用自己的身体满足新生儿的各种需要,虽然有些还通过其他途径来满足。在母亲子宫内生活与作为婴儿生活,这之间具有的连续性要比我们想象的大得多。这期间发生的变化只是,胎儿的生理条件被代之以对母亲的心理对象关系。

失去对象是焦虑的决定因素,其意义还不止我们说的这些。焦虑下一步转换成阴茎阉割焦虑,这也是对分离的恐惧,也属于同样性质的决定因素。在这种境况下,危险就是与自己的生殖器分离。费伦茨十分准确地梳理了这一恐惧与早期危险境况中的恐惧之间的脉络。他这样解释了阴茎具有很高的自恋价值:这一器官可以让其拥有者再次与母亲相结合,也就是说,与母亲的替代者交媾。而阴茎被剥夺也就是再一次与母亲分离,再次处于本能需要不能得到满足而产生的不愉快紧张之中,这恰与分娩的境况类似。而现在,这一需要的增强所产生的恐惧,属于一种生殖里比多的特殊恐惧,不像婴儿期那样模糊不清。

儿童在其发展过程中取得一些进步,如独立性不断增强、心理功能明确分化、新的需要不断产生等等,都会对其危险境况的内容产生影响。这一方面,我们已经考察了从作为对象的母亲失去到阴茎阉割恐惧的变化过程。下一个变化过程是由超我引起的。凡是超我表示愤怒、惩罚或不喜欢的东西,自我都会看成危险,并以某种焦虑信号作出反应。我认为,对超我恐惧的最后一种变化形式是死亡恐惧(或者说是因生命而产生的恐惧),这实际上是对投射为超我的命运力量的恐惧。

我认为焦虑产生的实际位置是自我,我们没有理由将焦虑的任何表现归之于超我,而所谓"本我的焦虑"的说法则应该加以修正。焦虑是一种情感状态,因此只能被自我感觉到。本我不可能像自我那样具有焦虑,因为它不是一个组织结构,不可能为危险境况作出判断。而另一方面,引起自我产生焦虑的,又往往是发生于本我的种种过程。

各种危险境况都由它们的原型即分娩活动演化而来。我不能说焦虑每一后期阶段的决定因素都会使得以前的因素完全无效。虽然随着自我的发展，早期危险境况确实越来越失去其力量并被搁置一旁，因此我们可以说，个体生命的每一阶段都有其相应的焦虑决定因素，如个体自我尚未成熟时是心理无助感，在婴儿早期是失去对象，在性器官时期是阉割恐惧，在潜伏期是超我恐惧等等，但所有这些危险境况的焦虑决定因素都可以持续地并列存在，并引起自我以焦虑对其作出反应；或者它们当中有若干因素共同起作用。不仅如此，在起作用的危险境况和随后的精神病所采取的形式之间，可能存在着十分密切的关系。

——《抑制、症状和焦虑》

10. 迷信心理学

我跟那些迷信者的区别是这样的：我不相信心理生活中那些微小琐细的事情能够预示隐藏在未来现实中的东西；但我相信，我们心理活动的偶然表现可能揭示一些隐藏的东西，这些东西是心理方面的，而不是外在现实。我相信外在的偶然性，但我不相信内在的（心理的）偶然性。而迷信者的看法正相反，他们并不了解这些偶然和失误行为的动机，相信这都是些偶然事件，另一方面，他们又给予那些外在的偶然事件以特定的意义，将其看成是未来现实的预兆，认为它们的发生是表现了外部现实中隐藏的东西。由此可见，我跟迷信者的区别主要表现在两个方面：首先，对方是寻求外在的动机，而我寻求的是内在动机。其次，对方把这种偶然解释为一个事件，而我把这种偶然解释为一个想法。我跟迷信者相同的地方则在于,我们都不想把这一偶然解释为偶然的东西,而宁可作出其他解释。

在我看来,迷信产生的根源是意识的疏忽,在无意识中对这些偶然心理事件动机的认识。迷信者并不知晓他们偶然行为的动机,但又希望认识这一动机,于是不得不在外部寻求其替代物。因此,大多数迷信观点都是心理活动在外部世界的投影,而它们在长期演变之后成为现代宗教。对这种心理因素及其在无意识中的联系的认识是模糊不清的,反映在那些超自然的现实结构上。而无意识心理学最终将取代这些超自然的现实。我们完全可以将这种形而上学的东西转化为"超越心理学",来解释天堂和地狱的神话、上帝和不朽的灵魂、善与恶等等。乍一看,在采用替代物方面,偏执狂病人同迷信者没有很大区别。正如我们所知道的,人类开始有思维时,他们不得不以人神同形的方式或者想象出来的众多人格力量来解释种种偶然事件。他们认为这些事件是那些具有神秘力量的人们干的。这一想法有些像偏执狂病人所有:他们从他人一些琐碎细小的事情得出特别重大的结论;这一想法还有些像许多正常人所有:他们根据这些偶然和无意的行为来判定周围人的特性。在现代科学中,这种迷信世界观将失去存在的基础,而在前科学时代,基于这种世界观,人们坚信自己解释的正确合理性。

罗马人一旦看到门口飞过一只小鸟,就会认为这是恶兆,这时手中无论有多么重要的事情,也会停下不做。他们认为这样一来,自己的行为与判断就达成一致。如果他们出门时摔了一跤,于是放弃做重要事情的打算。我认为他们的理解力比我们这些不信仰宗教的人还要强,他们比我们这些心理学家更像心理学家,因为这一跤表明,他们做这事时还有疑虑,还有反对的力量在起作用,在分散他们有意识的努力。如果不是这样,如果所有的心理力量都是指向要达到的目标,就会做到要做的事情。这正如席勒笔下的退尔,他用箭去射儿子头上的苹果时抽出两支箭,旁边的官员问他为什么这样,他回答说:"如果我的儿子被我射伤,这第二支箭就是你的,我一定会用它来射穿你!"

只要有人愿意采用精神分析方法研究一下人类隐藏的心理冲动,他就会发现,在迷信中这种无意识动机的特点得到表现。在那些具有强迫等症状的神经症病人那里,我们可以清楚看到,迷信是来源于被压抑的敌对冲动,它在很大程度上是期盼灾难的实现。如果一个人经常有一种恶意对待他人的念头,同时又想做个好人,他就会把这一欲念压抑在无意识中,同时又期待通过灾难来实现自己的欲念。

尽管上面所说还不能完全阐释迷信心理,我们至少涉及这样一个问题:迷信有没有现实根源,或者说诸如对现实的预感、梦中的预见、心灵感应以及超自然力等等是否全是假的。我想说的是,对这些说法不要一概否定,我只是希望其中一部分内容可以通过人们对无意识过程的认识而得到解释,从而进一步确定我们新的观点。

从我个人的角度看,应该承认我是一个普通人,凡是我在场的情况下,既没有神灵出现,也没有超自然的力量活动,因此,没有任何体验能让我相信奇迹的存在。跟其他人一样,我也有预感,也有烦恼,但这两者之间并没有任何联系,预感的事情并没有出现,而一些不幸的事情却毫无预兆地在我身上发生了。年轻时我一人独居在另一个城市,经常听到有人叫我的名字,声音十分亲切,于是我细心记下发生的时间,然后查问这一时刻家里人是否真的叫过我,或者有什么事情发生,但是什么事情也没有。一次,在我正忙着给一位病人诊治时,我的一个孩子忽然发病,差一点死去了,而我当时没有任何预感。到目前为止,我碰见的病人中,没有一个能够证明自己的预感是灵验的。

——《日常生活的心理病理学》

11. 精神分析与心理学

精神分析是心理学的一部分,它不是旧的意义上医学心理学的一部分,也不是病态心理学的一部分,而只是心理学的一部分。当然,它不是心理学的全部,但它是心理学的构成,也许还是整个心理学的基础。它可以被应用于医学,但这并不意味着它属于医学。这正如电击和辐射也可应用于医学,但它们所属的学科只能是物理学一样。

在我行医四十一年之后,我认识到,自己从来没有成为一个通常意义上的医生。我是背离自己的初衷而成为一个医生的。我一生中取得的成就是,经过漫长曲折的道路,我又回到最初起步的地方。在童年早期,我并没有渴求了解消除人间痛苦的知识。我天生的虐待狂倾向并不严重,因此我没有发展其派生的东西。小的时候我也从未做过"扮演医生"的游戏,而是选择其他方式来满足童年的好奇心。年轻时我强烈地希望解开我生活于其中的这个世界之谜,想为此做些什么。要达到这一目的,最好的方法似乎是去医学院上学。但我在动物学和化学实验方面较差,后来我在布吕克的影响下——他是对我一生影响最大的人——决定学习生理学。当时这方面的课程主要是组织学,而我已经通过了所有的医学考试,但我对医学却没有任何兴趣。直到有一天,一位我很尊敬的老师告诫我说,由于一些主干课程较差,我也许不适合于从事理论研究。这样,我就从神经系统组织学转向神经症理学,并开始关注神经症。

但我很少想到，由于缺少医生必需的素质，我可能给病人带来不小的危害。如果一个医生的治疗兴趣依据他的情感而发生变化，那对病人来说是没有什么好处的。他只有冷静地工作，尽量按照规则去做，才可能让病人获益。

我个人认为，精神分析有它的内在价值，可以独立应用于医学。但作为一门科学，它属于医学还是属于心理学，在这个问题上还有不同看法。在我看来，这只是一个纯学术问题，并没有实际意义。据说争论的真正关键在于，是否可以应用精神分析去治疗病人。如果精神分析属于医学的一个特殊分支，就像辐射属于物理学那样，应用它的人服从治疗方法中确立的规则，那么它一定会让人满意地接受，尽管仍然可能有争议。我就是这样看待精神分析并接受它的。我只是想确认，治疗方法并不会破坏科学性。遗憾的是，在治疗和科学之间还有一段距离，它们并不是一回事。精神分析跟辐射学是不同的。在研究控制 X 光的规律时，物理学家并不需要一个病人，而精神分析研究的唯一主题是人的心理过程，只有在人的身上才能研究这一过程。这个道理是很清楚的。神经症病人能够比正常人提供更多具有指导意义和有助于理解的材料，因此，如果不让研究和应用精神分析的人获取这些材料，他们获得良好训练的机会就会大大减少。我这里不是在讨论神经症病人的利益应不应该为教学和科研的利益而做出牺牲。我只是想表明，如果采取一些预防措施，这两种利益很容易得到兼顾，而且在这种兼顾中获益的，也不仅仅只有医学这一个学科。

我们这些精神分析学者的目的是，无论谁成为我们的病人，我们都要对他作最彻底、最深入的分析。我们追求的是挖掘其潜能，利用其自我中储存的能量，以其内在的资源来丰富自己，而这些能量由于被压抑限制在无意识中而无法了解，由于被迫维持这些压抑而浪费在无效的任务上。我们的目标是否定得太高了？病人中的大多数值得我们这样为他们操劳吗？从外部维持其症状难道不比从内部重建其潜能更为经济吗？对此我还不能作出结论性的回答，但我却了解另外一些情况。从诞生的那一天起，精神分析的治疗和研究这两个方面就密不可分地联系在一起。知识让治疗获得成功；在没有学得新知识的情况下，要想治疗一个病人是不可能的。而没有进行有效的治疗，要获得新的见解也是不可能的。在我们的精神分析过程中确实有着这种可贵的联系。只有进行精神分析治疗工作，我们才能逐渐深化对人类心理的了解。精神分析的科学效益是该工作最让人自豪和快乐的前景。我们要出于某种实际考虑而牺牲掉这种效益吗？

　　我同意这样一种看法：在我希望的精神分析训练学校诞生之前，已经获得医学初级教育的人就是未来从事精神分析最合适的人选。但我也有权指出，我们不应该认为这种初级教育是完备的，我们应该克服医学教育带来的片面性，努力学习内分泌学和自主神经系统方面的知识，在心理学概念框架下理解心理事实。我也赞同这样的看法：只有研究了心理现象与心理器官、生理解剖、化学基础之间所有关系的人，也就是医学分析专家才能够处理好两者的关系。但我们也不要忘记，这并不是精神分析的全部。从另一个角度看，如果没有那些受过心理科学初级教育的人合作，我们也做不成什么事情。我们通常将医学和应用的精神分析区别开来，但这一划分是不合逻辑的。真正的划分应该是医学和非医学领域中科学的精神分析及其应用。

——《非专业者的精神分析问题》

四、我有一个梦

1. 梦是可以解释的吗

　　我假定梦是可以解释的,这立即使我处于与梦的主流理论对立的地位。"解释"一个梦,就是要赋予梦一种意义,也就是说,用适合于我们心理活动链条的某一东西来替代它,使之成为跟链条中其他环节同样有效而重要的一个环节。

　　我们可以假定,每一个梦都有一种含义,尽管它是隐藏着的;做梦是一种替代思想的过程,我们只有正确地揭示出被替代的东西,才能发现梦隐含的意义。

　　自古以来,人们都关心对梦的解释,在释梦的过程中,采用了两种基本方法。第一种方法:把梦的内容看成一个整体,寻求一种可理解的、内容相似的事物来替代它。这就是所谓象征性的释梦法。但这一方法在遇到不可理解而且内容混乱的梦时,就难以成功。第二种方法可以被称为解码法。它把梦看成是一种密码系统,其中每一个符号都可以翻译成另一个我们知道其意义的符号。解码法不是将梦作为整体来考虑,而是分别对其内容的每个部分逐一考察。解码法显然是因为那些不连贯而混乱的梦而发明的。

　　这两种通行的释梦方法都不能对梦作科学解释。象征法的适用范围很受限制。而解码法的有效与否则完全靠"密码本"的可信程度，而我们对此无法保证。因此，人们往往会同意哲学家和精神病学家的观点，认为要解释梦完全是一种空想，不应该考虑。而我坚持认为，梦确实具有一种意义，我们完全可以用科学的方法对其进行解释。

　　我是通过下述途径获得了对释梦方法认识的。多年来我主要研究歇斯底里恐怖症、强迫症等神经症的病理结构。实际上，我在跟约瑟夫·布洛伊尔的通信中得知，当这些结构（即病理性症状）被弄清楚后，神经症症状也就自然消失了。此后我就这样做了。正是在这种工作中，我遇到释梦的问题。我要求病人向我汇报浮现在他们脑海中与某一主题相关的所有观念和想法，他们也向我谈到自己的梦。这使我认识到，一个人做梦时是可以进入他的心理链条的，由这个梦可以回溯其整个心理活动。

　　在研究这些梦的过程中，我认识到，我们所要注意的对象并非梦的整体，而是梦的各个部分的内容。如果我问一个新来的病人："你想到什么与梦有关的事情？"他会感到十分茫然。当我将梦分解成各个片段再来问他，他就会告诉我有关每个片段的一系列联想。在这一方面，我所运用的梦的解析方法跟古代传统的象征方法不同，而与第二种方法即解码法有相似的地方。与解码法一样，我们的方法采用分段而不是整体的解释，将梦看成是具有复合性质的集合体。但我解释梦的过程不像解码法那样简单，后者只要按照固定的关键字词将梦的各个片段翻译出来就行了。而我却希望发现，梦中同样一个片段，对于不同的人或者不同的背景，其隐藏的意义是各不相同的。

——《梦的解析》

2.　梦是欲望的满足

梦不是毫无意义的,也不荒谬。梦也不是让我们的一部分观念沉睡,而让另一部分观念苏醒。梦是一种有效的心理现象,它是欲望的满足。梦是十分复杂的心理活动的产物,它是可以被理解的。

但是,正当我们为这一发现而欣喜时,却有许多问题被提了出来:如果梦是欲望的满足,那么,表现这一满足的各种奇特形式又是怎样来的呢? 在我们醒来时记得的显梦形式之前,梦又发生了什么改变,这些改变是怎样发生的? 被修改后进入梦中的那些材料是从哪儿来的? 在梦中表现出的一些特性如自相矛盾性是怎样产生的? 梦能够为我们的内心活动增添一些新内容吗? 梦能够对我们白天的观念作出修正吗?

我建议,我们暂且将这些问题搁置一边,先把一个问题搞清楚:我们已经知道,梦可以看作是欲望的满足。现在要探求的是,这是梦的一个普遍特性,还是偶然发生在梦中的内容。即使每一个梦都有一种意义或心理价值,这并不意味着其意义都是相同的。例如,也许第一个梦是欲望的满足,第二个梦是焦虑的实现,第三个梦是一种沉思,第四个梦是重现了记忆。如此等等。是否除了欲望的满足外,就没有其他内容的梦了?

我们很容易证明,梦往往不加遮掩地显示欲望的满足。因此,长期以来梦都未能得到解释,这让我感到惊讶。例如,有一种梦只要我愿意,就可以把它再现出来,就像做实验一样。如果我在晚上吃了鱼、橄榄或其他很咸的食物,晚上就会由于口渴而醒过来,而醒前的那个梦内容往往相类似,都是我正在喝水。我梦见自己正在大口喝水,水的味道有如甘露,然后我就醒了,于是起来喝一杯水。这样的梦很简单,是由口渴引发的,我醒来后可以感觉到口渴。口渴产生喝水的欲望,而梦让我的欲望得到实现。显然,梦这样做是在实现一种功能。我睡得很沉,身体的任何需要都不会把我弄醒。如果通过梦中喝水就能解渴,我就不必醒过来喝水了。因此,这是一种十分方便的梦,做梦替代了行动。

不久前我做了另一个梦,也是关于口渴喝水的,只是内容稍有不同:入睡前我就感到口渴,于是就把床头柜上的一杯水喝了。睡了几个小时后,我又感到口渴,于是开始做梦。如果要实际拿水喝,我必须在起床后走到妻子那边的床头柜去拿杯子。在梦中,妻子正用一个瓶子给我喝水。这个瓶子是一个骨灰缸,是我在意大利旅行时买的,已经送给别人了。瓶里的水很咸,显然是由于瓶内有骨灰的缘故,这让我从梦中醒过来。值得注意的是,在这个梦里一切都安排得十分妥当。由于梦的唯一目的是满足一个欲望,因此它是完全功利性的。自己贪图舒服跟体贴他人是不相容的。我梦见骨灰缸也许是另一种欲望的满足。我是惋惜这个骨灰缸不再属于我了,就像我妻子床头柜上的那杯水不是伸手就可以拿到一样。这骨灰缸也符合我口中感受到的越来越咸的味道,我知道这种味道迟早会让我醒来。

像这样方便的梦,在我年轻时经常出现。长期以来,我习惯于工作到深夜,早上很晚才醒。于是我常常梦见自己已经起床,站在洗脸盆前。后来我完全意识到自己并没有真的起床,但仍然继续睡了一会儿。我的一个年轻同事跟我一样嗜睡,给我讲述了一个类似的睡懒觉的梦,特别有意思。他的住处在医院旁边,他要求女房东每天早上准时叫他起床,但女房东发现,要做到这一点十分困难。一天早上,他睡得特别沉,女房东在门口喊道："培比先生，快醒醒，该去医院上班了！"听到叫声后他还做了一个梦，梦见自己躺在医院病房的床上，床头的卡片上写道："H. 培比，医学专业学生，二十二岁。"他在梦中对自己说："现在我已经在医院了，没有必要再去医院了。"于是他翻了一个身，继续睡下去。这个梦就这样表明了他做梦的动机。

这里还有一个梦。我有一个女病人，她必须做一次下颌骨手术，而手术过程很不顺利。医生要求她一天 24 小时在一边脸上放一个冷敷装置，而她在睡觉时往往会将它摘下来。一天，她又把这个装置扔到地上，我严厉地责备了她。她回答说："这一次我真是忍不住了。晚上我做了一个梦，梦见我在歌剧院的包厢里，高高兴兴地看演出呢。而卡尔·马耶先生却躺在疗养院的床上，十分痛苦地抱怨着下颌骨的伤痛。因此我想，既然我已经没有任何痛苦了，这个冷敷装置还有什么用呢？于是我就将它扔了。"这个病人的梦有点像我们平时心情不痛快时常说的一句话："让我们说点高兴的事吧！"这个梦就描画了让病人高兴的事。病人在梦中把自己的痛苦转嫁给卡尔·马耶先生，他是病人认识的一个很普通的年轻人。

我从正常人那里也搜集了一些做梦的例子，它们同样表现了欲望的满足。一位朋友十分了解我的理论，并对妻子讲述了有关内容。一天，他对我说："我妻子让我转告你，昨晚她梦见自己来月经了。你能解释其含义吗？"我当然能够解释：这位女士梦见来月经，实际上她的月经已经停止了。我可以肯定地说，这表明，在承担起做母亲的重任之前，她还想多享受一下没有孩子拖累的自由。另一位朋友写信告诉我，不久前他妻子梦见自己内衣胸口处有一些奶渍。这位年轻母亲是第二次怀孕，这梦表明她希望自己这次有更多的奶汁来喂养第二个孩子。

这些梦都可以说明，梦只能被理解为欲望的满足，而且在通常情况下，其意义未加掩饰，十分清楚。这些梦大都十分简短。我们可以在儿童那里发现梦的最简单的形式,他们的心理活动没有成人复杂。在我看来,对儿童心理的研究有助于我们了解成人的心理,这就像对低等动物结构的研究有助于我们了解高等动物一样。不过目前在这一方面还几乎没有比较像样的研究工作。

　　儿童的梦只是简单地满足欲望,跟成人的梦相比,显得有些乏味。儿童的梦没有什么复杂的问题需要解决。另一方面,在说明梦的实质是欲望的满足时,儿童的梦具有难以估量的价值。下面是我从自己的孩子那里获得的一些梦的实例。

　　我应该感谢 1896 年夏去一个可爱的乡村哈斯塔的旅行,这次旅行产生了两个梦。一个梦是我八岁半的女儿做的,另一个是我五岁三个月的儿子做的。我先对这次旅行做一点说明:这一年我们在奥赛湖附近的一个小山上度过暑假,天气好的时候,我们可以望见塔赫斯山雄伟秀丽的景色。从望远镜里可以清楚地看到那个著名的西蒙尼小屋。两个孩子常常用望远镜观看这个小屋,但我不知道他们是否已经看到了。出发前,我对孩子们说,哈斯塔就在塔赫斯山的脚下。他们迫不及待地想到那里去。到了哈斯塔后,我们接着向埃琴塔走去,一路上景色多变,孩子们十分高兴。但后来,我那五岁的儿子开始变得不耐烦起来。每到一个新的山头,他就问这是不是塔赫斯山,我说:"这不是,它只是一个山脚。"问过几次后,他就不再说话了。最后,他甚至拒绝同我们一起爬上峭壁去观赏瀑布。我想,他也许是太累了。第二天一大早,他精神焕发地对我说:"昨晚我梦见我们在西蒙尼小屋里了!"于是我明白了儿子的精神状态。最初我谈到赫斯塔山时,他曾希望我们在去哈斯塔的路上能爬上那座山,并亲眼看到西蒙尼小屋,这个小屋被经常谈到,在望远镜里也经常被观察到。但后来他发现,他能看到的只有小山丘和瀑布,于是就失望了,失去了精神。这个梦是对这种失望的一个补偿。

这次旅行还让我八岁半的女儿的愿望在梦中获得满足。这次同我们一起旅行的,还有邻居家一个十二岁的男孩埃米尔,他看起来像个小伙子,已具有一些能获得女孩好感的特征。第二天早上,女儿告诉我下面这个梦:"多奇怪!我梦见埃米尔成了我们家里的人,他叫你们'爸爸'、'妈妈'呢!他还跟我们一起睡在大房间里。后来妈妈进来了,把一大堆用蓝绿色的纸包起来的棒棒糖放在我们的床底下。"我的小儿子显然没有学会我对梦的理解,就像那些学术权威一样,声称这个梦全是胡说八道。但女儿自己并不这样认为,她说至少有一部分梦是真的:"当然,我梦见埃米尔是我们家里的人,这是胡说。但梦见巧克力棒棒糖,这不是胡说。"我不清楚棒棒糖是怎么回事,妻子给我说了有关情况:从车站回来的路上,孩子们在自动售货机前停下来了,他们习惯于从这里买包着锡纸的棒棒糖。但母亲制止了他们,因为这一天他们吃呀玩呀已经够多的了,于是这一愿望只有在梦中才能实现。旅行时,我听到埃米尔对我的两个孩子喊道,要他们等一等"爸爸"和"妈妈"。女儿在梦中就把这一印象变成了"自己家里人"。此时她对埃米尔的感情还没有超出像对兄弟这样的感情。至于巧克力棒棒糖为什么会被扔到床底下,这只有问她本人才能搞明白。

还有另一个简单明白的梦。我的另一个女儿在游览了奥西湖后做了这个梦,那时她三岁三个月。她是第一次坐船过湖,觉得这一时间太短。到达码头后,她不愿意离开船上岸,还十分伤心地哭了。第二天早上她说:"昨晚我梦见自己又在坐船过湖。"我希望,在梦中游湖的时间能让她满意。

我的大儿子八岁时做了一个梦,让自己的幻想变成了现实:他梦见自己和阿喀琉斯坐在一辆马拉的战车上,而狄墨德为他俩驾车。正像我所猜想的,头一天他姐姐送给他一本希腊神话故事,他读后十分兴奋。

如果把儿童说的梦话也算做梦,在我搜集到的全部梦的例子中,还可以举出一个年龄最小的孩子做的梦。那时我最小的女儿才十九个月。一天早上她呕吐了,我们要她一天都不吃东西。晚上她感到饿极了,在睡梦中她兴奋地喊道:"安娜·弗洛伊德,草莓,野草莓,鸡蛋煎饼,布丁!"当时她总是习惯于先说出自己的名字,表示要占有什么东西。她在梦中列出的菜名几乎包括了她最喜欢吃的所有东西。梦话中"草莓"以不同名称出现了两次,这表明她反对家中对其健康饮食作的规定。保姆将她胃里不舒服的原因归结为草莓吃多了,她注意到这一点,在梦中对此表示了不满。

我不清楚动物会梦到什么。但我的一个学生提到的一条谚语引起我的注意,可以在这里说一下。谚语问:"鹅梦到什么?"回答是:"玉米。"这一问一答之中,就包含了"梦是欲望的满足"这一理论。

——《梦的解析》

3. 不愉快的梦也是欲望的满足——以自己为例

不愉快的梦跟其他的梦一样,也是欲望的满足。一个受压抑的无意识欲望,它的满足会使做梦者的自我感到不愉快,却利用白天不愉快的残痕提供的机会,支持其不愉快的经验进入梦中。在这一类梦中,无意识与意识(即被压抑的内容与自我)之间出现裂痕。受压抑欲望获得的满足感如果特别充分,就会调和白天残痕留下的不愉快感情,在这种情况下,尽管梦一方面满足了欲望,另一方面满足了不愉快的感情,整个梦的调子还是比较平和的。睡眠中的自我也可能在梦的形成中起着更大作用，对受压抑欲望的满足表现出强烈的愤怒，就会在焦虑中将梦结束。因此，不愉快的梦和焦虑的梦跟那些直接得到满足的梦一样，其欲望获得满足的程度是完全一样的。

不愉快的梦也可能是"惩罚"的梦。应该承认，了解这些梦可以为我们的理论增添新的内容。这些梦仍然是一种无意识欲望的满足，也就是说，做梦者有一种受惩罚的意愿，这是因为，他有一种被禁止、遭压抑的欲望冲动。在惩罚的梦中，其愿望虽然也是无意识的，但它不属于被压抑的材料，而是属于自我。因此，惩罚的梦表明，在梦的形成中，自我参与的程度要比我们设想的大得多。如果我们将意识和无意识的分类法改为自我和压抑的分别，也许可以把梦的形成机制说得更清楚些。一般来说，惩罚的梦不一定是白天不愉快意识的残痕，恰恰相反，这一残痕也可能带有满意的性质，不过是一种被禁止的满意。因此，惩罚的梦的主要特征是：构成梦的欲望不是来自被压抑的无意识欲望，而是一种反抗压抑并属于自我的惩罚性欲望，虽然它同时仍然是一种无意识（即前意识）的欲望。

我想引用自己的一个梦来说明上述内容，特别要说明的是，梦的活动是怎样处理头一天不愉快预期的残痕的。

这个梦的内容："刚开始不太清楚。我对妻子说，我有一个消息要告诉她，是一件很特殊的事情。她感到吃惊，表示不愿意听。我向她保证，这件事是她乐意听的，并告诉她，儿子收到寄来的一笔军官伙食费（大约五千克朗）……勋章……分配……我和妻子走进一个小房间，像是储藏室，去找什么东西。突然我看到儿子了，他没有穿制服，穿着一件紧身的运动衫（样子像一头海豹），头上戴一顶小帽子。他爬到食品柜旁，那里有一个篮子，他好像是要把什么东西放到食品柜上去。我喊他，他不答应。我似乎看到他的脸上缠着绷带。他正在把什么东西塞进嘴里。他的头发变成灰色的了。我想:'他怎么疲惫成这个样子?他装假牙了吗?'我正要喊他,就醒了过来,但不觉得焦虑,而心脏却跳得很快。这时是夜间两点半。"

我不可能记下全部分析,只能解释几个要点。头一天不愉快的预期是产生这个梦的原因:我们有一个多星期没有收到在前线的儿子的信息了。可以看出,这个梦的内容是表示,相信他已经受伤或者阵亡。梦的开头用了一些相反的想法来替代不愉快的东西,如寄钱、勋章、分配等等。实际上有一笔钱是我行医得来的,这是一个愉快的事情,在这里被顶替了。但这些努力都归于失败,妻子猜想有什么可怕的事情发生,因此拒绝听我的话。梦的伪装是不完全的,随处都有被压抑的想法暴露出来。如果儿子阵亡,他的战友会把遗物寄回,我会将它们"分配"给其他孩子。勋章往往是颁发给阵亡军官的,因此,在梦的开头就直接表达了本想否定的事情,尽管欲望的满足是以伪装的形式完成的。我确实还说不清楚,为什么我会以这种方式表达自己不愉快的想法,其动机力量何在。在梦中儿子并没有倒下,而是表现为"爬向"。实际上他是一个优秀的爬山运动员。他没有穿制服而是穿运动服,这意味着:我现在担心他出意外的地方是他以前发生过的,一次他在滑雪中摔断了大腿。另一方面,他的打扮看起来像海豹,这让我联想起一个年龄更小的人,我的外孙,十分活泼可爱;而灰色的头发让我想起外孙的父亲,也就是我的女婿,他曾打仗受过重伤……地点是一个储藏室和那个食品柜,他想从里面拿些什么(梦中是他想放些什么到食品柜去)。这让我联想起自己两三岁时的一个意外事件:那也是在一个储藏室,我爬上一个小凳想去拿食品柜或桌子上好吃的东西,结果小凳翻了,凳脚碰打在我的下颚,我的牙齿几乎都给磕掉了。这个回忆带有一种警告的想法:"你该当如此!"这似乎是对作战勇敢的战士一种含有敌意的冲动。经过更为深入的分析，我终于发现，我隐藏的冲动竟然是在我儿子可怕的意外事件中获得一种满足，这也许是老人对年轻人的一种嫉妒。如果不幸事件真的发生，那种痛苦的感情可能在这一被压抑的欲望满足中得到某种安慰。

——《梦的解析》

4. 梦的种种伪装

如果我继续断言，每一个梦的意义都是欲望的满足，也就是说，除了表现欲望就再也没有其他的梦，可以肯定的是，我会受到最强烈的反对。有关焦虑的梦似乎推翻了"梦是欲望的满足"这一结论，似乎说明这一结论是荒谬的。

不过要反驳这一反对意见也不是太难的事情。我们只须注意这样一个事实：我的理论依据的并不是梦显露出来的内容，而是运用梦的解析方法，从隐藏在梦后面的思想推断出来的。我们应该对梦显露出来的内容和其被隐藏的内容作一比较。有些梦显露的内容确实是十分痛苦的，但有谁尝试去解释这些梦，去揭示隐藏在梦后面的思想呢？如果没有这样做，那些反对我的观点就是站不住脚的，因为在经过解释后，这些痛苦的和焦虑的梦仍然可以看作是欲望的满足。

我们不仅遇到"痛苦和焦虑的梦怎么会是欲望的满足"这样的问题，经过思考后，我们还可以加上一个问题："有些内容不明晰的梦，我们可以证实它们是欲望的满足，但它们为什么不直接明白地表达这种意思呢？"我们可以将"梦是需要解释的"称为"梦的伪装"，现在要问：梦被伪装的根源是什么？

也许我们对这一问题可以有好几种回答，例如说，这是因为睡眠时我们不可能直接表达自己梦的意念。但是,在对一些梦进行分析之后,我们不得不对梦的伪装作出另一种解释。在一些欲望满足难以识别的梦中,这些欲望已经被伪装了,这是做梦的人出于对这些欲望的自我保护。因此,欲望为了表现自己,不得不进行自我歪曲。

我们可以假定,每个人的梦都要受到两种精神力量支配:一种造成欲望,以梦表现出来;一种对梦的欲望进行检查,迫使这一欲望不得不用伪装的形式表现出来。我们应该探究的是,这种起检查作用的第二种力量,它的实质是什么。在进行精神分析之前,我们意识到的,并不是梦被隐藏的内容,只是它被显现出来而留在记忆中的东西。梦要进入意识,必须通过第二种力量,不可能由第一种力量直接到达意识;而第二种力量必定会将梦的内容改造为它认为合适的形式。

有些梦的内容是让梦者感到不快的,这实际上是让第二种力量感到不快,同时又满足了第一种力量的欲望。就每一个梦都是起源于第一种力量而言,它们都是满足欲望的梦,而第二种力量对梦是一种提防的关系,而不是创造的关系。

任何一个梦经过精神分析后,都可以发现其满足欲望的意义。下面我将选择几个包含不愉快内容的梦作一分析。其中有几个是歇斯底里病人的梦,因此需要较长的解说。

一个女病人对我说:“你总是说梦是欲望的满足,现在我告诉你一个梦,情况正好相反,我的愿望没有得到满足。看它怎么能符合你的理论。这个梦是这样的:我正准备家庭晚宴,可家中除了一点熏鲑鱼,没有任何吃的东西。我想出去买些食物,突然想起,今天是星期六,商店都不开门。于是我只得打电话叫餐馆送些外卖来,但电话又出毛病了,打不通。最后我不得不放弃了举行家庭晚宴的打算。”

我回答她说,我可以作分析,只有通过分析才能明白这个梦的意义。表面看来，这个梦显得很合理，也很连贯，似乎与欲望的满足正好相反。我问这个病人："是什么事情引起这个梦？我们知道，一个梦往往是由于头一天发生了某事引起的。"

下面是我的分析。

这个病人的丈夫是一个卖肉商，人很老实，也很能干。她做梦的头一天，他对她说，自己越来越胖了，想尝试减肥。他还说要一大早起床做体操，控制饮食，最重要的是不去参加晚宴。病人还笑着说了一件趣事：她丈夫在常去的餐馆里吃午餐时结识了一位画家，这位画家一定要为他画一幅头像，并说此前还从来没有见到过这么感人的脸面。她丈夫感谢了画家，并且很直率地说，任何一位漂亮姑娘的屁股都会比他的脸面对画家更有吸引力。丈夫给她讲这事时，她还取笑了他一番。她还请求丈夫不要为她买鱼子酱。

我问最后一句话是什么意思。她解释说，长时间以来她都很想在早上吃到鱼子酱三明治，但又不想自己花钱。当然，如果她向丈夫开口要，丈夫会花钱买。但是，她却要求丈夫不给她买，以便自己可以继续取笑他。

我觉得这一解释十分牵强，其中一定隐藏着不愿示人的动机。在现实生活中，她编造了一个没有满足的欲望，而在梦中表现了一个没有满足的欲望。她为什么会这样？

到这里，精神分析的联想还不足以解释这个梦。我要求她继续说下去。她停顿了一会儿，似乎在克服某种精神阻力，然后继续说了起来。做梦的头一天，她去看了一位女友，她丈夫对这女友十分赞赏，因此她心怀嫉妒。幸运的是，这位女友十分瘦弱，而她丈夫喜欢体态丰满的女人。我问病人，这位女友说了些什么。她回答说，对方说了希望自己能长胖些之类的话。对方还问她："什么时候你再请我吃饭？你做的饭菜总是那么好吃！"

　　至此,这个梦的意义已经十分清楚了。我对病人说:"其实在她要你请吃饭时,你就在想:'想得倒美,我请你吃饭,你可以长胖,就可以勾引我丈夫了!我再也不会请你参加晚宴了!'这个梦说的是你无法举办晚宴,这正好满足了你不想让女友长胖的欲望。你丈夫为了减肥决定不再参加任何晚宴,也让你明白,一个人是到别人那里参加晚宴才长胖的。"现在这个梦的一切都清楚了,除了个别地方,例如熏鲑鱼。我问她:"梦中为什么会有熏鲑鱼?"她回答:"熏鲑鱼是我那位女友最爱吃的东西。"

　　另一位年轻的女病人也谈到一个梦,似乎跟我的理论有所冲突。一天,我向她解释,梦是欲望的满足,第二天她就做了这个梦:她跟自己的婆婆一起去乡村度假。我知道她是很不愿意同婆婆一起度暑假的,并且几天前在很远的地方租了一间房,避免同婆婆在一起。现在她做的梦跟她希望的完全相反,从表面看,也跟我的理论互相矛盾。但是,深入分析一下就可以知道,她做这个梦是想表明我的理论错了;她的愿望就是我错了,而这个梦让她的这一愿望获得满足。实际上,这个梦关涉一个更为重要的问题。以前我曾对她的材料进行分析,推测她生活中发生过一件十分重大的事件,成为她患病的根源。刚开始她对此予以否认,说根本回忆不起来有这样的事,但不久以后她不得不承认我的分析是对的。因此,她希望我会出错,这一欲望就转变成她和婆婆一起去度假的梦。这个梦与她刚开始否认那个事件的欲望是一致的。

　　还有一位年轻的女病人对我说:"你也许还记得,我姐姐现在只有一个儿子叫卡尔。以前同她在一起时,她失去了大儿子奥托。我很喜欢奥托,实际上是我把他带大的。当然我也喜欢卡尔,但感情没有对奥托那么深。昨晚我做了一个梦:我看见卡尔死了,就在我面前,躺在小棺材里,两手交叉放在腹前,而周围点着蜡烛。这情景跟奥托死时完全一样,奥托死的时候我是伤心万分。你能告诉我这梦的意思吗?难道我希望姐姐再失去一个儿子吗?这个梦的意思是否是,我宁可死去的是卡尔,而不是我更喜爱的奥托?"

我对她说,这后一种解释是不能成立的。思考了一会儿后,我对这个梦作了正确解释。她认为我的分析是正确的,并且指出,我能够做到这一点,是因为对她既往的历史十分了解。

这位病人很早就成了孤儿,是比她年长许多的姐姐抚养了她。在来她们家的亲友中,有一位男士获得了她的芳心。一段时间后,两人的关系已经进展到谈婚论嫁的程度,但她姐姐毫无理由地干预此事,这事未能成功,这位男士也就不再与她往来。此后这位病人的感情逐渐转移到小奥托身上。奥托死后不久,她离开了姐姐独立生活。但是,她仍然无法抑制自己对那位男士的感情,而自尊心又让她不能去找他。后来尽管有一些人追求她,她始终放不下这份感情。这位男士是文学教授,在他作学术演讲时,她必定会去听,决不放过任何一次可以远远看到他而又不被察觉的机会。

我记起前天她曾对我说,那位教授准备听一场音乐会,她也想去,为的是能够看他一眼。这是做梦前一天的事,而音乐会就在她对我说这话的当天举行。这样,我就不难作出正确解释了。我问她是否记得奥托死后发生的一些事,她立即回答说:"我当然记得。在很长时间未见后,教授来看望我们了。我看到他站在小奥托的棺材旁。"这正是我所猜想的。于是我对这个梦作了解释:"如果另一个孩子死去,就会发生同样的情况,你整天陪伴着姐姐,教授肯定会来吊唁,你就可以再一次见到他了。这个梦只不过体现了你想再次见他的欲望,也是在你内心不断斗争的欲望。我知道你的提包里有一张今天音乐会的票。你的梦让你提前几个小时见到他了。"

　　下面讨论的梦不是我的病人做的,而是我熟悉的一位很精明的律师做的。他告诉我这个梦的目的,是想否定我的结论"梦是欲望的满足"。他说:"我梦见自己挽着一位女士的手走向我的住处。一辆关上门的马车停在门口,一位男士走过来,向我出示了他的警官证,要我随他走一趟。我请他稍等一下,我要处理一些事情。难道我有被捕入狱的欲望吗?"

　　我答道:"当然不会有。但在梦中你是否知道自己为什么被捕?"

　　他说:"知道,我想大概是由于杀婴罪。"

　　我问:"杀婴罪?你肯定知道,只有母亲对新生儿才可能犯这种罪。"

　　他回答:"是的。"

　　我接着问:"你在什么情况下做了这个梦?头一天晚上发生了什么事?"

　　他说:"我不能告诉你,这事太微妙了。"

　　我坚持说:"我一定得听,否则只有放弃对梦的解释。"

　　他无可奈何地说:"好吧,听着。昨晚我没有回家,而是同一位我很喜爱的女人过了一夜。早上醒来后我们又有一次性交,然后我又睡着了,做了告诉你的这个梦。"

　　我问:"她是已婚的吗?"

　　他回答:"是的。"

　　我再问:"那你肯定不希望她为你怀孕啰?"

　　他答:"是的,那样可能暴露我俩的关系。"

　　我问:"那么你们从来没有过正常的性交吗?"

　　他答:"我总是十分谨慎,在射精前就抽出来了。"

　　我说:"我想,你们那一夜有好几次都是采用这种方法,但早上这一次你感到没有把握,不知道是否成功。"

　　他回答:"是的,我确实没有把握。"

　　于是我对这个梦作了分析："如果是这样,你的梦仍然是欲望的满足。梦向你作保证,你没有生出孩子,或者说你杀死了一个婴儿。我还可以将当中的环节一一说明。你记得几天前我们谈论结婚的种种麻烦,其中最大的矛盾是,性交时可以采用任何方法避孕,一旦卵子和精子结合成胚胎,任何干预措施都被视为非法。我们可以回顾一下中世纪有关这一问题的争论:当时人们认为,就在这一瞬间,灵魂进入胚胎体内,因此,这以后就可以使用谋杀的概念。你也许还记得莱瑙那首十分悲伤的诗,诗中将杀死婴儿和避孕看作同一件事。"

　　他回应道:"真的,今天早上我确实忽然想到莱瑙。"

　　我接着分析说:"这就是你的梦造成的影响。我还可以告诉你的是,你的梦还有另一种欲望的满足。你挽着那位女士的手走进你的家,而不是像实际生活那样,是你晚上偷偷上她家中过夜。为什么构成梦的核心内容的欲望满足,在你的梦中用了被捕入狱这样令人不快的形式来掩饰?其原因可能有多种。在我的研究中发现,不完全性交是神经性焦虑的一个原因。你的情况与此很相符。多次不完全性交会让你感到抑郁,这就构成了你梦中的元素。你还利用这一抑郁心情来掩饰欲望的满足。随便说一下,你对杀婴还没有作出解释。你怎么会想到,只有妇女才会犯下这一罪行呢?"

　　他答道:"应该承认,几年前我跟一位年轻姑娘发生了性关系,她怀了孕,然后做了人工流产。她去做的时候我并不知晓,长期以来我一直担惊受怕,害怕事情败露。"

　　我说:"我能够理解你的心情。这个记忆是你害怕这次避孕失败的又一个原因。"

　　梦中出现令人不快的内容并不能证明梦中没有欲望的满足存在。实际上每一个人都有一些欲望不愿对别人讲,甚至连自己也不愿意承认。另一方面,我们完全可以把所有这些梦的令人不快的内容与梦的伪装联系起来。我们有理由相信,这些梦是经过伪装的,其欲望的满足已经被伪装得难以辨认,其原因是,做梦的人对梦的主题或由此产生的欲望有一种强烈的反感,并想把他们压抑下去。因此,梦的伪装实际上就是一种对梦的检查活动。现在,我们可以将梦的实质修正为:梦是一个被压抑欲望的被伪装的满足。

——《梦的解析》

5. 没有什么"纯洁清白的梦"

梦的来源有以下几种:

(1)一个最近而重要的心理体验,它能直接呈现在梦中。

(2)几个最近而有意义的经历,它们在梦中结合成一个单独的整体。

(3)一个或几个最近而有意义的经历,通过一个无关紧要的内容在梦中表现出来。

(4)一个内心有意义的体验(如一个记忆或一系列想法),在梦中总是以一个最近而无关紧要的印象表现出来。

在解析梦的过程中,我们发现,有一个条件总是可以得到满足:梦的一部分内容必定是头一天某种印象的重复。这一印象或者是属于实际刺激物那一范围的,或者是来自某个无关紧要的印象,而后者与实际刺激物有着或多或少的联系。这一条件的存在具有多种可能性,而这跟移置作用是否发生有关。我们可以利用这些可能性来解释各种不同的梦之间的差异,就像医学理论用脑细胞假说来解释清醒状态的不同程度一样。

从上面所列四种情况看,我们还可以进一步观察到,一个具有重要意义但不是最近的元素（如一系列想法或一个记忆）要形成一个梦，就得被一个最近的但无关紧要的元素所替代，只要后者能满足以下两个条件：①梦的内容必须与一个最近的经历相联系；②梦的刺激物应该是重要的精神过程。

我们注意到，那些可以被用来构成梦的无关紧要的印象，只要过一天（或顶多几天）就会丧失这一能力。因此，我们不能不得出这样的结论：一个印象的新鲜程度对于梦的构成具有某种价值，在某些方面类似带有强烈感情的记忆或想法。

可能有人会反对我们得出的结论。那些无关紧要的印象只有它们是最近的，才有可能进入梦中；那么，为什么梦中也有一些早期生活的元素呢？这些元素在很久以前就被遗忘了，也就是说，它们既不新鲜也没有精神方面的重要性。

我们对此的解释是，在生活早期阶段，用无关紧要的材料对那些重要的材料作了移置，无论是在做梦还是在思考中。此后它们被固定在记忆中，不再是无关紧要的了，通过移置它们已经获得了重要的精神价值，而真正无关紧要的元素是不会在梦中再现的。

通过以上讨论，我们可以得出结论说，实际上并没有什么无关紧要的刺激物，因此，也就没有什么"纯洁清白"的梦。除了儿童的梦，以及夜间对感官刺激可能产生简短反应的梦以外，这一结论应该是普遍适用的。我们所梦见的内容，要么可以被看作是具有明显重要的精神意义，要么就是被伪装了，必须经过解析才能作出判定，最后发现它仍然具有重要意义。梦是不会关心那些琐碎细小事情的，我们不会让自己的睡眠被这些琐事所干扰。只要我们有耐心去深入分析，表面看来是纯洁清白的梦，就会变得复杂起来。我可以把梦比喻为"披着羊皮的狼"。由于我的这一看法遭到人们的反对，我也很想进一步说明梦的伪装工作，下面就几个"纯洁清白"的梦作一些分析。

一个年轻女子,聪慧而有教养,行为举止十分得体。她给我讲了这样一个梦:"我梦见自己到达市场已经太晚了,在男肉贩和女菜贩那里已经买不到任何东西了。"这个梦看起来是纯洁清白的,但应该不是这样简单,因此我要求再说得详细一些。她继续说,她梦见自己和厨师一起去市场,厨师提着菜篮。她向男肉贩问了几句话,对方说:"她再也买不到了。"男肉贩递给她另外一些东西说:"这也不错。"她拒绝了,走到一个女菜贩跟前,女菜贩想尽办法让她买一种很特别的菜,被捆成一束,是黑色的。她回应说:"我不认识它,不想买。"

这个梦跟头一天的事情有明显的联系。那天她确实去市场太晚,什么都没买着。整个情景似乎可以用一句话概括:"肉店关门了。"但是且慢,这句话在维也纳土话中是形容男士在衣着上不检点,裤裆处的纽扣没扣好。不过梦者本人没有说这句话,也许是避免使用它。我们再继续分析一些细节。肉贩说"她再也买不到了"这话来自何处呢?应该说,这与我有关。几天前,我对这位女病人说,童年的那些记忆是"再也想不起来了",而在精神分析中,被移情和梦所取代。因此,我就是那个肉贩。而她拒绝承认这些移情是过去思维和情感的表现。

她在梦中说"我不认识它,不想买",这又是来自何处呢?"我不认识它"是头一天她对厨师说的话,那时他们正在吵架。她还继续说道:"你的行为要检点一些!"这里有一个明显的移置作用。在跟厨师吵架时说的两句话中,她只取了一句无关紧要的话进入梦中。而正好是那句被压抑的话"你的行为要检点一些"才与梦的其他内容相符合:只有某人语言不得当并忘记"关上他的肉店",这句话才是适当的。梦中有关菜贩的内容可以进一步证实我的解释。卖出的菜捆成一束(病人后来补充说,这是一种常见的菜),并且是黑色的,那就只能是芦笋和黑色小萝卜。这都与含有性意义的"肉店关门"有关。我们不必继续探求这个梦的全部意义。十分清楚的是，这个梦所具有的意义一点也不纯洁清白。

这个病人还有另一个"纯洁清白"的梦，梦的内容是：她丈夫问她："我们的钢琴该调音了吧？"她回答："没有必要，不过音锤倒是需要修了。"

这好像是头一天发生的真实情况再现。她丈夫问了这个问题，她也作了同样的回答。但是，如何解释她又梦见了这一情景呢？她曾告诉我，这架钢琴是一个让人恶心的老式盒子，发出一种噪音，很难听。结婚前它属于她丈夫。分析这个梦的关键是她说的一句话："没有必要。"这句话来自头一天她对一位女友的拜访。女友要她脱了外衣，被她谢绝了："谢谢，没有必要，我只坐一会儿。"回来后她告诉我这件事，说的时候突然抓紧了自己的短大衣，衣服上有一颗纽扣没扣好。因此，她这时的行为好像是在说："请不要看我这里，没有必要。"同样，这里盒子替代了胸部。对这个梦的解释还让我们回到她的青春期，那时她对自己体形的发育很不满意。梦中出现的"令人恶心"、"难听的噪音"这些字眼，也都会把我们带回到那一时期甚至更早的时候。

现在我中断一下这个病人的系列梦，插入一个年轻男子做的简短"纯洁"的梦。他梦见自己正在再次穿上冬季外套，这是一件让人心烦的事。产生这个梦的表面理由是冷空气的突然袭来。但是，如果我们加以仔细分析，就会发现构成梦的两个片段并不一致：在寒冷的季节穿上厚重的外套，这有什么"让人心烦"的呢？这个梦的"纯洁性"被精神分析中做梦的人产生的第一个联想所粉碎。他回忆说，头一天一位女士向他吐露，她之所以生下最后一个小孩儿，是由于避孕套破裂失效。因此，他想，一个薄的避孕套不保险，而厚的避孕套用起来效果又不太好。梦中外套替代了避孕套。这位女士向他述说的事情，对于一个未婚男子来说,确实是"让人心烦"的。

　　现在让我们再回到那位"纯洁"的女病人身上。她的又一个梦:她正把一支蜡烛插到台子上。但是蜡烛断了,再也不能直立起来了。她的女同学说她笨手笨脚,但她说不是自己的错。这个梦确实是一件真事。头一天她把一支蜡烛插到台子上,尽管它并没有被折断。这个梦中有几个明显的象征:蜡烛是可以让女性生殖器产生兴奋的东西,如果它被折断了,当然就不会直立起来了,这意味着男子的阳痿。(所以梦者说这"不是自己的错"。)但这个女子受过良好教育,以前并未见识过丑陋的事情,她能知道蜡烛的这一含义吗? 很巧的是,她对我说出了是怎样获得这方面知识的。一次她在莱茵河上划船玩,另一只船赶了上来,船上是几个大学生,他们兴奋地唱着或者不如说是喊着一首歌:"瑞典女王躲在紧闭的窗帘后,用阿波罗蜡烛……(手淫)。"也许她没有听清最后一个词,也许是听清了但不理解其含义,她要求丈夫对此作出解释。而在手淫和阳痿之间的联系是十分明显的。

　　在所有这些"纯洁清白"的梦中,检查作用的动力显然是性因素。

——《梦的解析》

6. 梦中的抵抗力量

　　我们能否运用现在这种释梦的方法来解释所有的梦? 回答是:"不可能,根本不可能。不过我们已经用这种方法结识了许多的梦,所以我们相信这种方法是有效的和正确的。"你们也许会进一步发问:"为什么不能解释所有的梦?"对这一问题的回答会告诉我们一些重要的东西,让我们触及构成梦的决定因素:"这是因为,在释梦时会遭遇某种抵抗,它们或者是十分轻微的,或者是无法消除的(至少就我们目前的方法是不可能消除的)。"在释梦的过程中,我们不能忽视这种抵抗现象。有时病人没有任何犹豫就产生联想,一两个想法就足以解释梦了;有时病人停顿一会儿或者犹豫一阵才能产生联想,这种情况下我们得根据病人一连串的想法才有可能获得有助于释梦的东西。我们可以肯定,联想的过程越是曲折复杂,抵抗的力量就越强大。这也影响到梦的遗忘。病人身上常会发生这样的事:他们尽了最大努力,仍然无法回忆起自己的梦,但我们的精神分析消除了干扰病人的某种因素后,他们被遗忘的梦会突然再现。还有一种情况也常常发生:刚开始梦的一部分内容被忽略了,后来它们作为附带的东西又被做梦者补充进来。这也是一种遗忘的结果,实际上这一部分是特别重要的。我们猜测,在梦传递的过程中,它们遇到的抵抗要比其他部分大许多。有些做梦者为了防止梦被遗忘,在醒来后立即记下自己的梦。我们对他们说,这样做是没有用的,即使他们强迫自己解除抵抗而想保留梦的原样,这一抵抗却会转移到梦的联想上,使得显现的梦无法得到解释。由此可见,如果抵抗强大到足以完全压制联想,就可能导致梦的解释完全失败。

由上可知,在释梦中遇到的抵抗,对梦的构成也起着作用。实际上我们可以将梦分为两类:一类形成于轻微抵抗之下,一类形成于重大抵抗之下。但这一抵抗的力量可以在同一个梦里由一部分转移到另一部分,从而造成梦的断裂、晦暗和混乱,使得那些最精妙的梦也会变得不连贯。

但是,是什么形成对梦的抵抗呢?这种抵抗又是针对什么呢?在我们看来,抵抗标志着冲突。在梦中一定存在着力求表现某个东西的力量,同时又存在着试图阻碍其表达的力量。那些显露出来的梦就是这一冲突的结果，而这种冲突是以凝缩的形式存在于这一结果之中的。在某一方面，其中一种力量可能成功地表达了自己，而在另一方面，反对它的力量却正在破坏这种表达，或者用一种看不出什么来的东西取而代之。在梦的构成中，最常见的情况是，这一冲突最终得到调和，那种要求表达的力量好像达到了目的，但不是它想采用的方式，而不得不采用一种被削弱、歪曲甚至难以辨认的方式来表达。这样，如果梦不能真实地表达其想法，需要我们通过解释来修补梦与想法之间的裂缝，这就是那种反对和限制表达的力量造成的。我们在释梦时已经感受到这一力量的存在，我们称它为梦的检查者。

　　这种检查并不是对梦才有的。我们知道，支配着我们精神生活的有两大类心理作用：被压抑的无意识和意识。对梦的检查也就是对释梦的抵抗，就是这种因为压抑而引起的抵抗。梦是病理的产物，跟歇斯底里、强迫症和幻觉属于同一种类。但梦很短暂，在我们正常的生活中也出现，因此它跟别的症状又有不同。正如亚里士多德所说，梦是我们睡眠状态中心理活动的一种方式。在睡眠状态中人们远离外部真实世界，而这也是精神病发展的必要条件。在精神病中，病人通过两种方式脱离现实：或者被压抑的无意识过于强烈压倒了依附于现实的意识；或者现实太黑暗而难以忍受，受到威胁的自我抵抗失败后，投入无意识本能的力量之中。而梦的"精神病"是意识造成的，仅仅是暂时脱离一下外部世界。一旦与外部世界恢复关系，这一"病状"就会消除。睡眠时个体与外部世界相分离，其心理能量的分配发生变化，用于抑制无意识的压力有所减轻，因为这时无意识想要自由活动就会发现，其通道已经关闭，只有通过幻觉的满足才有可能进行，而这是没有什么害处的。因此，梦就可以形成了。而梦的检查表明，即使在睡眠中，人们仍然保有因压抑而引起的足够抵抗。

梦是否有一种功能？它有什么价值？现在我们可以回答这些问题了。人在睡眠时希望处于不受刺激的休息状态，但受到三个方面的干扰：①外部刺激；②头一天感兴趣的事；③被压抑的本能冲动。睡眠中压抑作用被削弱了，就有可能出现下述情况：当来自内外的刺激与无意识本能发生联系时，做梦的过程允许其以幻觉形式进行无害的发泄，并因此让睡眠得以继续。有时梦会使得做梦者带着焦虑醒过来，这一情况跟梦的功能并不矛盾：这可能是梦的检查者认为其中的情景过于危险而又不能控制发出的信号。而更多的情况是，我们仍处于睡眠中，并且自我安慰说："这只不过是一个梦！"

——《精神分析引论续编》

7. 窘迫的裸体梦

有些人梦见在陌生人面前赤身裸体或者衣不遮体，毫无羞耻感。而我们要讨论的裸体梦是梦者因自己的裸体而感到羞愧和尴尬，并且试图逃避这一境况，却又力不从心，举步维艰，无法改变这一状况。我相信，大多数读者都曾梦到过这种令人难堪的境况。

梦中裸体的情况比较模糊，有的梦者说"我穿了内衣的"，实际上印象并不清晰。梦中裸体者感到羞愧，而旁观者都是一些陌生人，并且难以辨认出他们的特征。在这种梦中，梦者裸体或衣不遮体，但从未引起旁观者的反对，甚至根本就没有引起他们注意。恰恰相反，他们往往神情冷淡，甚至显现出一种十分呆板的表情。

梦者的羞愧和旁观者的冷漠合在一起,构成了这种梦中经常出现的矛盾。如果旁观的陌生人表现出惊讶、嘲讽或气愤的情感,这会更符合梦者的感情。在我看来,在这种梦中,旁观者表示反对的表情已经被欲望的满足所抵消,而有一种力量却让做梦者羞愧的特征保留下来了,结果造成梦的这两个部分之间不协调。我认为,对于那些在满足欲望中部分被伪装的梦,我们还没有真正理解。一个例证就是那篇著名的安徒生童话《皇帝的新衣》。在这篇童话中,两个骗子为皇帝编织了一件贵重的长袍,但只有品德高尚和忠诚的人才能看得见。皇帝什么也没有穿就走了出来,而所有的人因为害怕被说成品德不好或对皇帝不忠,都假装没有看见皇帝是赤身裸体的。

我们在梦中所见的正是这样的情景。这里骗子就是梦,皇帝就是做梦者本人。梦中隐含的意义与做梦者被压抑的欲望有关。据我对神经症病人情况的分析,这种梦大都是以童年早期的记忆为基础的。在童年,只有家庭成员、保姆、女仆和客人才会看到我们穿的很少甚至裸体,这时我们对自己的赤身裸体没有羞耻感。我们还发现,许多更大一些的儿童都以裸露身体为乐,并不感到羞愧;他们嬉笑、蹦跳、拍着自己的身体。如果他们的母亲或家中其他人在场,就会指责说:"嗨,太丢人了,再不许这样!"孩子们都有一种裸露自己的欲望。在世界的任何地方,在乡村,你都可以看到几个两三岁的孩子,当着你的面把衣服掀起来,裸露出自己的身体。我的一位病人回忆了他八岁时的情景:晚上睡觉时,他只穿内衣,总是想跳着舞到旁边妹妹的卧室去,结果被保姆制止了。对于神经症病人来说,童年在异性小孩面前裸露自己具有重要意义。一些偏执狂妄想病人在脱衣服和穿衣服的时候感觉有人偷窥,他们童年时都有裸露的经历。

回忆起童年的天真纯洁,就像到了天堂一样,其实所谓的天堂只不过是一个人童年的幻想。因此,人类在乐园里彼此裸露而不感到羞耻;一旦有了羞耻和焦虑,人类就被逐出乐园,开始了文明活动。但是,每天晚上在睡梦中,我们仍然可以回到天堂。我猜测,我们童年早期(从出生到三岁)的印象只是出于本性,而重现这些印象就构成了一种欲望的满足。因此,裸体梦就是想要裸露的梦。

　　想要裸露的梦之关键是做梦人本人的形象,此外还有让做梦者感到羞愧的旁观者的形象。就我所知,在表现幼儿期裸露情景的梦中,真正的旁观者从未出现过,这是因为,梦并非一个简单的回忆。令人奇怪的是,我们童年时感兴趣的直接性对象在所有的梦中、歇斯底里症和强迫性神经症中都不再出现,只有在妄想狂中这些真正的旁观者才重新出现。在梦中取代他们的,是一群不注意裸露的陌生人。这从反面表明,做梦人其实只想对他熟悉的人作出裸露。梦中的陌生人还可能有其他所指,但有一点是很明确的:他们总是代表"一个秘密",因此其形象模糊而难以辨认。

——《梦的解析》

8.　梦理论总说

　　在正常状态下,自我通过抵抗防备着本我,其界限十分确定,本我难以侵入。在这种状态下,超我也不会从自我中分化出来,它们之间和平共处。我们对这种状态的研究成效不大。在冲突和骚乱的状态下,无意识的本我可能强行闯入自我和意识,自我会抗击这一入侵,这时我们的观察才有较好效果,才能证实或修改我们有关自我和本我的关系的论述。我们夜间的睡眠正好是这种状态,因此,梦就是最好的研究对象。就梦而言,无论它有多少不同于我们醒时的特点,也是我们常人生活中很有规律的事件。大家都知道,梦往往是混乱的、无法理解的或十分荒谬的。梦告诉我们的东西往往与现实相矛盾,我们在梦中的行为往往像个疯子。在梦中,我们会把梦见的东西当成客观现实。

我们睡醒后回忆的梦并不是真正的梦的过程,它只是表面现象,梦的过程是隐藏在其后面。根据这一设想,我们找到了理解梦的途径。现在我们对梦显示的意义和隐含的意义作出区分。从梦隐含的意义创造出其显示的意义,这一过程是梦的运作。正是通过梦的运作,来自本我的无意识材料侵入自我,成为前意识,并由于自我的反对而有所改变。我们称这些改变为梦的伪装,所有梦的特征由此得到解释。

梦可以由两种形式产生。一种是,在睡眠中通常受压抑的本能冲动(无意识欲望)强烈到足以被自我所感受;另一种是,睡前留下来的处于冲突之中的一系列前意识的想法,在睡眠中受到无意识因素的强化。总之,梦或者由本我产生,或者由自我产生。无论哪种形式,其产生的机制和必要的动力前提都是相同的。有时自我会失去自己的功能,退回到早期状态,这表明它本来就是源于本我。退回的原因是,它与外部世界的联系中断了,它不再关注感觉器官作出的种种反应。可以证明我们这一论断的事实是,人一出生就有一种返回已经离弃的子宫内生活的本能。睡眠就是试图重返子宫生活。人在苏醒时,自我发挥能动作用,在睡眠时这一作用失去,对于无意识本我的抑制大都变成多余了。这样,在睡眠中本我具有一些没有害处的自由。

有大量的确凿证据表明,梦的形成是有无意识本我参与的:①梦中回忆的内容比醒时多得多,梦中恢复的记忆是做梦者已经遗忘的,在醒的时候难以重现。②梦对于语言符号的使用是没有限制的,其意义大都不为做梦者所知,精神分析可以让我们确定其意义:它们很可能来源于语言发展的早期阶段。③梦中的回忆常常出现做梦者童年的印象。我们可以肯定,这些印象不仅被遗忘了,还由于压抑变成了无意识。这样,梦就可以让我们在对神经症的分析治疗中,尝试着重新构建病人的早年生活。④此外,梦还显露出这样的材料:它既非来自做梦者的成年生活,也不是来自他遗忘了的童年,我们只能将其看作原始的遗产。它与生俱来,先于任何个体经验,应该是人类祖先经验的积淀。在原始神话和习俗中我们可以发现这种材料的原型。因此,在研究人类史前史时,梦是不能忽视的原始材料。

对于梦的研究具有难以估量的价值:在梦中,本我的无意识成分受到控制,这让我们可以了解,无意识材料进入自我时前意识的想法。从梦形成的另一种方式看,由无意识本能冲动加强的前意识想法会降为无意识状态。这样,我们通过梦的研究,才能了解无意识事件变化的规律,才能了解跟我们清醒时想法不同的规则。因此,梦的活动实际上是无意识活动借助于前意识想法的例证。梦活动的结果是一种妥协。自我还没有完全失去作用,它对无意识材料作了伪装,试图通过文饰作用,让梦的结果可以为自我所接受。这些像一个战败了的人表示还要继续抵抗一样。

值得注意的是,这种制约无意识事件变化规则的方式,可以解释许多我们不可思议的梦。首先,梦有着十分明显的凝缩作用,这使得我们苏醒时必然分离的想法成了一个统一体。这样,梦显现的意义中单一因素往往代表了梦全部隐含的意义,仿佛是其一个综合性的隐喻。一般来说,显现出来的梦来源非常丰富,而表现的范围则很狭小。梦活动的另一个特性是,心理强度可以十分顺利地从一个要素转移到另一个要素。因此，有些无关紧要的东西，在显现的梦中表现为最明显、最重要的东西，而有些根本要素则被表现为无足轻重。由此可见，梦的凝缩和移置作用会大大增加我们解释梦的难度，增加我们揭示梦的显现意义和隐含意义之间联系的难度。

由于梦显现的意义与其背后隐含的意义之间的联系十分复杂不清，我们不得不提出下面的问题：有可能从前者推导出后者吗？在将显现的梦中的符号转译时，我们依据的东西是否可靠呢？在大多数情况下，对这些问题的回答应该是肯定的。当然，这里必须借助于做梦者本人对显现意义的要素作出联想。做梦者的联想可以显示出中间环节，我们能用它们来填补梦的显现意义和隐含意义之间的空白，来再现隐含意义并加以解释。如果这一解释有时不很确定，这并不让人奇怪。

在形成过程中的每一个梦，借助于无意识，都对自我提出要求：如果梦来自本我，那是为了满足本能；如果梦来自醒的时候前意识活动的残余，那是为了解决冲突、消除疑虑或构成意向。睡眠时自我主要注意于保持睡眠，视梦的要求为一种干扰，并力求消除之。自我采用满足梦的要求的方式来消除这一要求，这就是梦的基本功能。例如，一个饥饿的梦：睡眠时做梦者对食物的需要使他梦到一顿美餐，满足了饥饿的需要，从而继续睡觉。再如，一个人必须按时醒过来到医院上班，他却一直睡下去，并梦见自己已经在医院了，这样他就不必真正起床了。还有，有的人在梦中实现了与被禁止的性对象如朋友的妻子发生性关系的欲望。有时这种性梦的对象是一个他并不感兴趣的人，虽然与这个朋友的妻子同名，或者也可能是一个完全不知名的女人，这是对欲望的抵抗在起作用。

有不少的梦其内容往往是令人不快的，乃至于做梦者因焦虑而醒过来。因此，许多人对梦是欲望的满足这一论断表示怀疑。但焦虑的梦并不能用来反对精神分析的这一结论。我们要记住,梦总是冲突的产物,是一种调和的结构。因此,能满足无意识本我的东西却可能引起自我的焦虑。焦虑的梦大都是那些内容伪装得最少的梦。如果无意识对睡眠时的自我提出太强烈的要求,自我无法躲避,它就会放弃睡眠而醒过来。如果我们说梦总是一种依靠欲望的满足来消除对睡眠干扰的企图,它是睡眠的守护神,那么这一企图有可能成功,也可能失败,失败时做梦者就会醒过来,他是被梦所唤醒的。

　　　　　　　　　　　　　　　　——《精神分析纲要》

五、性学探幽

1. 说儿童没有性活动是一种严重的错误

　　通行的观点认为，儿童期间性本能是不存在的，直到青春期人的性本能才开始苏醒。但这一观点不是一个简单的错误，而是一个后果严重的错误；由于这一观点，我们现在还完全不能了解性生活的基本条件。对儿童期性表现的透彻研究，也许可以帮助我们搞清楚性本能的基本特征、发展过程以及各种来源。

　　我们注意到，在解释成年人的特征和反应时，学者们把较多的注意力放在其祖先的原始阶段，过于强调遗传的重要意义，而相对忽略了个体发展童年阶段的重要性。他们会认为童年阶段的影响更容易了解，并且在考虑遗传之前已经对其进行了思考。的确，在关于性活动的文献中，我们可以偶尔看到儿童性早熟的记载，诸如勃起、手淫以及类似性交的活动。但这些都是被当作意外事件、异常情况或骇人听闻的早期堕落的事例。据我所知，至今还没有一位学者明确承认，在儿童期性本能是普遍存在的。在为数众多的关于儿童个体发展的著作中，都缺乏"性发展"一章。

　　在我看来，这种忽视儿童性活动的原因有二：一是学者们易受传统思维方式的影响，二是要解释清楚这一心理现象难度很大。对大多数人而言（不是全部），六岁或八岁以前性方面的东西都被奇怪地遗忘了。这本来是一种让人困惑的现象，但直到现在，人们都还是习以为常。实际上，虽然在后来的记忆没有留下什么，只有一些难以理解的片断，在那些年我们已经能够对印象作出生动的反应，像成人一样表达痛苦和快乐，有着爱、嫉妒和其他感情，说出来的话连成人也觉得我们有理解和判断的能力。但一旦我们长大成人，对这一切竟然一无所知！我们的记忆力为什么远远落后于其他心理活动呢？恰恰相反，我们有充足理由相信，只有童年，才是获得和保存印象的能力最强的时期。

另一方面，通过对于他人的心理研究，我们可以假定，正是忘记了的那些印象，在我们的心理生活中留下最深的痕迹，对我们后来的发展起了决定性的作用。因此，这种遗忘并不是把童年的印象完全抛弃了，而是跟神经症病人对近期事情的遗忘一样，由于压抑，把这些印象排斥在意识之外。但是，是什么造成这种对童年印象的压抑呢？如果我们能够解开这个谜，也就能够解释歇斯底里遗忘症了。

在新生儿身上就已存在着性冲动的基因，它得以持续发展一段时间，然后逐渐被压制下去。正是在这一潜伏期，形成了一种心理力量，如厌恶感、羞耻感、伦理道德要求等，就像堤坝一样阻止了性本能的发展。从这些被文明化的小孩身上，我们感到，是教育构筑了这些堤坝。教育显然起了作用，但实际上这一发展过程是由遗传决定的，有时在毫无教养的情况下也会发生。

这一提高个体文明的过程，也许是以牺牲幼儿性冲动为代价的。因此，我们可以说，在潜伏期，这些性冲动也没有停止过，只是其能量全部或部分地离开了性目的转而作了他用。研究文明的历史学家似乎都认为,任何文明成就的取得,都需要性本能的力量离开性目的转向新目标,这就是所谓的升华过程。这里我们需要补充的是,升华过程对于个体的发展也起了作用,而这一过程是开始于童年的潜伏期。

凡是注意到幼儿性活动的教育家都不得不同意我们的观点:道德防御力量的建立是以牺牲性活动为前提的。他们甚至认为,性活动使得一个孩子无可救药:他无法战胜自己的性欲望,而所有的性表现都被看作是坏的、邪恶的。我们的态度正好相反,我们有足够的理由把注意力集中到这些让教育家害怕的现象上面,并且期待着在他们的帮助下,搞清楚性本能的原初情况。

——《性欲三论》

2. 五岁前儿童的性问题

精神分析在探究性问题时,必须追根溯源到儿童早期,因为决定性的压抑是发生在那时,其自我是十分脆弱的。但是,在童年就一定没有性生活吗?性生活只是从青春期才开始的吗?恰恰相反,我们应该知道,自从人一出生,就有了性本能,并伴随人的一生。

在最初五年里,儿童经历其性生活发展的全部过程。从那时起到青春期,人的性生活经历了一个潜伏期。在这期间,性意识没有什么发展,性动力的强度有所减弱,一些做过的事情被放弃,一些知道的事情被遗忘,产生了害羞、厌恶等一类的自我态度。这些态度会对后来青春期的性欲复苏进行反抗。人类性生活的这种双向发展跟神经症的发生关系很大。只有人类可能出现这一状况,因此它很可能是神经症的一个决定因素。

听到男孩子担心被父亲割去他们性器官的事情,你也许会感到吃惊,这种阉割恐惧对其人格发展有着巨大影响,决定了他们以后性生活的方向。在当代儿童的心理生活中,我们仍然能够发现在人类文明早期曾占主导地位的一些因素。儿童以一种浓缩形式,在其心理发展过程中重复着其种族的历史,正像胚胎的特征会贯穿于整个有机体的发展过程一样。

儿童早期性生活的另一个特征是,女性性器官还没有对性生活起作用,儿童还没有发现它。他们的注意力完全集中在男性性器官上。女孩感到自己缺少一个跟男性有同样价值的性器官。因此,她们认为自己是下等的,这一阴茎羡恨是女性许多性特征的来源。

更值得注意的事实是,儿童将其性欲望指向他们最亲密的亲属。开始是指向其父母,然后是其兄弟姊妹。男孩第一个爱的对象是母亲,女孩第一个爱的对象是父亲。父母的另一方被儿童看作是竞争者,并受到敌视。这里需要正确理解我的意思。儿童绝对猜想不出性交是怎么回事,他用自己的经历和感情中其他观念来替代性交。通常其愿望以生小孩为目的,而其设想的生育方式十分奇特。由于无知,男孩也有生孩子的愿望。我们将这一时期的心理结构称之为俄狄浦斯情结。以后这一情结将会改变,但并未完全消失,到青春期又会复活,后果是比较严重的。

四五岁的儿童心理十分活跃,这一早期性欲期同时也是其智力快速发展时期。随着潜伏期的开始,他们在精神上变得压抑起来,智力发展缓慢。从这时起,许多儿童失去了天然魅力。在对儿童进行精神分析的过程中,我们发现许多有趣的事情,可能引起人们重视。它们的理论价值是毫无疑问的,可以为成人精神分析中未能解决的问题提供确切的材料，从而避免某些重大错误。通过对儿童的精神分析可知，我们对成人所述说的童年情况的解释是正确的。通过对一些病人材料的分析，我们构建了他们未能记住的童年事件，由此产生良好的治疗效果。这些事件之所以重要，是因为它们发生在儿童很小的年龄，从而对弱小的自我产生创伤性的影响。

通过精神分析才能发现的事件是各种各样的：首先是那些影响儿童朦胧性生活的事件，如对成人性生活的观察，儿童跟成人或另一个儿童的性接触；或者无意听到、后来回顾时才能理解的谈话，并由此认为性生活是神秘而不可了解的；此外还有儿童自己对别人爱和恨的态度。在精神分析中，引导病人记起这些被遗忘的东西是至关重要的。

实际上，我们对儿童早期性活动并没有办法忽略，忽略它是不可能的。通过摩擦自己的生殖器，儿童找到满足自己性冲动的主要形式。成人对于儿童这种"顽皮"行为是完全知道的，并认为是恶劣行为，要给予严惩。儿童有这种"不道德"的倾向，是因为它能给他带来满足。这样，在我们面前就有一个重大问题：对于儿童早期性活动，我们应该采取什么态度呢？如果压抑它，其后果我们是知道的；而任其所为，不加任何限制，似乎也是不行的。在文明程度较低的种族以及文明社会较低的阶层中，儿童的性行为似乎不受束缚，这有利于避免个体神经症的发生，但是这一倾向似乎会让文明遭受重大损失。这表明，一个新的矛盾正放在我们面前需要解决。

——《非专业者的精神分析问题》

3. 我们怎样回答:"小孩是从哪里来的?"

　　到了一定年龄,孩子开始被生活中第一个重大问题所困扰:"孩子是从哪里来的?"如果孩子不太受到恐吓,他迟早会直接询问父母或其他照料者这个问题的,因为在孩子看来,他们是知识的源泉。但是他会深感失望,因为得到的回答是那么含糊其辞,要么是对他问话的斥责,或者是类似于一个神话。例如在德国农村,成人会对孩子说:"孩子是从水中捞出来的。"我相信,有比父母估计多得多的孩子是不满意这种回答的,表现出深深的怀疑,只是不愿意公开承认罢了。我就知道有一个三岁的男孩,得到这种回答后就跑了,让他的保姆十分惊慌,人们在村旁一个大水塘边找到这个男孩,他急忙跑到这儿来是为了看到从水中诞生的孩子。还有一个男孩,对"是鹳带来了小孩"的说法表示怀疑,他说,应该是鹭带来了孩子。有无数例子让我们相信,孩子拒绝接受"鹳"这样的说法,并且在第一次受骗后就不再相信大人。他们认识到,有些大人知道的事情是不会让他们知道的,于是他们只得私下里自己去摸索。

　　最近一位父亲把有关他五岁儿子的分析资料交给我。资料表明,母亲的怀孕根本无法逃过孩子的眼睛,他很快就会在母亲不断变大的肚子与孩子的出生之间建立起联系。这孩子三岁半时妹妹诞生了,他不到四岁就很清楚那些灌输给他的东西的真正价值。根据孩子在母亲肚子里长大的知识,他第一次证明了自己的思维能力,发现自己可以独立解决问题。但是,他毕竟还很无知,另外还有一些错误理论被强加在他身上,因此抑制了他的进一步发展。

　　这些孩子有自己的性观念,尽管可能是错误的,但在某一点上又有真实性。他们往往无视性别的差异。男孩往往以为所有的人包括女人都跟自己一样有阴茎。当一个小男孩看到妹妹的生殖器时,他会说:"她的……很小,她长大后它就会变好了。"关于女性长大后会有阴茎的想法在成人的梦中也会出现:做梦者在夜间的梦中产生性兴奋,将一位女性按倒,解开她的衣服打算性交,然而他看到的不是女性生殖器,而是一个发育良好的阴茎,结果他从梦中醒过来,性兴奋也消失了。如果童年形成的"女性会有阴茎"的想法在一个男人身上附着起来,就会对以后的生活产生影响,使得他在选择性目标时必须看到阴茎。这样,也许他在其他方面生活正常,却注定是一个同性恋者。

　　解剖学已经证明,女性外生殖器中的阴蒂与阴茎十分相似。有关性过程的生理学也表明,这个长不大的小阴茎(阴蒂)在童年实际上像一个真正的阴茎一样在活动,一旦接触就会兴奋,这使得小女孩的性活动具有男性的特点。为消除这种男性性活动而变成一个真正女性,女孩在青春期前必须对此加以压抑。这表明,儿童的性理论也包含着真理:女性跟男性一样,也有阴茎。

　　我们很容易看到,小女孩跟她的哥哥一样,也对男孩的阴茎感兴趣,但这种兴趣很快就变成一种嫉妒,她觉得自己遭到不公平对待,于是就像有"大阴茎"的男孩一样站着撒尿。当一个女孩说"我宁可当一个男孩儿"时,她是希望自己能够得到补偿。

　　如果儿童知道了阴茎的兴奋是怎么回事,他们对问题的解答就进了一步,"孩子从母亲身体中长大"的事实显然不能满足他们探求的欲望。孩子是怎样进入母亲身体的呢?他是怎样发育的呢?儿童会想,父亲也可能做了些什么,所以母亲肚子里的孩子也是他的。在这一神秘事件中,阴茎起了作用。一旦儿童猜测到阴道的存在,认识到母亲身体中的孩子是父亲的阴茎进入其体内的结果,他就会有某种失败感,因为此前他以为,母亲跟父亲一样有阴茎。这一智力探索的失败可能对他以后的生活产生有害的影响。

对阴道的无知还会让儿童以为,孩子在母体内长大后是通过肛门离开母体的,就像大便排泄一样。从逻辑上说,如果孩子是从肛门出生,那么不仅女人可以生小孩,男人也可以。因此,男孩完全可能想象自己也会有孩子,并不因为有这一女性性特征而羞愧。

儿童性理论的第三个来源是儿童偶然发现的父母间的性交。不过他们不可能观察得很清楚,以为性交就像一种虐待行为,是一种暴力行为,是强者对弱者的一种处罚。而母亲的行为像是反抗暴行的自我防卫。

儿童到了十岁或十一岁,会听到有关性的问题。在压抑较小的社会环境下生活的孩子,或者有机会观察父母性行为的孩子,会将自己所知道的东西告诉其他孩子。孩子们通过这种方式获得的知识基本上是正确的,他们也知道有阴道的存在。但现在他们还不知道精子是什么,也无法猜测到男性生殖器除了排尿以外还会产生其他物质。因此他们的看法仍然是不太清楚的。一个女孩听同学说,一位丈夫给了妻子一个鸡蛋,她用自己的身体将这个蛋孵成小鸡。听到这个说法的一位男孩认为这不是鸡蛋,而是睾丸,在德语中这两个词是相同的。这个男孩想,睾丸是怎样重新长出来的呢？一个女孩认为,性交只能进行一次,但可以持续 24 小时,而一个个孩子都由这一次性交而产生。有些对怀孕一无所知的女孩甚至会认为,晚上性交后,孩子立即就出生了。

无论儿童对其性好奇的方式有多么不同,他们在早期的态度却较为一致:所有的孩子最早渴望发现的是,为了能生孩子,父母在一起做了些什么。

——《儿童性理论》

4. 阉割情结的意义

　　婴儿的第一个爱欲对象是母亲的乳房。刚开始时爱欲是依附于满足营养的需要。婴儿这时还不能区分母亲的乳房和自己的身体。有时他会发现母亲的乳房不在了，这样，一部分原始自恋的性能量被放进对象之中。这第一个性对象后来就变成母亲这个完整的人。母亲哺育婴儿，照料婴儿，让婴儿产生愉快或不愉快的感觉。由于母亲对婴儿的照料，她成了婴儿的第一个诱惑者。因此，母亲成了孩子第一个也是最重要的爱的对象，成为其以后所有两性爱情关系的原型，对其一生有着无可比拟的重要影响。

　　从两三岁开始，男孩进入里比多发展的阴茎时期，开始对性器官产生感情，并学会用手使其兴奋。他成为母亲的爱恋者，渴望占有母亲，通过炫耀自己的性器官来引诱她。他想取代父亲而占有母亲，将父亲视为敌人，对父亲强健的身体表示嫉妒。父亲成为他达到目的的障碍，他甚至想将父亲除去。如果父亲不在，他就可以同母亲睡在一起；父亲一回来，他就得离开她。父亲不再让他感到满足，父亲的出现让他失望。这就是男孩的深刻体验。这也是俄狄浦斯情结的主题，古希腊神话将它从儿童的幻想世界转变为想象的现实。

　　母亲十分清楚男孩的性兴奋跟自己有关，她也认识到不能让他随心所欲，要禁止他玩弄性器官。但她的禁止没有什么效力，最多只能改变孩子获得满足的方式。母亲最终采用了最严厉的方式,威胁孩子说,要割掉他随意向她展示的性器官。为了让这一威胁显得更为可信和可怕,她还说要让父亲来做这件事。孩子并不相信阉割真的会发生。但是,在威胁时如果他能回忆起女性性器官,或在威胁后不久他看到女性性器官,发现女孩身上真的缺少这一部分,他就会认真对待阉割一事,从而体验到童年生活中最大的创伤。

阉割威胁的影响是多方面的,其程度是难以估计的。它整个地影响了孩子跟父母的关系,还影响到他以后同男性和女性的关系。儿童的男子气经受不了这样的打击,为了保存性器官,他不再敢占有母亲,他的性展示因此受到阻止。如果他身上还有某种女性成分,其力量就会增强。阉割威胁使他不再手淫,但并没有让他放弃想象中的手淫。恰恰相反,由于这些想象是他满足性欲的唯一方式,他就更加沉溺于其中。在幻想中,他不但继续以父亲自居,还以母亲自居。早期手淫幻想以及衍生物,对于他后来自我及性格的形成起着很大作用。他对父亲的害怕和仇恨也变得强烈起来。现在他既不敢冒险去爱母亲,也不敢让母亲爱自己;如果这样做,母亲就会出卖他,而父亲就会阉割他。这一体验被压抑下去,成为无意识的,到了青春期后会扰乱自我的发展。到性成熟时,他的性生活将会受到抑制,原有的里比多固附会分裂为互相冲突的冲动。

阉割威胁这一童年的中心事件后来被完全遗忘了。因此,精神分析在成人身上重建这些经验时,他们十分反感。他们对这一话题保持沉默,甚至连最明显的暗示也不接受。在精神分析诞生一个多世纪前,法国哲学家狄德罗通过说明原始世界和文明世界之间的不同,实际上论证了俄狄浦斯情结的重要性。他说:如果一个人从小没有受过任何教育,完全保留了原始人的愚昧,那么,由于他只具有幼儿般的智力,再加上三十岁男人的狂热,他一定会勒死自己的父亲,而占有自己的母亲。我敢说,精神分析发现了被压抑的俄狄浦斯情结,仅凭这一点,它就为人类作出了宝贵贡献。

小女孩的阉割情结同样深刻。女孩子不会害怕失去阴茎,但她一定会想"自己为什么没有"。她一开始就嫉妒男孩有阴茎,整个心理发展都是在这种嫉妒下进行的。开始时她徒劳地像男孩一样行事,后来就努力补偿自己的缺陷,最后形成正常的女性态度。如果在阴茎时期想跟男孩一样借助手淫获得快感,往往不能获得充分满足,从而把随之产生的自卑感带进整个自我。通常情况下她会放弃手淫,因为她不愿意由手淫联想到兄弟和男玩伴比自己优越,由此她完全放弃了性欲。

有些极端的情况,小女孩坚持着最初要变成男孩的愿望,最后她会选择同性恋,或者在生活中表现出明显的男性特征,如选择男子的职业等等。女孩嫉妒的另一表现是放弃自己的母亲。在阴茎嫉妒的影响下,作为女儿她不能原谅母亲,因为是母亲将她带到这个世界而缺少阴茎。因此她不再爱母亲,而让其他的人如父亲来替代母亲成为爱的对象。一个人失去爱的对象,最明显的反应是对这一对象的认同,从而取代她。小女孩现在以认同母亲来取代对母亲的依附。正如在游戏中可以看到的那样,小女孩将自己置身于母亲的地位,并以父亲来取代母亲。她跟父亲新的关系可以满足控制自己阴茎的愿望,但又产生另一个愿望:要跟父亲生一个婴儿作为礼物。因此,怀一个婴儿的愿望取代了具有阴茎的愿望。

很有意思的是,对于男女两性来讲,俄狄浦斯情结与阉割的关系是完全不同的。在男孩身上,阉割威胁使得俄狄浦斯情结逐渐消除,而在女孩身上情况正好相反,正是由于缺少阴茎,才使得她陷入俄狄浦斯情结。这一情结并不影响她成为一个女人,只是使得她按照父亲的特点来选择丈夫,并承认其权威。

——《精神分析纲要》

5. 阉割情结与同性恋

关于儿童的性理论为我们提供了一种解释：在一段时间里，男孩认为男性生殖器跟母亲的形象并不矛盾。一个小男孩对生活产生好奇心时，就对自己的生殖器产生兴趣。他发现自己身上的这个部分太有价值、太重要了，以至于无法相信跟自己非常相似的人会缺少这一部分。他无法猜测还有另一种与此价值相当的生殖器结构，因此不得不作出一种假设：所有的人，无论男女，都有一个像他一样的阴茎。甚至在他第一次观察小女孩的生殖器时，也没有怀疑这一点。他认为，小女孩也有阴茎，只不过它还很小，而将来会长大的。如果在以后的观察中，这一点未能实现，他还有一个想法来予以补救：小女孩也有一个阴茎，但后来被割掉了，那个地方留下了一道伤口。这时男孩已经遭到恐吓：如果他对自己的性器官太感兴趣，就会把它割掉。在这种阉割恐吓的影响下，他重新审视自己关于女性生殖器的见解。

在没有受到阉割情结影响之前，男孩就表现出很强的窥视欲望，这是一种性本能活动。他想看别人的生殖器，最初是想把它们跟自己的相比较。由于母亲的性吸引力，他也想窥探她的生殖器，原以为也是一个阴茎，后来才知道女人是没有阴茎的，于是会产生一种厌恶感。在青春萌动期，这一厌恶感会变成神经衰弱、讨厌女人以及长期同性恋。但"女人也有阴茎"这一印象会在其以后的生活中留下无法完全消除的影响，他也许会特别喜爱女人的脚和鞋子，这表明他把它们当成曾经相信有而后来又没有的女人阴茎的替代物；他也许很喜欢剪女人的头发,这表明他正在扮演一个阉割女性生殖器的角色。

　　如果人们坚持人类文明时期以来那种贬低生殖器和性功能的态度,他们就不可能正确理解儿童的性活动。我们应该与原始时期相比照来理解这方面的情况。人类经历了漫长岁月,现在我们将生殖器看成令人羞耻甚至厌恶的东西。而在原始时期,生殖器是生命的骄傲与希望,它被当作神来崇拜。在它的基础上升华的结果是产生了无数的神。在文明过程中许多神圣的东西最后从性欲中抽取出来,而作为残余物的性欲则被钉上了耻辱柱。然而到了现代,最原始的崇拜生殖器的情况仍然存在,今天人类的语言、习俗和迷信中还保留着这一方面的遗迹。

　　我们发现,个人心理的发展是以简略的形式重复人类发展过程。所以,精神分析在研究儿童心理时,发现儿童早期对生殖器的极高评价,就不会感到奇怪了。

　　在我们所研究的男同性恋者中,在童年早期都有一个对女人(通常是他们的母亲)的强烈依恋,这一经历后来被遗忘了。这种依恋是母亲过分的温柔以及父亲不怎么起作用造成的。萨格尔强调了一个事实:同性恋者的母亲往往是比较男性化的女人,性格特征明显,似乎取代了父亲的地位。另有一种情况给我留下深刻印象:一开始父亲就不在了,或者很早就离开了,男孩完全处于女性的影响之下。一个强有力父亲的存在可以让儿子在选择性对象时作出正确决定。精神分析发现的两个事实有助于加深我们对同性恋现象的理解。一个是:对母亲性需要的固着。另一个是:甚至最正常的人也有可能选择同性为性对象,有时他在生活中就这样做了,有时他在无意识中保留这一选择,或者用强烈的相反态度来抵制这一欲望。这两个发现否定了将同性恋看作第三性的说法,否定了先天同性恋与后天同性恋的区别。也许两性同体(即第三性)的身体特征有助于同性恋的选择，但这不是决定性的。

儿童早期以后，孩子对母亲的爱不能继续有意识地发展，而是被压抑。孩子压抑了对母亲的爱，将自己置于母亲的地位，被母亲所同化，以自己为模特来选择新的性爱对象。这样，他就变成了一个同性恋者。实际上他是偷偷地退回到自恋阶段。他已经是成人，而他爱的男孩儿实际上是其童年自己的替代者，他用小的时候母亲爱他的方式来爱这些孩子。他通过自恋的方式找到自己的性爱对象。

更深的研究表明，由此成为同性恋的男人，在其记忆中保留了对过去形象的无意识固恋。通过压抑，对母亲的爱被保留在无意识中，此后他保持着对她的忠诚。看起来他是在追求男孩子，成为他们的情人，实际上是在逃避其他女人，以免这些女人让他对母亲不忠。通过直接观察我们可以看到，有些同性恋者是将从女人身上获得的刺激迅速地转移到一个男性对象上去。他一次又一次地重复这一机制，从而维持着自己的同性恋状态。

——《达·芬奇和他对童年的一个记忆》

6. 同性恋者并非性变态

心理阴阳人的理论认为，同性恋者的性对象与正常人恰好相反。男同性恋者会像一个女子那样屈服于男性的体态和心理力量，他觉得自己是一个女人，要寻求一位值得爱的男人。

我认为，尽管这一理论适用于许多同性恋者，却并没有充分揭示出同性恋者的普遍特征。实际上大多数男同性恋者在心理上保持着男子汉气质，而异性特征很少。他们寻求的性对象也是具有女性心理特征的人。如果不是这样，我们就无法解释下述事实：自古以来，男同性恋者喜欢的男妓，都是装扮成女人的样子来讨好他们。古希腊时代，同性恋者中有许多最具有男性气质的人，他们喜欢那些男孩子，不是因为这些孩子们具有男性特征，而是在他们身上表现的女性特点：腼腆害羞、温柔贤惠、喜好求教和渴求帮助。这些男孩儿一旦长大，就不再成为男同性恋者的性对象，他们自己也许会爱上别的男孩儿。同性恋者的对象不是同性，而是具有双性特征的人。这实际上是在追求男性和追求女性两种冲动之间的一种调和，只不过追求对象的身体必须是男性的。因此，性对象就成了主体自身双性本质的一种反映。

目前精神分析还不能对同性恋的起源作出充分解释，但它已经发现其心理机制，并对澄清有关问题作出了贡献。通过对我们接触到的所有同性恋者的考察，我们发现，在他们童年早期，都经历过一段十分强烈地围绕着一个女性（通常是母亲）的短暂时期。此后，他们将自己认同于这一女性，并把自己当作性对象。也就是说，这一现象的基础是自恋，他们寻求的是跟自己一样的年轻男子，他们爱这样的年轻男子就像母亲爱他们一样。此外，我们常常发现，男同性恋者并非对女性不感兴趣，只不过把女性激发的兴奋转移到男性身上。于是他们在其一生中不断重复着引发性倒错的机制，他们追求男人的冲动不过是不断逃离女人的结果。

精神分析研究十分反对将同性恋者作为一个特殊人群从正常人中划分出来。我们的研究发现，所有的人都有可能将同性作为性对象，实际上在无意识中作出过这样的选择。里比多对同性的固附对正常心理活动起的作用是很大的。在个体的童年，在原始社会以及人类社会早期阶段，选择性对象时不分性别，既可选择同性也可选择异性，是更为常见的现象。此后出现对某一选择方向的限制，才有了正常和倒错的区别。从精神分析角度看，男人只对女人感兴趣，也是一个需要进一步阐明的问题，其互相的吸引力并非由化学反应就可以解释清楚的。一个人的性态度直到青春期以后才能确定，并且要受多种因素的影响，而我们对此还不完全了解。有时个别因素起的作用很大，影响到一个人在性方面的发展。而总的来说，影响性态度的确定的因素是多重的。在同性恋者身上，往往会发现，占优势的是远古时代的身体和心理特征，表现为选择自恋式对象以及持续的肉体满足。将同性恋者与正常人进行比较，可以看出，他们之间的差异仅仅是量方面的。在对影响对象选择的因素研究中，我们发现，有一种挫折经历如早年受到的骚扰、恐吓、性活动等等应该重视。我们的观察表明，跟父母双方都在一起十分重要，童年时如果见不到强有力的父亲，往往会导致同性恋。

我们应该记住的是，同性恋者的性目的并不单一。男同性恋者并非总是跟肛交联系在一起，手淫可能是更为常见的目的。其实对性目的的限制，在同性恋中比在异性恋更为普遍。在女同性恋中，性目的也是多种多样的。一般来说，她们对口腔接触更为偏好。

就目前研究的程度，我们还很难对同性恋的起源作出满意的解释。不过我们的研究已经有了一些新的发现，有助于这一问题的解决。我们注意到，性本能与性对象的关系并不像我们以前看待的那样密切。有关性变态的研究表明，性本能与性对象的结合是十分松散的，性对象并不是性本能的一部分，在很大程度上，性本能独立于性对象，它的来源也不是性对象的吸引。

——《性欲三论》

7. 禁欲带来的恶果

对于性的普遍禁欲导致文明的进步,但也导致一些人患有严重疾病,看起来似乎利大于弊。虽然还不能对两者孰重孰轻作出准确判断,但我愿意更多地思考这一问题。我认为,禁欲带来的远远不止神经症,而神经症的严重性我们还未能充分认识。

我们的教育和文明是以推迟性发展和性活动为目的,这种推迟刚开始时并没有什么害处。考虑到受教育的年轻人很晚才能自食其力,这种推迟是必要的。对于二十岁以上的人实行禁欲,会受到年轻男子的反对。即使这样做没有导致神经症,也会带来其他危害。我认为,禁欲是不可能造就充满活力而独立的人,也产生不了有创造性的思想家、敢作敢为的改革者,却很容易产生一批规规矩矩的弱者,成为失去自我的芸芸众生,任随一些强者摆布。

尽管人们费尽全力禁欲,性本能总是难以改变的。文明教育只能在婚前对性本能进行压制,婚后就不起作用了。但由于过分压制,当性本能可以放纵自己时,却已经受到永久性伤害。有一些年轻男子因此前的彻底禁欲而不能正常结婚。有些女子意识到这一点,她们往往选那些在别的女子身上证明了自己正常性功能的男子为丈夫。婚前对女子实行的禁欲更为严格,对女性产生的恶果更为明显。禁欲教育不仅禁止女子婚前性交,还极力宣传性贞操的重要性,使得她们对婚后的角色全不知晓,压抑自己的爱情冲动,抵抗发育中的任何诱惑。造成的后果是,当父母决定她可以去爱时,却无法适应新的情况,糊里糊涂地结了婚。由于爱情功能的推迟，年轻女子对爱她的男子感到失望，她的情感仍然附着在父母身上，父母的权威让她产生性压抑，导致性冷淡，无法让丈夫获得性满足。这些从未体验过性快感的女子也不情愿忍受随后的生育痛苦。因此，这种婚前的准备阶段反而成了实现婚姻目的的障碍。许多年以后，也许她能克服这种障碍，性爱的高峰期来临，但她跟丈夫的关系早已破裂。这时她或者感到欲望不能满足，或者对丈夫不忠，或者患上神经症。

　　一个人的性行为对他的其他生活方式有着很大影响。如果一个男子生机勃勃地去争取性爱目标，他也就会以同样的精神状态去争取别的东西。如果一个人的性本能被强烈压抑，他的行为就会表现得比较谦卑和顺从。这一点在女性身上更容易看出。尽管她们对性问题也充满好奇，所受的教育却限制她们对此进行理智思考；她们还常常受到恐吓，说这不是女性应该去想的，想这样的问题就是一种罪过。久而久之，她们不敢对任何问题进行思考，知识对她们来说，也就失去了任何价值。我认为，所谓"女性在生理上的低能"是不能用生物学的方法予以解释的。许多女性在智力上处于劣势，跟在性思想方面受到压制有极大的关系。

　　谈到禁欲，我们要区分两种情况：是禁止一切性活动，还是禁止与异性性交。许多自称成功禁欲的人，他们实际上是借助手淫等自体性活动来实现性满足。但这种替代性满足是有害的，是将性生活退回到婴儿时期，这必将导致各种神经症和精神神经症。此外，文明的性道德也不允许手淫，于是有此行为的年轻人处于剧烈的心理冲突之中。这一行为对人格的形成也会产生影响：它使人不经过努力，靠捷径实现人生重要目标；这一满足方式伴随着种种幻想，而在现实中却无法找到。

　　由于正常性交遭受道德的严厉压制，再加上卫生方面的考虑，异性间用身体其他部位来取代性器官的性活动开始盛行，这也会造成十分严重的社会问题。禁止正常性生活的另一后果是同性恋的增多。除了生理原因或童年影响外，同性恋大都是成年后发生的。

所有这些人们不愿看到的后果都是禁欲造成的，它彻底瓦解了婚姻的基础。文明的性道德认为，婚姻是满足性冲动的唯一方式。手淫或其他的性倒错会让男人习惯于不正常的性满足，从而降低婚后性能量的发挥。同样，有类似行为的女子在婚后对正常性交也会表现冷淡。这样的男女结合而成的婚姻，是很容易瓦解的。

对这种情况完全不了解的人很难相信，有正常性能力的丈夫是这样的少，有性冷淡的妻子是这样的多，婚姻对双方禁欲补偿的程度是这样的低，它对幸福的实现是这样的微乎其微。我已经说明，禁欲最明显的恶果是神经症。我要进一步指出，这样的婚姻还会影响到孩子身上。表面看来，还以为孩子的病是遗传所至，实际上是他童年强烈印象的结果。由于在丈夫那里得不到满足，妻子变得神经质，会将爱转移到孩子身上，对他格外温柔体贴，导致其性早熟。此外，父母间很坏的关系刺激了孩子的情感，使得他很小就感受到强烈的爱和恨。对孩子严厉的教训，使他不得不压抑性活动，由此产生让其终身患神经症的根源。

我要重申以前说过的观点：神经症的严重程度并没有引起足够注意。长期的神经症即使不能结束一个人的生命，也会让他一直承担着重压，就像肺结核或心脏病带来的恶果一样。我坚持认为，无论神经症达到什么程度，无论何时患得此病，都会破坏文明的目的，导致被压抑的精神力量对文明的仇视。因此，社会如果想以神经症的增多为代价来换取人们对社会规范的服从，它必将一无所获。让我们谈论一个常见的现象：例如，一个女子本来不爱丈夫，但受到的教育又让她必须爱他。为了掩盖真实的情感，她不得不压抑自己的每一个冲动，特别努力地让自己成为一个可爱温柔的妻子。这种自我压抑的后果就是神经症，患病就等于在报复自己不爱的丈夫。其实，由于妻子患病，丈夫更不能获得满足，并且担心她，这还不如认识到妻子不爱自己。凡是对不利于文明的冲动进行压制，就像性压抑一样，其补偿性是不会获得成功的。

我们还应该看到，在任何一个群体中，对性活动的限制都会导致对生活普遍感到焦虑，对死亡感到恐惧，这样不仅减弱了人们享受快乐的能力，还使得他们不能正视死亡。这两种情况都会导致生育率下降，群体会走向灭亡。因此，我们不得不问：在当前仍然将快乐主义作为文明发展的一个目的，仍然提倡争取个人幸福的情况下，我们有必要为这种文明的性道德作出牺牲吗？

——《文明的性道德与现代神经症》

8. 文明社会造成男子心理性阳痿

精神分析已经对心理性阳痿作了研究，一些学者出版了他们的研究结果。实际上心理性阳痿是由于特定的心理情结而造成的性抑制，不过病人自己不知道而已。病人一直不能克服对母亲或姊妹的乱伦倾向，是造成这一症状最重要的原因。此外，婴儿期对性活动不愉快的印象以及将女性作为性对象时性能量减少，也对此病有一定的影响。

心理性阳痿者的性活动不得不与情感隔绝：如果某女子使他产生较高的心理评价，他就不会对她产生任何肉体兴奋，只会产生一种没有性欲的情感。这种人的爱情有着两个方向：对所爱的人往往不会产生肉欲，对有肉欲者又没有爱情。为了避免对所爱者的肉欲，他们只去寻求自己并不爱的人。由于病人有这种分裂的爱情生活，避免心理性阳痿的主要技巧在于将性对象从心理上贬低，这种贬低一旦完成，肉欲就可以产生，性能力获得加强，性需要获得满足。

我要指出的是，心理性阳痿要远比我们设想的普遍，并且这一行为构成了我们文明人爱情生活的一个特征。

如果将心理性阳痿的概念予以扩大，用于所有被称为心理性性冷淡的男人，他们可以进行性交，但从来没有获得过任何满足，那么有此行为的人要比我们所能想象的多得多。今天文明男性的爱情行为，在总体上带有心理性阳痿的印记，只有极少数有教养的人，才能实现情感与肉欲的完满结合。这里，对女人的尊重成了男人性行为的障碍；他们只有跟被贬低的对象在一起时，性能力才能得到充分发挥。一个男性，只有当他全身心地投入性活动时，才能获得完全的满足，但是，在他受过良好教育的妻子面前，他不敢任意胡为。于是他只得去找被贬低的性对象，这样的女人往往被看成是道德败坏的，跟她在一起不会受到道德谴责，因为她不知道他的社会关系，也不能就他的品德作出评判。只有面对这样的女人，他才会放纵自己，任意而为，尽管他的所有爱情都属于一个更高贵的女人。社会上也往往有这样的情况：上层男子挑选一个下层女子作长期的情妇或娶她为妻，这也是对被贬低的性对象需要的结果，因为只有这样，他才能获得彻底满足。

不应回避的是，心理性阳痿这一文明社会男人爱情十分突出的普遍特征与童年强烈的乱伦附着以及青春期遭遇的挫折有关。可以肯定的是，任何一个在爱情中真正自由和幸福的男子，必定克服了对母亲或姊妹的乱伦想法。

文明对爱情的限制导致了普遍的贬低性对象的存在,这一事实使得我们将注意力由性对象转向本能自身。我相信,就性本能的实质而言,有些因素可能不利于其充分实现。这里有两个主要因素。一个是:由于对象选择是双向的,而且反乱伦机制也在起作用,人们性本能的最终对象已经不是原始的对象,而被其他对象所替代。精神分析表明,由于压抑失去性冲动的原始对象时,会有多种替代者,但没有一种替代可以让人获得充分满足。这或许可以对成人性爱的特点作出解释:他们对性对象的选择是举棋不定的,希望寻求各种刺激。

另一个主要因素:我们知道,性本能有多个原始要素,但有些要素却无法变成后来的本能形式,它们很早就被压制或移作他用。最明显的要算人的嗜粪要素,自从人类开始直立行走,嗅觉器官不再贴近地面后,这一要素就不再符合文明的要求了。但是,这里被改变的只是本能结构的上层部分,而促使性兴奋的基本过程并没有改变。排泄物与性仍然有着十分密切、无法分离的联系,生殖器处于尿和屎之间,这是具有决定意义和无法改变的。人类身体有了发展,而其生殖器却没有变得"美好"起来,它仍然停留在动物的水平上,因此,人类的性爱与动物的没有任何实质性区别。

因此,我们不得不向这样的观点作出让步:要让性本能适应文明的要求几乎是不可能的。文明的发展很难让人类避免抑制、痛苦以及在未来的灭亡。当然,这一让人失望的预测只是以下述情况为依据:在文明的压力下,性本能必然会对文明不满,但它屈从于文明的要求无法得到充分满足时,人类却具有创造高度文明的源泉,这是通过本能因素的更为广泛的升华而实现的。如果对性本能能够获得充分满足,人们就不会将其能量挪作他用;他们绝不会放弃这种满足,人类也就没有任何进步可言。在人类取得更高成就的同时,一种不可避免的危险同样存在：今天,那些较为脆弱的人已经患上神经症,其中一种就是心理性阳痿。

——《爱情心理学》

9. 选择妓女的男人

有一种男人,他选择性对象的第一个条件是,对方必须是被其他男人占有过的,她有丈夫、未婚夫或男友,他决不选择那些无主的女子为对象。有时,当这些无主女子有了主,即跟某个男子有关系后,他反而对她产生爱意。第二个条件是,这些女子名声不好,贞操是有问题的。对于那些能保守童贞、仍是处女的女子,他们反倒没有兴趣了。这一条件或许可以称为"妓女之恋"。尽管他们寻求的是妓女型的女人,却要求其保持对他的忠贞。由于对方做不到这一点,这种关系会发生破裂,他可能再去找另一个类似的女人,于是他所爱的对象会不止一个。最让观察者奇怪的是,这种人总有一种要拯救所爱女人的冲动。他们相信,这个女人如果没有得到他的拯救,就会陷入可悲境况。

在精神分析看来,这种人选择性对象的奇特方式,来自其对于母亲感情的固附。在正常的爱情生活中,在对象选择方面,保留下来的母亲原型因素不是很多,例如年轻男子对成熟女子的偏爱,而且很快就能摆脱对母亲的里比多附着。而这种人的情况就不同了,他们对母亲里比多的附着一直持续到青春期之后,影响其对性对象的选择。

就第一个条件而言,其性对象必须是已经有主的女人,跟他童年时的感受,即父亲和母亲是不可分离的印象有关。他对所爱者评价很高,甚至认为是唯一的和不可替代的,这也可以看成是童年对母亲的体验:他只有一个母亲,任何人都无法替代她。正因为母亲是不可替代的,当他寻求性对象也就是母亲的替代者时,其原始欲望不可能得到完全满足,所以他得不断变换爱的对象。

就第二个条件而言,他所选的对象像妓女,表面看起来不会来自母亲情结。在成人的意识中,母亲总是道德完善的人,怎么也不会在母亲和妓女之间画上等号。实际上我们已经发现,在意识中对立的双方,在无意识中往往是作为一个整体出现的。大约在青春期前后,孩子首次获得关于成人性关系的某些知识,成人的权威性受到影响;在孩子看来,成人的权威跟他们的性活动是不能相容的。一个小孩儿往往会对别的孩子说:"你们的父母也许会做这样的事,我的父母是决不会做的。"

在这种性启蒙中,孩子也了解,有些女人通过与他人性交来维持生活,因此遭到人们唾弃。孩子不太清楚她们为何受此羞辱,一旦意识到自己也可能受其诱惑而过上成人才有的性生活,他对她们既有一种渴望又有一种厌恶。在这以后,当他知道自己的父母也有令人厌恶的性活动时,就会气愤地想,母亲跟妓女没有多大区别,因为她们做的事都一样。在接受这些性启蒙信息时,他童年早期的印象和愿望被唤醒,让某些特定的冲动复活了。他希望母亲成为自己刚刚了解的对象,并因父亲妨碍这一愿望而仇恨他。这时他被俄狄浦斯情结所占据,对母亲只跟父亲而不是跟自己性交充满恨意,将母亲的行为看作不忠。如果这些冲动不能很快消失,他就只有通过幻想来获得一种满足,并伴随有手淫来释放性能量。由此看来,我们说这种妓女之恋是来自母亲情结,就是可以理解的了。在这种人的爱情生活中,带有青春期男孩儿幻想的明显固着。

这种人为什么有一种强烈的拯救性对象的意识?实际上

它也是母亲情结的衍生物。当一个孩子知道自己的生命是谁给予的时候,他对母亲的感情变得强烈起来,并与某种冲动结合在一起,想用具有同等价值的礼物归还给母亲。这样,拯救母亲就变成了还给她一个孩子或给她生个孩子,而这个孩子像自己。母亲给了自己生命,他再还给她一个生命,一个酷似自己的孩子。也就是说,在拯救幻想中,他将自己完全认同于父亲。

——《爱情心理学》

10. 女子为何在初次性交后对丈夫有敌意

我们知道,初次性交后经常出现的情况是,女性感到失望,或者表现冷淡甚至不满。通常要经过很长时间和多次性行为后,女人才会从性交中获得满足。当然,女人的情况也不能一概而论:有的性冷淡是暂时的,很快就消除了,有的则是长期性的,不易改变。我们对于这种性冷淡还缺乏足够认识。

有些女子在第一次性交后,或者在每一次性交时,都明显地表现出对丈夫的敌意:辱骂甚至殴打。我曾分析过一个典型事例。一位女子十分爱她的丈夫,常常主动要求性活动并能获得充分满足,但过后她对丈夫仍然充满敌意。我认为,这种奇怪而矛盾的反应,跟性冷淡一样,是同一种冲动的结果。

精神分析的研究表明,里比多是那么普遍,女子将里比多附着在父亲或接替父亲的兄弟身上。父亲是女人的第一个性爱对象,丈夫只是一位替代者。当然,附着的强度以及替代者是否令人满意,则因人而异。在性生活中女人的心理因素越强烈,里比多对第一次性交的抵抗力就越强大,丈夫对其身体的占有就越发令她难以忍受。性冷淡甚至可能变为固定的神经性压抑,造成其他神经症症状。

原始人的习俗似乎考虑了这种早期性愿望的情况,他们让老人、巫师等作为父亲的替代者来对处女行使破除童贞的职责。在我看来,中世纪颇遭非议的领主的初夜权也是由此而来的。只要父亲的替代者带有神祇的意义,就可以让其担负破除童贞的任务。在印度一些地方,女人的处女膜必须献给木制的男性生殖器像。据奥古斯丁说,这一习俗也存在于罗马的婚礼之中,只不过形式上略有改变,新娘只需在石制的男性生殖之神的巨大阴茎上坐一下就可以了。

从更深层次的意义讲,还有其他动机影响女人对男人的这种矛盾反应以及女人的性冷淡。初次性交造成女人的其他冲动,与女人的角色是相冲突的。

我们对许多女神经症病人作了分析,发现她们在早年都对自己兄弟的男性生殖器表示嫉妒,并因为自己没有它而感到自卑和耻辱。在这一时期,小女孩往往公开表示自己的这种嫉妒,并对自己喜欢的兄弟表示敌意,甚至学着兄弟的样子站着小便,来表明自己跟他们是平等的。与此相联系的是我在前面举的例子:有些女人在性交后总是表现出对丈夫无法控制的攻击性,而丈夫又是她们所爱的。

我们或许可以作出这样的结论:作为文明的结果,女人被破除童贞不仅意味着永远服从于一个男人,还产生了对男人的原始敌意,这种反应可能转变为一种病态形式,使得婚姻的性生活受到抑制。这就是为什么第二次婚姻要比第一次婚姻幸福的原因。使我们感到惊奇的对处女的禁忌即原始人的恐惧,使丈夫避免破除童贞的行为,都可以用这种敌意反应来给予解释。

很有意思的是,精神分析医生见到这样的女人,在她们身上有着顺从与敌视这两种相反的反应,而且能保持两者之间的联系。她们一方面似乎很爱丈夫,另一方面又想摆脱丈夫。然而当她们试图去爱别的男人时,第一个丈夫的形象常常来干扰她。精神分析告诉我们,这些女人实际上仍然顺从于第一个丈夫,只不过已经没有情爱。她们之所以还离不了他们,只是由于还没有彻底报复。

——《爱情心理学》

11. 精神分析在性方面的主要发现

按照通常的观点,人类的性生活主要就是一个人让自己的生殖器与某个异性的生殖器相接触。与此相联系,作为附带现象和前期活动是触摸和亲吻对方身体。这一活动被认为是出现在青春期,而且是以生育为目的。然而我们了解到的事实却与这一观点不一致:首先,有些人只被同性的人以及自己的生殖器所吸引。其次,有些人的性行为完全无视性器官的存在,而是使用身体的其他部分,我们称之为性变态者。最后,有些儿童很早就对自己的生殖器感兴趣,并能达到性兴奋。

精神分析部分地依据上述被人忽视的事实,得出了与通常观点不一样的看法,并引起人们的惊诧和否定。精神分析的主要发现是:

①性生活不是开始于青春期,而是在出生后不久就有了。

②应该在性和生殖器之间作出明确区分。前者是更为广泛的概念,包括许多不涉及生殖器的活动。

③性活动包括从身体某些部位获得快感的功能,这一功能后来才成为生育功能的协助者。这两种功能往往是不一致的。

　　第一个发现是最出人意料的。实际上我们已经发现，在童年早期就有性活动，其身体的反应是十分明显的。人们对此否认，只是囿于传统的偏见。这些反应与成人性生活中的某些现象如痴迷于特定的对象、嫉妒等有着联系。进一步研究发现，童年早期的性活动到五岁达到高峰，然后处于一个休止或潜伏的时期。在此期间，活动停顿了，有许多东西忘记了。到了青春期，性生活重新开始。为什么人类有这样两次高潮？有一种解释是，人类来自一种哺乳动物，本来这种动物在五岁时就达到性成熟，但是一些外部影响打断了该物种性发展的直接进程。人类性生活不同于其他动物的地方如性能量周期性的废除、月经期在两性关系中的作用等等，都与此有联系。重要的是，早期阶段那些事件除了一些残痕，都已经被童年记忆遗忘了。神经症的病因、精神分析的治疗技术都涉及对这一早期阶段的追溯。

　　人出生后，成为性感带并提供性能量需要的第一个器官是口腔。开始的时候，所有的精神活动都是为了满足口腔性感带的需要。当然，口腔的活动首先是为了得到营养、自我保存，但婴儿执著地吮吸，尽管是来源于摄取营养，还有一种获得超出营养的快感满足，因此应该将它看作是性的。

　　在这个口欲期，随着牙齿的生长，施虐冲动已经偶尔发生，在第二阶段会大大增加，我们称之为肛欲期，这时儿童会在攻击和排泄功能中寻求满足。所谓的施虐狂，不过是纯粹的里比多动力和纯粹的破坏动力的结合，这一结合在以后接连不断地持续着。

　　第三阶段就是人们熟知的阴茎欲期。其实这已接近性生活采取的最终形式。值得注意的是，这一阶段起作用的不是两性生殖器，而仅仅是男性生殖器。这时儿童相信古老的肛门生小孩的说法，对女性生殖器一无所知。

随着阴茎欲望的到来及发展，男孩和女孩开始了不同的历史。他们都进行了性探索，以"阴茎是普遍存在的"作为出发点。男孩进入俄狄浦斯阶段，开始玩弄自己的阴茎，同时幻想以阴茎实现某种与母亲有关的活动，后来由于阉割威胁和看到女性缺少阴茎，经历了其生活中最大的创伤。而女孩曾想做跟男孩同样的事情，后来逐渐认识到自己没有阴茎，或者更为确切地说，认识到自己的阴蒂是劣等的，这对她性格的发展有着深远影响。由于在首次竞争中遭遇失败，她开始经常逃避性生活。

如果认为这三个阶段是十分明确地前后相继的，那就理解错了。一个阶段既可以接着另一个阶段出现，还可以互相重叠，或者并列存在。在早期阶段，不同的本能彼此独立地要求获得满足。到了阴茎欲期，其他的性动力从属于占据首位的生殖器，这意味着追求快乐的全部冲动开始协调地转化为性功能。到了青春期，也就是第四阶段的状况是：①某些早期里比多贯注被保留下来；②其他活动作为预先附属的活动被纳入性功能，它们产生的满足被称为前期快乐；③还有一些动力受到压抑，或者以其他方式被自我利用，由此形成性格特质，或者因目标转移而升华。

——《精神分析纲要》

六、精神分析疗法

1. 从精神分析看神经症的起因

　　一个小生命体即使拥有破坏力，相对强大的外部世界仍然显得十分可怜、毫无能力。原始生物的自我没有发育成熟，它只是靠着本能愿望盲目生活，最后走向灭亡。而自我的变化，首先是向自我保存迈出一步。如果一个有过创伤的人继续活下来，他就有这样的体会：一旦对某种境况有似曾相识的印象，就会产生焦虑情绪，以此表征再次遭受创伤的危险可能来临，这一印象是他以前经历创伤时留下来的。对这一危险知觉的反应是试图逃避，以此达到拯救生命的目的。如果一个人的力量还不够强大，无法以一种有效而带有侵犯性的方式应对外部世界的危险，他就只能逃避。

　　即使那些自我组织发育比较成熟的生命体，在最初几年，其自我仍然比较脆弱，几乎还没有从本我中分化出来。我们设想一下：如果这种毫无力量的自我感受到一种来自本我的本能需要，而这一需要本来是自我一直想要抵制的，那么会发生什么情况？一方面，自我想抵制这种本能需要，因为它回忆起创伤性的境况，知道满足这一需要是危险的，可能与外部世界发生冲突。另一方面，它又无法抵制这一需要，因为其能力不够。

在这一情况中,自我会把这一本能产生的危险看作如同外部世界的危险一样,从而克制自己不去呼应这一本能冲动,而是企图逃避,从本我中撤退,让本我自生自灭。

正如我指出的,自我有抑制本我冲动的作用,还可以预防危险。但我们把内部和外部混为一谈。就内部而言,一个人是无法逃避自己的。自我遵循快乐原则,压抑某些本能冲动,必定会因此而遭受损害。其表现就是,自我会永远缩小其起作用的范围。被压抑的本能冲动现在是孤立而自由的,外物无法接近,也不能对它产生影响,它是我行我素。再往后,当自我变得越来越强大时,这一压抑仍然无法消除,它的综合能力遭到破坏,这部分本我仍然是自我的一个禁区。这一孤立的本能冲动也在行动。它知道怎样让自己被否定的正常满足获得补偿:它创造出一个心理衍生物来替代自己。离开自我后,它将自己与其他过程联系在一起,最后它以一种被歪曲的替代物形式进入自我和意识,从而生成我们所说的症状。这样,神经症状的特性就很明确了:一方面,被禁锢在综合体上的自我对各部分本我没有任何影响,为了避免与被压抑的本能发生新的冲突,自我必须放弃一些行动。为了防止神经症这一被压抑的本能的衍生物,自我徒劳地耗费了自己的精力。另一方面,个体本能独立存在于本我之中,而本我不会顾及整体利益,只是按照自己的原始法则行事,追求自身目的。纵观这一过程,我们可以得出产生神经症的简要模式:自我试图压制一部分本我,但方式不适当,这一尝试遭到失败,本我对它进行报复。因此,神经症就是自我和本我之间冲突的结果。

自我会想法解决这一冲突,因为它必须在与外部世界的真实联系中保持自己的适应能力。而本我与外部世界之间是不一致的,由于自我偏向外部世界,就陷入与本我的冲突之中。应该注意的是,冲突并非导致神经症的决定性因素,因为在现实和本我之间,这种不一致是不可避免的,而协调两者的关系本来就是自我一直要做的工作。导致神经症的决定因素是,自我使用缺乏效力的压抑手段来解决这一冲突。这又是因为,当自我接受这一任务时,它还不成熟,没有能力,而决定性的压抑行为通常都发生在儿童初期。

我们精神分析工作者要做的事情是,尽力恢复自我,让它重新控制本我。我们必须找到已经存在的压抑,促使自我去解决冲突,而不是试图逃避。既然这些压抑都是在童年初期形成的,精神分析要做的事情是把病人带回那一时期。过去的冲突大都被遗忘了,我们要竭尽全力让病人回忆起这些冲突。我们通过病人的症状、梦和自由联想来了解这些冲突,但无法直接了解,而必须通过解释,因为在本我的影响下,这些显现出来的冲突都已变了样子。我们可以假设,病人通过内心斗争告诉我们的任何联想、想法和记忆,都与被压抑的东西及其衍生物有关。我们帮助病人打消顾虑说出这些事情,指导他们克服试图逃避的倾向,承认被压抑的东西,从而解决之。如果他们成功地回忆起被压抑的情况,我们就会因其合作而给予鼓励。此时他们消除压抑在年龄上具有的优势:以前作为小孩,其自我因恐惧而逃避,现在对于变得强大的自我来说,这件事只不过是孩童时代的一个游戏罢了。

——《非专业者的精神分析问题》

2．两个与性有关的强迫性神经症

我要谈的这种病称为强迫性神经症。它几乎没有什么身体上的表现,只有心理上的症状。这种病症表现为:病人头脑中充满了他不感兴趣的想法，常常感到有一种奇怪的冲动，被迫做一些毫无乐趣可言的动作，但又缺少不了它们。这些强迫观念自身是没有意义的，或者是索然无味的，有时是十分愚蠢的，但病人没有办法不为它们耗尽精力。病人有些冲动十分幼稚或者没有意义，有的则显得十分可怕，例如想去犯重大罪行。病人对自己产生一种陌生感，极力逃避这些冲动，想方设法阻止它们的实行。病人做的强迫活动实际上都是一些无害而琐碎的事情，大都是日常生活的重演。但像睡觉、洗漱、穿衣服或散步等必要的活动对他们来说，却成为十分艰难而繁重的工作了。

显然这是一种十分古怪的病。人们如果不是亲眼所见，也不会相信它是真的。不要以为通过劝说就可以让病人摆脱这种状态。病人自己也知道这些观念是荒谬的，这些动作是无聊的，也赞同我们关于他强迫性症状的意见，但他无法控制自己不去这样做。强迫性神经症活动受到一种能量的支持，这种能量是我们正常人心理生活中所没有的。病人唯一可以做的是替代和交换，用一种愚蠢的观念来替代另一种愚蠢观念，用一种预防行为来替代另一种预防行为，用一种仪式来替代另一种仪式，但他无法消除这些观念、行为、仪式。病人心理活动中矛盾的东西越来越多，智力方面也出现问题，对平时肯定无疑的东西也不断产生怀疑，病人变得越来越犹疑不决，精力不济，被许多无法解释的东西所左右。而患有强迫性神经症的人刚开始时都是精力旺盛，有较强自我，智力也超过常人水平。他们在道德方面表现良好，言行谨慎，为人处世都很少出错。要搞清楚这种处于矛盾状态的人格，我们还需要做大量的工作。

对于这种病症，精神病学除了给出"强迫行为"这个名称外，没有任何贡献。它坚持认为，有这种症状的人是退化的。这一解释不能让我们满意。实际上这是一种价值判断而不是解释。我们要问，他们真的比其他神经症病人如歇斯底里病人或其他神经错乱者更为退化吗？我们在一些知名人士那里也可以发现这种症状。例如左拉，他确实有很多古怪的强迫性习惯。精神病学除了把这些人称为"退化伟人"外，就再也没有别的了。而我们精神分析却认为，有可能永远除去这些奇怪的强迫症状。我本人就成功地这样做过多次。

这里我可以举两个分析强迫症的例子。第一个例子是一位女士，将近三十岁，患有十分严重的强迫症。她每天多次重复这些奇怪的强迫性动作：从自己的房间跑到附近另一个房间，站在房间中央的餐桌旁，按上门铃叫来女仆，给她安排一些琐事，或者没什么事又让她走，然后又跑回自己的房间。这些强迫症状并不是很严重，却会引起人们的好奇心。我问病人："你为什么这样做？它有什么意义？"她回答说："我不知道。"但有一天我劝说她不必对某种行为心存疑虑，她突然知道了问题的答案，并告诉我与这些强迫行为有关的一些情况。十多年前，她跟一位大她许多的男子结婚，在新婚之夜，他阳痿了。这个晚上，他跑到她的房间多次，一次又一次尝试，但都没有成功。第二天早上，他很生气地说："女仆来铺床时，我在她面前真是太羞愧了！"他随手拿了一瓶红墨水倒在床单上，但倒的位置不对。刚开始我不理解这一回忆与强迫行为有什么关系，唯一的相似之处是从一个房间跑到另一个房间，也许还有女仆进来这一情景。这位病人将我带到第二个房间，给我看桌布上的一个大的斑点。看来她的强迫行为与新婚之夜的情景有着联系。

首先，病人将自己认同于丈夫，在强迫行为中扮演了丈夫的角色，从一个房间跑到另一个房间。其次，用餐桌和桌布替代了床和床单。我们在梦中也常用桌子和床代表结婚，所以床和桌子很容易互相替换。

强迫行动显然以叫来女仆为中心。病人向女仆出示桌布上的红斑点，跟她的丈夫说他在仆人面前会感到羞愧，是互相对应的。这样，病人所扮演的丈夫角色在仆人面前就不会丢脸了，因为现在那个斑点处于适当的位置。因此，我明白她不只是简单重复丈夫当时的情景，而是在继续并且修正这一情景。同时也在修正另一个东西，就是那天夜晚使得红墨水成为必要的东西，也就是丈夫的阳痿。所以她的强迫行为是在说："看，这个红斑点位置是适当的，是货真价实的，他不必在女仆面前感到羞愧，他没有阳痿。"

有关这位女性的所有其他事实，都足以让我们对其强迫行为作出上述解释。她实际上已经跟丈夫分居多年，并且正在办理离婚手续。但在内心深处，她仍然离不开他，仍然要对他忠实，想要抵抗外部世界的诱惑。在想象的世界里，她不但原谅了他，还将其理想化了。她的病的深层原因是，她不愿意让丈夫遭到恶意攻击，她想让两人的分居有一个合理的解释，他能够过上一种适意的单身生活。这样，对这种无害的强迫行为的精神分析让我们直达病的最核心部分，同时又向我们显示了一般强迫性神经症的秘密。

第二个例子：一位十九岁的姑娘，独生女，长得聪明漂亮，从小受到良好教育，智力过人。小的时候，她性情活泼开朗，但这几年来，她成了一个神经症患者。她变得易怒，特别容易对母亲发火。她还经常表现抑郁，多有疑虑。我们注意到，她睡觉形成了一套仪式，让父母极感忧虑。之所以说这套仪式是病态的，是因为它一成不变，而且要花很多时间精力才能坚持下去。表面看起来它有合理的地方，仔细推敲一下就会看到，这些理由都是站不住脚的。这个病人说，她为了顺利入睡，夜间环境需要绝对安静，要排除一切噪音。最后她做了两件事：一是将她房中大闹钟停下了，将其他时钟和手表拿开，甚至连她的小手表都不能放到她床边的桌子上。花盆、花瓶都被集中放到书桌上，为的是不让它们夜间跌落下来影响睡眠。实际上她也知道这些做法没有什么道理：小手表即使放到床边的桌子上，也听不到其滴答声，而且我们都知道，钟表的滴答声并不会打扰睡眠，反而会起到催眠的作用。病人也承认，花盆、花瓶即使留在原来的地方，也不会跌落和打碎，她的担心是没有道理的。她做的另一件事是，要求她的房间和父母房间的门都必须是半开着。而这反倒会增加噪音。她还要求自己床头的大枕头不得跟木床架接触。而小枕头必须放到大枕头之上形成一个特别的菱形，她的头正好可以放到这个菱形之上。在盖鸭绒被时她一定要先抖动抖动鸭毛，让被子的下部变得很厚，然后再把这些羽毛重新压平。

　　关于这一仪式还有一些细节，我未能一一列出。值得注意的是，上述这一切并不能很顺利地完成，她做任何一件事都担心没有做好，怀疑过来，怀疑过去，一两个小时就被浪费了。在此期间她自己不能睡觉，父母也无法休息。

　　对这一病情的解释比较复杂一些。刚开始时，病人往往拒绝我们的暗示和解释。后来通过联想和回忆，她慢慢接受了所有的解释，她的强迫行为有所松动，最后放弃了整个仪式。下面我要叙述的解释，是对几个月时间获得的材料的综合性分析。

　　病人逐渐认识到，在晚上被转移到房间外的钟表是女性生殖器的表现，钟表有规律的活动跟女性的月经周期十分相似。病人特别在意钟表的滴答声，这与性兴奋期间阴蒂的悸动相对应。而她确实多次在睡眠中被这种悸动所惊醒，后来就形成一种强迫行为。这就是她要把钟表都移走的原因。花盆、花瓶也是女性生殖器的象征。她这样小心不让它们在夜间摔破是有意义的。我们知道有一种很流行的习俗：在订婚时要打碎一个花瓶或盘子，每个在场的男子都要拿去一碎片，表示不再将新娘子视为己有。这一习俗在一夫一妻制开始时就有了。与此相联系，病人产生一些回忆和联想。她小的时候跌倒在地，将手中的瓷花瓶摔碎，划破了手指，还流了很多血。长大后她逐渐知道一些性交方面的事情，十分害怕在新婚之夜不流血，不是处女。她怕摔碎花瓶是想摆脱有关贞操和初次性交流血的情结，也就是说，她既怕流血，又怕不流血。所以她的强迫行为实际上与预防噪音毫无关系。

一天，她发现了自己仪式的核心意义，明白了为什么大枕头不能接触床架。她说，大枕头代表女人，而直立的木床架代表一个男子。她想要男人和女人分开，也就是说，想要父母分开，不让他们性交。在以前还没有这种仪式前，她曾尝试用更为直接的方式达到这一目的。她假装害怕，要自己的房间和父母的房间的门夜晚都开着，这一规则一直保持到后来的仪式中。这种做法让她有机会听到父母的动静，并因此失眠几个月。她有时还睡在父母之间。这样大枕头和木床架真的不能连到一起了。后来她长大了，不能再睡到父母之间了。这些做法实际上是想通过一种假装的焦虑，以便母亲让出位置，让自己作为病人可以睡到父亲身边。这当然是一种幻想，只有在她的仪式中才体现出来。

如果大枕头代表女人，那么抖动鸭绒被让羽毛集中在下部而鼓起来，其意义是让女人怀孕。她多年来一直害怕父母性交会再生一个孩子，给她带来一个对手。如果大枕头代表女人，代表母亲，那么小枕头就代表女儿。为什么小枕头放在大枕头上成一菱形，她的头正好搁在其中呢？我们很容易想到，菱形常用来代表女性生殖器。如果是这样，她就是自己扮演男人，她的头代表男性生殖器。

也许你们会问，一个未婚姑娘会有这样可怕的想法吗？我要说的是，我并没有杜撰出这些想法，只是对它们进行解释而已。病人的仪式体现了她的性欲望，既有消极的一面，也有积极的一面，也就是说，既是性欲的表示，又是对它的反抗。病人小时候对于父亲有一种性依恋，也许这就是她常对母亲发火的原因吧。

由以上两个例子，我向你们表明，神经症症状具有某种意义，与病人的经验有着密切联系。与某一经验有关的典型症状也就可以解释为人们共有的经验。神经症中经常出现的其他特征也可能是普遍的，病人因病情变化加重了这些反应，如强迫性神经症中的重复动作和疑虑等。

——《精神分析引论》

3. 精神分析与精神病治疗——以一个性嫉妒妄想者为例

下面举一个对病人进行观察的例子。一位年轻军官在家度假时来找我，要我为他的岳母治病。这位老妇人家庭生活很幸福，但无端地产生一种奇怪想法，让自己和家里人都很苦恼。她五十三岁，身体看来不错，待人温和诚实。她十分坦率地给我讲了下面的故事。她和她先生住在一起，家在乡村，生活得十分幸福，丈夫是一个大企业的经理。她说，她和丈夫的关系十分融洽，你恩我爱，这方面有许多共同语言。他们结婚30年了，从未发生过任何争吵。他们有两个小孩，也都结了婚，生活得也很幸福。丈夫已到退休年龄，却仍在工作。一年前，她收到一封信，是匿名的，写的是她丈夫正与其属下的一个年轻女子相爱。她信以为真，这以后她的幸福生活就被毁坏了。

这一事件更详细的情况是这样的：这位老妇人雇用了一个

女仆,她们关系亲密,几乎无话不谈。这个女仆有一个女同学,其出身跟她差不多,但运气却要好得多。这个女友没有去当女仆,她努力锻炼自己,学习经商,后来进入一个企业。这时正逢战争,男职员都服兵役去了,企业缺乏人手,她被提拔到一个较高的职位,待遇优厚。现在她住在企业里,跟那些男士一样属于上层社会。与之相比,这位女仆感到自己的生活是不成功的,对这位同学十分忌恨,总想给她加上一些罪名。

一天,老妇人同女仆谈起一位来访过的男士。据说这位男士虽然同妻子生活在一起,却同时跟另一个女人同居。老妇人并不知晓这事的原委,却突然说:"如果我亲爱的丈夫也有这样的事,那就太可怕了!"第二天,她就收到邮局寄来的这封匿名信,信中的内容正是她所说的,而信的字迹明显是经过伪装的。老妇人断定这信可能就是她的女仆写的,因为信中所说她丈夫的姘头正是这女仆忌恨的同学。尽管老妇人当时就意识到这信是一个骗局,还是受到很大刺激,并因此而得病:她十分愤慨,立即叫来丈夫,就此事责骂。而她丈夫一边大笑一边否认此事。他找来家庭医生对妻子进行安抚。然后立即解雇了这个女仆,而不是那个被说成是姘头的女人。此后老妇人反复思考这事,不再相信匿名信的内容,但这一态度并不彻底,维持的时间也不长。只要听到有人提起这个年轻女子,或者偶尔在路上遇见她,老妇人就会重新陷入不信任、痛苦和责骂之中。

以上就是这位老妇人的病史。我们不需要太多精神病知识就可以知道,跟其他神经症相比照,她在叙述自己的症状时过于平静了,也就是说,其实她在掩饰自己,此外她从未真正忘记那封匿名信的内容。

而精神病医生对于这种病例会采取什么态度呢?他也许会对此感兴趣。于是他竭力寻找这一症状的基本特征:让这老妇人备受折磨的想法不能说是荒谬的,因为其丈夫也有可能与年轻女子发生性关系；但确有一些荒谬的东西是很难理解的。除了那封匿名信，老妇人没有任何其他证据可表明丈夫对其不忠；她也知道这信是不能作为根据的，其来源她也清楚，因此，她本该告诫自己，嫉妒是没有根据的，她也确实这样告诫过自己，却又将此事当真而陷入深深的痛苦之中。精神病医生认为，这一想法不是根据现实的逻辑论证，而是一种妄想。这位老妇人的痛苦是由一种嫉妒妄想造成的。这就是该病例的特征。

　　如果在跟现实比对后仍然无法消除，这种妄想确实不是来自现实。那么它来自何处呢？妄想有各种各样的内容，为什么我们这个病例特别以嫉妒妄想为其内容呢？哪些人才会产生妄想，特别是嫉妒妄想呢？我们想听一听精神病医生的解释。遗憾的是，他不能给我们任何清楚明白的解释。他只是查找了这位老妇人的家族史。他给我们的回答很可能是："如果一个人的家族史中常常发生类似或其他的妄想症，那么他本人就可能产生妄想。"也就是说，如果这位老妇人有妄想发作，她就一定有引发这一妄想的倾向。这话也许有一定道理，但是，难道这就是我们想要知道的一切吗？难道这就是造成这种疾病的唯一原因吗？难道这位老妇人发生这种妄想而不是另一种妄想，这一事实是无关紧要或不可解释的吗？难道遗传因素只有消极作用，也就是说，无论老妇人一生之中有过什么经历和体验，她最后都不免会出现这种妄想症状吗？我想对你们说："这位精神病医生只不过是一个靠吹牛糊弄人的江湖郎中而已！"他根本不知道应该如何解释这一问题。

　　那么，精神分析对此能够做些什么吗？是的，当然可以。我想说明的是，即使像这样难以理解的病例，我们精神分析工作者也可以有所发现，对该病例有一个基本的了解。首先，我想请你们注意一个难以理解的细节：是老妇人自己招来了那封匿名信,因为头一天她对那个女仆说,如果她丈夫跟一个女子私通,就会给她造成极大痛苦。这样,是她(在有意无意间)让那个女仆产生写匿名信的想法。因此,这一妄想是独立于匿名信而存在的,它早就以害怕的形式或者甚至希望的形式存在于老妇人自身中。下面再看看我们两个小时的精神分析所发现的种种迹象。这位老妇人在治疗中表现得很不配合。她说完自己的病情后,我再进一步问她一些想法和记忆,她却什么都不说,说已经把一切都告诉我了。因此分析工作不得不中断。她却说自己感觉很好,这一病态的想法不会再发生了。她这样说是出于抵抗,害怕进一步的精神分析。但是,通过这两个小时的精神分析,通过她说过的几句话,我们有可能也有必要作出一种解释,可以揭示其嫉妒妄想的根源。

　　问题的症结在于,这位老妇人对那位送她来我这里就诊的女婿产生了恋情。当然,她自己是不知道这一点的。在这种家庭关系中,她的感情很容易被解释为一种无害的长辈的慈爱。根据我们的经验,对于这位五十三岁的好妻子、好母亲来说,这种恋情是怪异的,不可能有的,不可能出现在她的意识中,但它仍然存在,存在于无意识之中,表现为一种强烈的压力。这一压力一经产生,就要寻求解除,而最容易的方法就是通过嫉妒来予以转移。如果不只是她爱上一个年轻男子(女婿),她的丈夫也跟一个年轻女子私通,她就可以为自己的不忠在良心上找到一个开脱的理由。因此,她对丈夫不忠实的幻想是对自己病痛的一种抚慰。她并没有意识到自己对女婿的爱,而妄想可以让这一爱的反射成为其烦恼的意识,因此对这一意识的任何指责都没有效力,因为它们都只是指向这一反射,而不是深藏于无意识的原始欲望。

　　现在让我们把精神分析对这一病例的解释总结一下。第一,这一妄想不再是荒谬的或不可理解的,它具有意义,动机合理,并与病人的情感体验背景相一致。第二,这一妄想是必要的,它是对无意识心理过程的一种反应,这一过程是我们通过其他线索推导出来的。妄想之所以被称为妄想,它之所以对现实和逻辑作出抵抗,就是由于它跟无意识心理过程有这种特殊联系。妄想来自欲望,是一种自我安慰。第三,这种妄想是一种嫉妒妄想,而不是别的,这显然是由致病的经验决定的。我们都记得,头一天她曾对那位女仆说,如果丈夫不忠实,对她来说是最可怕的事情。

　　以上所说当然不能回答我们对于这一病例的所有疑问。有些问题由于特定境况限制无法解决。例如,为什么这位婚姻幸福的老妇人会爱上自己的女婿?即使发生恋爱,借口可以有多种,为什么她采取了向丈夫"栽赃"的方式来解脱自己?不要以为这些问题没有必要提及。我们已经掌握了一些材料,可以对此作出回答。首先,这位老妇人已经到了更年期,这时女人的性需要会出现突然的莫名其妙的增强。这就可以用来解释这一事件。进一步说,近年来她的忠实丈夫在性生活方面已经不能满足其需要了。经验告诉我们,只有这样的男性才会十分忠实,才会特别爱抚妻子,并且体谅她们的烦躁。其次,这位老妇人是以女婿作为自己变态的爱的目标。一个人对于女儿的性爱,往往可能转移到她母亲身上,因为母女之间本来就关系密切。谈到这种关系,我可以提醒你们,岳母和女婿的关系,从古到今都被人类看作是有特殊意义的。在原始人那里,对此有特别的禁忌和避讳。这一关系往往超出文明社会标准的限制。这三个因素有哪些起作用呢?是一个、两个或三个?我确实无法告诉你们,因为我为这位老妇人作的精神分析只有两个小时,实际情况不允许我继续分析下去。

　　我讲了这些,是为了在精神病学和精神分析之间进行比较。我要问一个问题:你们看到两者之间存在的矛盾吗?精神病学不采用精神分析的技术方法,也不讨论妄想的内容,只是研究遗传问题,从病因学理论看,它给我们的病因是很远的,而不是更为特殊、更为切近的病因。但是,这里存在着矛盾和对立吗?难道精神病学和精神分析不能互相补充吗?遗传因素与重要经验互相抵触吗?这两种因素不能合而为一种最有效的方式吗?你们可能同意,精神病学研究与精神分析研究确实没有互相对立的地方。反对精神分析的不是精神病学而是一些精神病医生。精神分析与精神病学的关系有些类似于组织学与解剖学的关系:一个是研究器官的外在形式,一个是研究由组织和细胞形成的结构。我们很难想象这两种研究之间存在着矛盾。它们的关系其实应该是互相联系、共同存在。你们知道,解剖学现在是医学研究的基础,但有一个时期社会上严禁医学通过解剖尸体来研究人体内部结构,这就像现在社会也禁止精神分析去了解心理内部结构一样。我们可以预期,在不久的将来人们会认识到,立足于科学的精神病学,如果没有关于心理活动的无意识过程的知识,那是不可能存在的。

——《精神分析引论》

4. 为什么说精神分析释放的无意识是无害的

由精神分析释放的无意识愿望会成为什么呢?通过怎样的途径我们才能使之不对病人的生活造成伤害呢?我们有这样几条途径可走。

最常用的途径是,精神分析使得这些无意识愿望被一种理性的心理活动所取代,也就是说,用批判性的判断来取代压抑。之所以有可能这样做,是因为我们要抛弃的东西在很大程度上起源于病人自我早期发展阶段的那些影响。个体那时还没有发育成熟，显得软弱，因此只能压抑那些似乎无用的冲动。而现在他已经成熟，显得强大，完全可以征服那些敌对的冲动而对自己没有伤害。

第二个途径是，精神分析所揭示的无意识本能可以用在更好的目的上。实际上，如果病人的发展道路没有中断的话，这样的目的早就确立了。病人由于压抑而牺牲了许多心理能量资源，而这些资源本该对其性格形成和生活行为有着重大作用的。这一途径可以称之为升华。在这一过程中，一个人童年愿望冲动的能量没有被白白消耗，而是被运用于一种目的更高尚的冲动，它也许不再是性欲。性本能的种种冲动特别适合于作这种升华，它们原先的目标可以转化为更为远大、更具社会价值的目标。可以把我们社会最高的文化成就归之于这种升华作用所释放的能量。一个人早期受到的压抑使其本能无法升华，只有消除这一压抑，才能打通升华之路。

精神分析的第三个途径也是不容忽视的。我们让一部分被压抑的里比多冲动获得直接满足。文明的要求使得人类大多数群体的生活都显得十分困难，它可能使得个体越来越脱离现实并导致神经症。对性的过分压抑，并不能让人类的文明取得更多的成就。我们不应自视太高，以至于看不到自己身上的原始动物性。我们也不应该忘了，文明的一个目标就是个人幸福生活的满足。通过升华可以表现出性的某种可变性。这可能引诱我们去进行更为彻底的升华来寻求更高的文明成就。但我们不可能做到这一点，我们只能利用一部分性能量来达到较高目的，这正如我们不可能指望机器能把所有的热量都转化为有用的机械能一样。过犹不及，对性欲加以太多的限制，不但无益，反而有害。

最后，我想给各位一点警告，也许你们会觉得我的话有些夸张。我讲一个古老的故事，来表达我想说的意思，而随你们去想。德国文学中经常提到一个希尔达小镇，镇上的人聪明而有智慧。据说这个镇上有一匹让全镇人引为自豪的骏马，但它有一个缺点：每天要吃掉大量很值钱的燕麦。镇民们决定，每天减少一点食料，让它慢慢改掉自己的毛病，直到最后完全节食。一段时间这一事情进展得十分顺利，到最后这匹马一天只吃一根燕麦，而接下来什么也不给它吃。第二天早晨，希尔达的镇民发现，这马竟然死了，但他们不知道它为什么会死。

当然，我们可以认定，这匹马是饿死的，我们也不能指望，一匹马什么都不吃却还能干活。

——《精神分析五论》

5. 为什么精神分析的暗示不是直接的

你们曾问我，我们为什么不在精神分析治疗中使用直接暗示？你们还有一个疑问：既然我已经承认暗示的重要作用，怎样才能保证精神分析发现的客观性呢？现在我来回答这一问题。

所谓直接暗示，是指针对显现症状的暗示。这是医生的权威和病人的动机之间的斗争，而医生并不关心这些动机，只是要求病人消除其症状的显现。这里是否让病人处于催眠状态下，都没有什么根本的不同。

我曾是伯恩海姆的一个学生。1889年，我去南锡见他，并将他关于暗示的一本书翻译成德文。多年来我一直使用催眠法治疗，因此有资格谈论催眠或暗示治疗的效果。按照古人所说，一个理想的治疗方法，应该效果迅速、稳定可靠、病人不感到讨厌。伯恩海姆的方法符合其中两个要求：它起效迅速，至少比精神分析治疗要快；它不会让病人产生困扰，不会让其不快。但这一治疗过程十分单调，无论对什么病人都使用同一种方式，其目的在于阻止症状出现，并不能了解症状的意义。可以说，这一方法具有一种机械性，不是真正的科学活动，有点像江湖郎中的做法。这一治疗方法不符合第三种要求：它很不可靠。有些病人能使用这一方法，而另一些病人则不能；对有些病人很有效果，对另一些人则无效；而且人们并不知道为什么会这样。更糟糕的是，这一治疗效果难以持久。过一段时间，病人的病症会复发，或者产生新的症状。尽管可以再次对他催眠，但有经验的人会告诫他，不要因多次被催眠而丧失自身独立性，因为过多的催眠就像服用麻醉剂一样，也是会上瘾的。当然有时采用这一方法后，不仅效果迅速，而且疗效也很持久，但获得这一良好效果的条件仍然不清楚。一次，通过短暂的催眠治疗，我完全治好了一位女病人，但她突然毫无理由地对我充满敌意，并且旧病复发。后来我再次治好了她，但她再次对我表示怨恨。另一次，也是一位女病人，我通过催眠多次使她消除神经症症状，但后来我为她治疗时，她突然用双臂紧紧抱住我的脖子。出现这样的情况，人们不得不进一步探求暗示治疗中医生权威性的本质和起源问题。

这些经验表明，我们应该考虑用其他方法来替代直接暗示。催眠治疗活动对于医生和病人的要求都不很高，而且符合大多数医生有关神经症的观点。医生对神经症病人说："你没有什么病，这只是一个神经问题。我可以用几句话在两三分钟内消除你的困扰。"但是，不费工夫，也不采用适当的方法，就能治好一个严重的病人，这不符合我们关于能量守恒的规律。经验表明，暗示方法不可能成功地治好神经症。当然，这一说法也不能绝对化，偶然获得成功也是可能的。

　　根据从精神分析中获得的知识,我们可以将催眠的暗示与精神分析的暗示之间的区别描述如下:催眠治疗是要掩饰心理活动中的某些东西,而精神分析治疗是要揭示和消除这些东西。催眠治疗像是在给人化妆,而精神分析治疗像是在给人动手术。催眠治疗使用暗示来阻止症状出现,增加了压抑量,对于症状的形成没有任何改变;而精神分析治疗在引发症状的冲突中寻求病源,并通过暗示来改变这些冲突的结果。催眠治疗使病人处于不活动的状态,因此在遭遇新的致病因素时,就无法抵御;精神分析治疗则要求医生和病人共同努力来消除病人内心的抵抗,由此使病人的心理活动有了持久改变和不断发展,并具备了防止病情复发的能力。对抵抗的消除是精神分析的基本功能,病人必须做到这一点,医生通过一种有教育意义的暗示,可以帮助病人做到这一点。因此,我们也可以把精神分析治疗称为一种后期教育。

　　我希望已经讲清楚了精神分析治疗中的暗示与催眠治疗中的暗示在哪些方面存在着区别。精神分析将暗示作为一种辅助治疗,而催眠治疗只是依靠暗示的作用。因此,催眠治疗就不太可靠,而精神分析治疗的效果则较为持久。催眠的作用要依赖于病人的移情状况,但我们却无法影响这种移情作用本身。受催眠的病人,其移情作用可能是消极的,通常是模棱两可的,还可能以特殊手段来防止移情的发生,对此我们几乎是一无所知。在精神分析治疗中,我们让病人的移情作用自由发展,使其成为治疗的辅助。这样,一方面我们可以从暗示中获得帮助,另一方面我们又能控制它,不让病人对自己进行暗示,我们来引导暗示,使其有接受暗示的可能性。

——《精神分析引论》

6. 精神分析冒犯世界的两大命题

精神分析有两个假设冒犯了整个社会，使它成为不受欢迎的学说。一个是冒犯了人们传统的理性观念。一个是冒犯了人们关于美德的观念。我们不要轻视这些观念，它们是人类发展的积淀物，很有影响，很起作用。它们是通过情绪的力量而存在，要跟它们斗争是十分困难的。

精神分析提出的第一个让人们不高兴的观点是，心理过程是无意识的，心理活动中只有很少部分是有意识的。而我们通常以为，精神的东西都是有意识的，意识是心理的特征，而心理学就是研究意识内容的。这一看法被当成是毋庸质疑的，任何反对的观点都被看成是胡说八道。但我们的精神分析学说是反对这一看法的。精神分析不承认心理就是意识的说法，认为心理是情感、思维和愿望等等的过程，而思维可能是无意识的思维，愿望也可能是本人没有弄明白的。我们的主张一开始就遭到那些科学工作者的反对，他们认为我们的想法十分荒谬，类似巫术。女士们、先生们，你们当然很难理解我把"心理即意识"看作是一种偏见。你们也无法估计，是什么原因导致对无意识的否定，以及这一否定的意义。这样，在你们看来，心理活动跟意识是否在同一个范围，这一争论好像是一场无用的咬文嚼字之争。但是，我可以保证，假设存在着无意识的心理过程，这对人类和科学在一个新的起点上发展，是至关重要的。

你们还没有了解精神分析的第一个假设和第二个假设之间的密切关系。这第二个假设也是精神分析的创造性成果。它的意思是，性本能冲动（包括广义和狭义）是神经症和精神病的重要原因。进一步说,这一本能冲动为人类文明、艺术和社会的高度发展作出了十分巨大的贡献。

在我看来,精神分析遇到的抵抗,其最重要的根源就是人们对它研究成果的反感。我认为,文明是人们迫于生活压力以牺牲本能的满足为代价而创造的;文明在很大程度上是重复进行创造,因为每一个新进入社会的个体都要为公共利益而牺牲其本能的满足。在社会所利用的本能力量中,性冲动的作用十分重要,在这一过程中它得到升华,也就是说,它放弃了性目标,转向其他更为高尚的社会目标。但这一做法并不稳定,实际上性冲动是很难控制的,参与升华过程的人往往有遭受性本能反抗的危险。而社会相信,这种性本能一旦被释放,回复到其原始目标,文明就会遭受极大的威胁。因此,社会自身不愿意知道其基础有这一不稳定的成分,不愿意识别性本能力量,不愿意认识性生活对个体的重要性,对于性问题完全避而不提。这就是社会不能容忍精神分析的研究结果,反而将它看作丑恶、不道德或危险的原因。但这一反对并不真正具有效力,因为精神分析的结论是科学研究的客观结果。人们生来就会将不合自己意思的事实说成是虚假的,找出种种理由来反对它。于是,社会把自己所不接受的东西说成是不真实的,用所谓的逻辑和事实来否定精神分析成果的真实性,但其论据是来自它自身的情绪,只是一些偏见。

——《精神分析引论》

7. 抵抗

在治疗中,应该首先提供给病人的,是我们理性的工作并鼓励他们合作。这将为下面更为艰难的工作打下坚实基础。在这一过程中，为了治疗，我们会从多种渠道收集资料：病人传递过来的信息和自由联想，病人移情时表现出的内容，对病人梦的解析，以及病人失语、动作错乱展现的东西等。所有这些资料都有助于我们解释被病人遗忘或不理解的事情，而这些事情是他们所经历过的。但是，在处理这些资料时，必须作出严格区分：哪些是我们应该了解的，哪些是病人应该了解的。我们最初发现的东西不应该立即告诉病人，也不应该把我们的全部发现都告诉病人。我们应该经过十分周详的思考，在适当的时机，把我们的发现向病人透露，而这一时机往往很难确定。情况往往是，当我们要把有关的解释告诉病人时，他自己也几乎可以得出来了，只有一步之差。但这一步之差就是关键之所在。如果在病人还没有思想准备时，就把我们的解释全都告诉他们，那不仅不起作用，还会导致爆发式的抵抗，而抵抗会让我们下一步的工作更加难做，甚至会完全停止下来。而如果时机成熟，病人就会进一步证实我们的解释，主动回忆他遗忘的各种事情。我们的解释在细节上越是符合病人遗忘的事情，他就越容易接受它。这样，就这一个事情来说，我们的了解也就同时成了病人的了解。

　　说到抵抗，我们就进入精神分析工作最重要的部分。我们已经知道，自我通过反对贯注，来防止自己遭受无意识和受压抑的本我中有害成分的损伤。如果自我要正常起作用，就要保证自己不受损伤。自我越是感到遭受损伤，就越是要反对贯注，以免自己其余部分遭受进一步损伤。但自我这一防御性的目的根本不符合我们精神分析治疗的要求。我们所希望的是，在医生的帮助下，病人的自我变得勇敢起来，敢于采取攻势，来重新夺回失去的东西。这时我们开始注意抵抗精神分析工作的反对贯注的力量。由于害怕危险和感到不快乐，病人的自我想要退出与精神分析医生的合作。但是，只要他不完全拒绝我们，就会不断地受到鼓励和安慰。这一抵抗会持续于整个治疗过程，并随着精神分析工作的进展而更新自己的形式，将它仅仅理解为压抑引起的抵抗是不正确的。我们会发现，它并非我们面对的唯一抵抗。很有意思的是，在精神分析的过程中，交战双方同我们的关系在一定程度上颠倒过来了：自我变得反对我们的鼓励，而通常作为我们对手的无意识却变成我们的助手，这是因为，它的本性是踊跃向上的，强烈希望冲破防线进入自我，最终进入意识。如果我们能够引导病人的自我克服抵抗，交战双方的斗争就会按照我们希望的方向进行，最终达到治疗的目的。其实在自我与本我的斗争中，无论谁取胜都不重要，重要的是那种长久的危险是否已经消除，自我的范围是否已经扩大，心理能量是否可以不再浪费了。

克服抵抗很费时间，十分麻烦，但又是最值得去做的。这一工作有利于自我的转变，使其能够独立承担移情的后果并适应生活。与此同时，我们应该努力避免让自我遭受无意识的改变。一旦在自我中检查出无意识派生物，我们就要追根溯源，促使自我拒绝其影响。特别应该记住的是，无意识因素对自我的改变不能超出一定限度，这是我们帮助病人抵御无意识侵害的一个先决条件。

随着精神分析工作的深入，神经症病人心理中有两个新的抵抗根源越来越引起我们的注意。病人对它们一无所知，刚开始治疗时我们也没有考虑过它们。它们并非来自病人的自我。我们给它们合起来一个名称是"生病或受苦的需要"。第一个抵抗根源是有罪感或有罪意识，但病人并没有感到或知觉这一点。显然，这里超我的抵抗部分变得特别强烈和残忍，病人不得不保持病态，病情无法好转。这一抵抗并不妨碍我们的精神分析过程，同时又使得我们的分析不起作用。这是因为，当我们消除了某一症状时，另一个症状就取而代之，或者代之以某种肉体疾病。这一有罪感也解释了某些严重的神经症病人所谓的治愈或好转：病人本该有痛苦的，而这种病人似乎并没有什么痛苦，他们听天由命，毫无怨言。实际上，经过仔细观察，我们仍然可以看出他们在不经意间流露的痛苦。为了防止这种抵抗，我们应该让病人意识到这一点并逐渐消除超我的敌意。

第二个抵抗根源的存在很难发现，也很难对付。从一些反应来看，有些神经症病人的自我保存本能已经走向反面，变成自我伤害和自我破坏。这种病人最后可能走上自杀之路。他们身上有一种很强的毁坏结合的要求，最后使得指向内部的破坏本能巨大能量得以释放。这种病人不能忍受我们的治疗，尽力抵抗。我们必须承认，目前对这一类病例，精神分析还不能作出很有成效的解释。

让我们再次审视一下帮助病人的自我以治疗神经症的情况。这一自我已不能完成外部世界包括社会提出的任务，不能掌控自己的全部经验，失去了大部分记忆。自我的活动被超我的禁令所限制，其能量消耗在逃避本我的要求上，因此没有效力。此外，自我因本我的不断闯入而受到损害，无法进行任何适当的综合，被互相对立的冲动、不能解决的冲突以及各种疑虑造成分裂。从这一状况出发，我们让病人的自我参加精神分析的智力工作，使其能填补空白，将其内心超我的权力转交给我们。我们鼓励病人的自我与本我的每一个要求作斗争，并战胜与之相关的抵抗。为了恢复病人自我的秩序，我们同时考察意识中来自无意识的种种冲动，并追根溯源，予以批判。我们扮演教士、教师和父母的角色，行使他们的权威，以不同的职能为病人服务。作为一个精神分析工作者，如果我们可以让病人的自我提升到正常水平，将无意识和压抑的内容转变为前意识的材料,并重归自我所有,那就算为病人尽了最大努力。在病人身上也有一些有利于治疗的理性因素,如因痛苦而有恢复健康的需要,其智力水平和兴趣可因精神分析治疗而获得提高等等。更为强大的力量是病人积极的移情作用。而另一方面,消极的移情作用则是反对我们的工作的,这就是自我因压抑而引起的抵抗,与超我相关而造成的有罪感,以及由于本能组织的根本变化产生的害病需要。病人病情的轻重程度与这些因素有关。此外,还有一些影响到精神分析治疗效果的因素:如人的精神惰性、固执性里比多的滞留,这些对治疗都是不利的。而让本能升华的力量对治疗有一定帮助,人的智力活动水平对治疗也很重要。

我们这里讨论的是心理治疗方法,应该说,暂时还没有别的方法。也许在将来可以使用特殊的化学物质来直接影响心理能量,从而改变心理结构布局,也许还有一些我们现在无法想象的治疗方法。但是,迄今为止,我们还没有发现比精神分析更好的技术和方法。因此,尽管精神分析也有其局限性,它的作用仍然是不可轻视的。

——《精神分析纲要》

8. 精神分析对神经症的主要发现——移情

在运用精神分析治疗歇斯底里症和强迫性神经症时,我们发现一个出人意料的事实。病人本该只注意自身的精神冲突的解决,现在却对医生本人发生某种特别的兴趣。在他看来,与医生有关的一切似乎都比他自己的事情重要,此后他不再注意自己的疾病。他跟医生的关系十分融洽,他也很顺从医生的意思,尽可能地表现出自己的感激,并显示出种种美德。而医生也对病人产生好感,以自己能为这样好的病人服务而感到高兴。如果与病人家属谈话,就会听到他们反映的病人赞美自己的话:"他对你非常热情,非常崇拜你;你说的一切对他来说都像圣旨一样。"也有人从反面说:"除了你以外他什么都不说,一直把你挂在嘴边,太让人讨厌了!"

医生将病人对自己的尊重归结为,他们希望自己能尽早恢复健康,而治疗的结果让他感到惊讶和高兴。在这种情况下精神分析也确实取得发展。病人能很好地理解医生的暗示,将注意力集中于治疗活动,不断提供记忆和联想材料。病人对于这些材料的正确解释让医生感到惊讶,因为甚至正常人也无法理解它们。医生为此而十分高兴。治疗期间这种良好的医患关系使得病人的情况不断好转。

然而好景不长。治疗开始出现困难,病人再也无法回忆起什么。给人的印象是,他对治疗不再感兴趣,医生要他说出随时想到的东西,他也不再听从。看来他好像成了与治疗不相干的人,与医生的关系不再融洽。显然他头脑中另有一些东西是不愿意告诉人的。这种情况对于治疗很有害处。治疗中一定是遇上了另一种强大抵抗。我们怎样解释这一现象呢?

我们发现,发生干扰的原因在于,病人将一种强烈的感情转移到医生身上,这种感情并非医生的行为和治疗情况所能解释的,其表现也因人而异。如果医患双方一个是年轻男子,一个是年轻女子,给人的印象是两人相爱了。这种情况也是可以理解的:一个女子经常跟一个男子见面,常常谈到内心隐秘的事情,这个男子又处于支配地位,她对他有爱慕之情也很自然。然而值得注意的是,一位患神经症的女子,在爱的能力方面是有问题的。如果一个女子在婚姻方面遭遇不幸,被医生所深深吸引,而医生自己也没有其他爱情,她或者离婚后同他结合,或者私下跟他相爱,这仍然是可以理解的。但我们听到的是另外一种情况:据那些已婚和未婚女子自述,她们认为,除了爱情,没有别的东西可以治愈自己。从一开始进行治疗,她们就期望从医患关系中获得在现实生活中无法得到的安慰。然而正是这一愿望给治疗带来极大困难。

刚开始我们将这一现象看成是偶然的。但后来这样的情况在精神分析治疗中经常出现,甚至在老年男医生和老年女人之间也会发生这样的事情,而医生对病人没有任何情感的诱惑,这样,就再不能将其看成是偶然的了,或许这一现象跟疾病本身有着密切关系。

我们将这一现象称之为移情。这是病人移情于医生。这些情感先在病人内心形成,然后借治疗之机转移到医生身上。男性病人的移情作用跟女病人较为相似,同样存在着对医生的依恋,同样过高估计医生的品德,同样顺从医生的意思,同样嫉妒现实生活中跟医生亲近的每一个人。男性病人的移情有时还表现为一种相反的情感,对医生充满敌意,我们称之为负移情。

应该指出的是,在刚开始治疗时病人内心就有移情在起作用,并对治疗有一定的积极作用。只要它有利于精神分析治疗,没有其他不良反应,就可以不去管它。如果它变成病人对于治疗的一种抵抗,我们就应该关注它。移情可以表现为两种不同甚至相反的心理:一是显示为一种性需要,因此会引起病人内心对自己的反抗;二是用敌意替代情爱冲动。一般来说,第二种心理即敌意发生得较晚,并且往往以情爱作为掩饰。如果两者同时发生,就成了一种情感冲突,而在人们所有最为亲密的关系中都有这种情感冲突。其实敌意跟情爱一样,也是对人依恋的表现,这正如反抗和服从都以他人的存在为前提一样。因此我们确实可以将病人对医生的敌意称为移情。

由于移情作用的影响，病人才对我们有所要求，我们当然应该满足病人的某些要求，而不应该粗暴地拒绝他们。要消除这种移情作用，我们应该告诉病人，他的这种情感不是来自当前的境况，也跟医生本人没有关系，而是对以前发生在他身上的东西的重演。我们促使他将这种重演转化为记忆，这样就可以把情爱的或敌意的移情转化为治疗的有力手段，来揭示病人隐秘的心理活动。

应该指出的是，在精神分析治疗中，病人的病情并未消除，它像一个有机体一样继续发展着。刚开始治疗时，我们还不能阻止这个发展，但整个病情的变化都转向病人和医生的关系方面。这样，我们可以把移情作用比作一棵树的新生层，在木材层和皮层之间，只有通过它才能形成新组织，让树变粗。当移情作用发展到这一程度时，病人的回忆工作就不再具有首要作用。在这以后，我们要关心的不再是病人以前的疾病，而是随着治疗产生的新神经症。我们观察其起源和生长，从而找到治疗的办法。之所以有可能做到这一点，是因为作为移情对象，我们处于它的核心地位。现在病人所有的症状都离开了原初的意义，产生了新的意义，这种意义存在于移情之中；也就是说，原初的症状要继续下去，就必须依附在这一新的形式之下。如果我们掌握了这种人为的新神经症，也就等于消除了原有的疾病，完成了精神分析治疗任务。如果病人能够同医生保持正常关系，消除被压抑本能冲动的影响，那么，在脱离医生之后，他仍然能够保持自己这种正常生活。

对于歇斯底里症、焦虑性歇斯底里症以及强迫性神经症等来说，移情作用处于治疗的核心地位，具有重要意义。因此，我可以将这些神经症统统称为移情性神经症。可以说，我们只是在研究了移情作用之后，才搞清楚了所谓症状的意义：它不是别的，只不过是里比多的替代性满足。

——《精神分引论》

9. 对梦的解释是精神分析最坚实的基础

实际上对梦的解释是了解无意识的最好通道。这也是精神分析最坚实的基础。在这一学科中的每个人都应该相信这一点，并且接受相关训练。如果有人问，怎样才能成为一个精神分析学者，我会回答："去研究自己的梦！"而反对精神分析的人要么对《梦的解析》不闻不问，要么就采取一种轻率的拒绝态度。而实际情况是，如果我们能够掌握解释梦的方法，就有可能解决精神分析提出的种种新问题。

应该记住的是，我们夜间做的梦有两重性：一方面跟精神错乱时的幻想有着相似性，另一方面跟我们清醒时的正常情景相一致。当我们清醒时，往往会忽视自己的梦，就像病人轻视精神分析医生要求他们作的联想一样。我们通常很快、很彻底地忘记了自己的梦，也就错过了理解它们的机会。我们之所以忽视它们，是因为在我们看来，这些梦十分混乱、毫无意义，或者稀奇古怪，或者不合情理、荒谬绝伦。梦中往往会出现的一些毫无羞耻和不道德的场景，这也是我们不愿意想到它们的原因。

实际上并不是所有的梦都跟做梦者没有关系、无法理解或者十分荒谬的。如果能够考察一下从一岁半开始的幼儿梦，就会发现，这些梦其实十分简单，很容易理解。小孩总是在梦中实现了头一天没有得到满足的欲望。要证实这一点并不需要任何技巧，只要调查一下孩子在做梦头一天的经历。成人的梦跟孩子一样，也是为了满足欲望的实现。

　　对我们最严厉的批评是：成人的梦的内容往往不可理解，因此不能被看作是欲望的实现。我们的回答是：这个梦的内容已经被歪曲了，梦后面隐藏的心理过程用语言表达时已经跟原来大不相同。我们必须区分梦显露的内容和其隐含的内容：前者是我们早晨醒来模模糊糊回忆出来并费劲用语言表达出来的内容，后者是存在于无意识中的内容。梦被歪曲的过程跟歇斯底里症状形成的过程是一样的，有着同样的心理力量互相作用。梦被显露的内容是无意识中欲望被歪曲的替代物，这种歪曲是自我防御或抵抗的力量所至。在人清醒的状态，这些抵抗阻止无意识中被压抑的欲望进入意识中；在轻度睡眠中，这种抵抗虽然有所削弱，但还是可以迫使这些欲望作出伪装。因此，做梦者无法理解梦的意义，这正如歇斯底里病人不能理解症状的联系及其意义一样。

　　如果采用精神分析方法对梦进行分析，就会看到，确实存在着隐藏的梦，它与梦的显露内容确实有着联系。只要根据精神分析原则进行自由联想，把进入头脑中的每一个想法联结起来，就有可能获得隐藏的梦的内容，这就正像从病人对症状和过去经历的联想中找到他隐藏的情结一样。这种隐藏的梦一旦发现，就可以让我们看到，将成人的梦追溯到儿童的梦是完全合理的。这时梦的真实含义已经替代了它显露的内容，而且十分清楚。梦的出发点是头一天的经历，它是未被满足的欲望的实现。而人在醒来时，根据记忆了解的是显露的梦，它是被压抑的欲望伪装后的满足。

　　我们还可以用一种综合方法来了解无意识中梦的思想被歪曲成显露内容的过程。我们称之为梦的运作。它特别值得我们在理论上予以关注，因为我们由此可以探究出在意识和无意识这两个分离的系统之间有着怎样的活动，而这在其他过程中是无法探究的。这些活动中，凝缩和移置是最重要的。梦的运作是意识和无意识互相作用的结果,也就是精神分裂的结果,其本质就是歪曲;这一过程把被压抑的情结转变为症状,症状是压抑失败的表现。

在对梦的分析中,我们还会惊奇地发现,早年童年印象和经历在人的发展中起着出人意料的巨大作用。童年经历仍然存在于成人的梦中。它们还保持着原先的特点和冲动,尽管表面看起来在以后的生活中不再起作用,实际上,在发展、压抑、升华和逆反的过程中,都有着它们的存在。就这样,一个儿童长大成人,成了历经苦难的文明承担者,或者说是文明的牺牲者。

值得注意的是,在梦中,特别是在表现与性有关的情结时,无意识利用一种特殊的象征。这种象征因人而异,同时也有其共通性。这一象征跟作为神话和童话基础的象征是相同的。由此看来,借助于梦的分析,我们还可以对这种民间流传的精神创造物作出合理解释。

有一种反对的观点认为,既然存在着焦虑的梦,就不能说梦都是欲望的满足。我们的反驳是,对于焦虑的梦,首先要解释它。焦虑是自我在否认被压抑的强大欲望时的一种反应;如果梦的形成是由于过分关注被压抑欲望的满足,梦中就会产生焦虑,这是很容易理解的。

对梦的研究可以为我们提供许多的信息,而从其他途径则很难获得。由此可知梦的价值之所在。我们可以将梦的研究与对神经症的精神分析治疗联系起来。如果病人的抵抗不会给梦的解析带来很大困难的话,这一解析工作就可以让我们获得病人被隐藏、被压抑的欲望以及由这些欲望形成的情结。

——《精神分析五论》

七、生与死——人的本能

1. 什么是本能

可以说,本能是对心理的一种刺激。但我们不能将本能等同于心理刺激。显然,除了本能刺激以外,还有其他刺激作用于心理,它们更像是生理刺激。例如,当强光作用于眼睛时,就不是本能刺激。

在区别作用于心理的本能刺激与其他刺激(生理的)方面,我们已经掌握了一些必要的材料。首先,本能刺激不是来自外部,而是源于有机体内部。因此,本能刺激对心理的作用是不同的,要移除这些刺激采取的方式也不同。其次,如果假定本能刺激具有一次性,也就是说,仅仅靠某种单一的行为就可以解决它,这将导致对本能刺激的曲解。一种本能不会只产生一种暂时性的力量,它产生的力量总是稳定的。最后,既然本能总是产生于有机体内部,要想逃避它是不可能的。准确描述本能刺激的术语是"需要",要消除需要就要满足它,而所谓"满足",只有通过对内在刺激的适当改变才有可能实现。

现在让我们将自己想象为几乎完全无助的一个生物体,在这世界上没有目的地生活着,其神经物质却在接受刺激。这个生物体很快就能够首次作出区分,并选择有关方向。一方面,它意识到来自外部世界的刺激,选择了身体行动(逃避);另一方面,它还意识到另一种刺激,逃避行动是没有用处的,这一刺激是某种持续恒定的压力所施加的。这些刺激是内部世界的信号,表明本能需要的存在。于是这个生物体就从身体行为的效用上,对知觉的物质作了外在和内在的区分。

这样,我们首先认识了本能的主要特征,即它们是源于有机体内部刺激并表现为一种恒定的力量。在此基础上,我们又研究了本能的另外一些特征,如无法用逃避来对付它们。我们对本能的假设具有生物学性质,并使用了"目的"这一概念。这意味着神经系统是具有这一功能的器官,它可以消除刺激,或将刺激降低到最低水平;如果可能,它会让自己保持在不受刺激的状态中。神经系统的任务就是控制刺激。这样,我们就会发现,本能这一概念的引入,使得生理反射的简单模式变得复杂起来。对外部刺激,神经系统只需避开就行,这是借助肌肉运动就可以实现的。这样的运动已经成为人类的一种遗传素质。而源于有机体内部的本能刺激却不能用这样的机制对待,它们对神经系统提出更高的要求,使其不得不采取一些联合行动,借此使外部世界发生变化,从而满足内在刺激的要求。

我们发现,心理器官的活动即使发展到最高水平,也服从快乐原则,从愉快到不愉快,受情感的自动调节,由此我们可以作进一步假定,这些情感反映了控制刺激过程的方式,也就是说,不愉快的情感与刺激的增加相联系,愉快的情感与刺激的减少相联系。不过在这样做的时候,我们不要简单化处理。

如果我们现在从生物学的观点看待心理生活,就会将本能当作处于心理和肉体之间的概念;当作刺激的心理表征,这些刺激源于有机体内部并触及心理;当作心理活动的需要量,这是身心互相联结的结果。

现在我们可以讨论与本能概念相关的一些术语,如本能的压力、目的、对象和根源等等。

我们将本能的压力理解为本能的动力因素，它是一种需要量。使用压力是所有本能的共同特征，实际上压力是本能的实质。

在任何情况下，本能的目的都是为了满足，而要获得满足，在本能的条件下就是要将刺激状态移掉。尽管所有本能的终极目的是不会变的，达到目的的通道却可以是多种多样的。因此，我们可能发现，本能具有多种相近的目的，它们互相结合交织在一起。经验告诉我们，本能的目的会受到抑制，当它获得满足后，就被抑制或转移。我们可以假定，在这样的过程中，本能也获得了部分满足。

本能的对象是指本能为实现其目的所借助的事物，这些事物具有很大的可变性，与本能没有根本的联系，只是在让本能获得满足时才发生联系。本能的对象不一定是新的，它也可能是主体自身的一部分。在本能存在的整个过程中，其对象可能发生多次变化。

本能的根源是指身体的一个过程，产生于某一器官或身体的某一部分，其刺激以心理生活的本能表征出来。我们不知道这一过程是否一定具有化学性质，或者会对其他本能的释放作出机械力的反应。关于本能根源的研究显然已经超出心理学的范围，尽管本能是由身体原因决定的，在心理生活中我们只有通过本能的目的才能了解其根源。在心理学的研究中，关于本能根源的确切知识并非是必不可少的。

——《本能及其变化》

2. 为什么说死的本能是存在的

　　我们假定有两种性质不同的本能，一种是广义的性本能，如果愿意的话，也可以称之为爱欲本能；另一种是攻击性本能，它的目的是破坏。这一观点把日常生活中爱和恨的对立上升到理论高度，物理学所假定的无机世界中吸引和排斥的对立与此有些符合。有件事很值得注意：许多人认为我们这一假定是一种新观点，而且是一种应该尽快抛弃的不受欢迎的新观点。在我看来，在这种否定中，有一种强烈的情感因素在起作用。我们为什么要花这么长的时间才决定接受攻击性本能的说法？在利用那些十分明显、广为人知的事实来证明自己的理论时，我们为什么表现得如此犹豫不决呢？如果我们是把这一攻击性本能归之于动物，也许就不会遇到什么反对意见了。而说人类也有这种本能，就显得对他们太不尊重。这一观点也违背了许多宗教教条和社会习俗，在它们看来，从本质上讲，人类是天性善良的，即使偶尔表现出野蛮和残暴，也是极其短暂的情感生活失调，因为这些不好的东西是被诱使出现的，或者其生活的社会制度的不良产物。

　　遗憾的是，历史的教训和我们自己的亲身经历都没有证明这一点，反而表明：对人性善的信仰是一种有害的错误观念。人们希望凭借这一观念让自己生活得更加美好一些，实际上在现实生活中，它只会带来灾难。对此我们不必继续争论下去，因为我们赞同人类具有特殊的攻击和破坏本能，这并不是根据历史教训或我们的生活经验，而是根据我们对施虐狂和受虐狂现象考察而产生的一般思考。我们的观点是，在施虐狂和受虐狂中,我们得到一个说明爱欲本能和攻击性本能混合在一起的极好的事例。这两种本能的关系具有原初性,我们能够考察到的每一个本能冲动,都是由这两种本能融合而成的。当然这种融合的比例变化是很大的。这样,爱欲本能把各种各样的性目的引入融合体中,而攻击本能则让这些倾向趋于缓和或发生变化。这一假设为我们的研究开辟了广阔前景,对我们理解病理学过程具有十分重要的意义。

如果我们暂且不考虑性爱因素,受虐狂就会向我们表明一种以自我毁灭为目的的倾向存在。受虐狂比施虐狂更早产生,施虐狂是指向外部的破坏本能,所以它具有攻击性特征。而一定数量的原始破坏本能仍然可能存在于内部。值得我们注意的是,攻击本能往往不能在外部世界得到满足,因为它遇到了真实的障碍。如果发生这种情况,它就可能退回,而增加内部占有稳定地位的自我破坏性。我们知道,实际上发生的正是这种情况。这是一个非常重要的过程。受到阻碍的攻击性具有严重的伤害性。为了不毁灭自己,为了消除自我毁灭的冲动,我们就得去破坏其他物体或人。对道德家而言,这一事实是很难被接受的。

本能显示为一种恢复事物早期状态的努力。我们可以假定,如果事物已获得的某种状态被破坏,就会有一种本能来重新制造那种状态,我们将这称为强制性重复。整个胚胎学就是这种强制性重复的最好例证。在整个动物世界里,都具有让已经失去的器官再生的能力。我们患病而痊愈,除了治疗外,还应该归功于复原的本能,这就是上述能力的遗迹,而在低等动物那里,这一能力获得巨大发展。在排卵期鱼类的回游,鸟类的定期迁徙,甚至所有我们称为动物本能的行为,都是在实行强制性重复的法则,表现出本能的保存性。在心理领域中也可以发现这一法则的种种表现,例如,在对梦的精神分析中,童年被遗忘和压抑的经验会重新出现,即使它们与快乐原则是相抵触的;这里,强制性重复甚至战胜了快乐原则。在日常生活里,有些人不断重复不正确的行为来伤害自己,还有些似乎是厄运缠身,但进一步的研究表明,这些厄运其实是他们自己在无意识间带来的。

　　然而本能的这种保存性怎么能帮助我们理解自我破坏性呢?这样的本能是要回复到什么样的早期状态呢?答案很容易找到,还可以开阔我们的视野。如果生命确实产生于无机物(那是在某个无法测算的远古时代以某种无法想象的方式产生),根据我们的假设,那时就应该产生一种试图毁灭生命并重新建立无机物状态的本能,即死的本能,而我们假设的这种自我破坏性是它的一种表现。在每一个关键时刻,这种死的本能都会表现出来。现在我们确信,本能可分为两种,一种是爱欲本能,它试图让越来越多的有生命的物质结合起来,形成一个更大的总体;一种是死亡本能,它总是试图让一切生命退回到无机物状态。而生命就是产生于这两种既并存又矛盾的活动之中,直到被死亡带回终点。

　　　　　　　　　　　　　　　——《精神分析引论续编》

3. 本能与"三我"

　　本我的动力是满足其先天的需要,这是个体生命的真实目的。而依靠焦虑来维护生存或防止危险,这并非本我的目的,而是自我的工作。自我的职责是要寻求一种最为有利而危险最小的办法,既能获得满足,又顾及到外部世界的要求。超我也可能带来新的需要并使其处于优先考虑的地位,但它主要的作用是对需要的满足进行限制。

　　我们假定,本能就是由于本我的需要而造成的一种张力。本能体现了肉体欲望对精神的作用。本能是一切活动的根本原因,但它自身是守恒的:无论有机体达到什么状态,都会产生一种维持其不变的倾向,也就是说,一旦这一状态被消除,就会被重新建立起来。由此我们可以发现一些本能。但重要的是,能否从这许多本能中追根溯源,找出几个基本的本能。我们发现,本能可以通过转移作用而改变自己的目的,它们也可以互相取代,即一个本能可以把自己的能量传递给另一个本能。经过长久的踌躇,我们才最后假定,只有两种基本的本能,一种是爱欲本能,一种是破坏本能。(自我保存的本能和种族保存的本能相对立,自我的爱和对象的爱相对立,但它们都属于爱欲本能。)爱欲本能的目的是不断地把一个统一体建立得越来越大,并努力维护它,也就是说它体现了一种亲合的力量。破坏本能正好相反,它是要消除联合,造成毁灭。就破坏本能而言,我们假定其最终目的是将生命变成无机状态,因此我们也可称它为死的本能。如果我们假定生物要比无生命物出现得较晚,它是产生于无生命物,那么死的本能就符合我们所说的本能的定义,即本能是重新回到以前状态的倾向。就爱欲本能而言,这一定义似乎不太适用。如果要使之符合定义,就得首先假设,生物体曾经是统一体,后来被分崩离析,现在又要求重新联合在一起。(有独创精神的作家们已经想象了这样的东西,但我们从生命体的实际历史中还没有发现这一点。)

　　从生物学的角度看,这两种基本的本能或者互相对抗,或者互相结合。于是我们看到,吃的活动就是给对象造成破坏,而破坏的最终目的是要吸收对象;性活动带有攻击性,而攻击的目的是为了最亲密的结合。这两种基本本能共同存在以及互相对抗,构成了多种多样的生命现象。跟这两种本能相似,在生物界之外，在无机界，也有两个互相对抗的力量：吸引和排斥。

这两种基本本能融合在一起的比例不同，产生的效果也大不相同。过度的性侵犯会让一个情人变成一个性方面的谋杀犯；而这一侵犯程度的不足，又可能让他成为一个性方面害羞无能的人。

在我看来，这两种基本本能的原初状态是，爱欲本能的所有能量都存在于还没有分化的自我—本我之中，用来抵消那同时存在的破坏倾向。后来我们把爱欲的能量称为里比多（至于破坏本能的能量，我们还没有一个类似于里比多的适当术语）。在这以后，我们考察里比多的变化就比较容易一些，而对破坏本能的追踪就要困难得多。

死的本能在内部活动时，我们不太能够留意，只有在它转向外部而成为破坏本能，才会引起我们的注意。发生这一由内而外的变化，对于保存个体来说似乎是必要的，而肌肉器官就是用于这一目的。在形成超我时，大量的攻击本能被附着在自我内部，对自我起着破坏作用。这是文明发展之途中人类健康必然要受到的一种危害。对攻击性进行压制，一般来说对健康是有害的，可能导致疾病。往往有这种情况：一个人十分生气，但他的攻击性受到阻碍，于是就转而攻击自身，对自己进行破坏，他用手扯掉自己的头发，或者挥拳击打自己的脸，而他本来是想这样来对付别人的。除了个体的里比多被消耗殆尽，总会有一些破坏力量被留下来对付自己。因此，我们可以猜测，个体最终是毁灭于其内部冲突的，而种族如果不能适应外部世界的变化，也会在与外部世界抗争中灭亡。

关于里比多在本我和超我中的体现，我们说不出多少东西来。有关里比多的一切，我们都是从自我那里知晓的。开始时整个里比多都贮藏在自我之中，这一状态是纯粹而原始的自恋。当自我开始把里比多贯注于对象之中,也就是自恋里比多转化为对象里比多时,这一状态就结束了。在人的一生中,自我都像是一个大的储藏罐,里比多由此贯注到对象之中,然后又由对象那里退回来。这好像一个变形虫,而活动的只是它的伪足。只有在一个人处于热恋之中时,里比多才主要转移到对象之上,对象才在某种程度上取代自我。在人的生活中,里比多的一个重要特点是其流动性,因此它很容易从一个对象转移到另一个对象。而与此形成对照的是,有时里比多会附着于某个特殊的对象,并往往持续人的一生。

——《精神分析纲要》

4. 人类有一种趋向完善的本能吗

在植物界和动物界,并没有一种向更高水平发展的普遍冲动存在,即使看起来似乎有这样的发展道路。一方面,当我们说一个发展阶段比另一个更为高级时,这往往只是一个我们自己的评价,并非确实如此;另一方面,生物学告诉我们,在某一方面更高级的发展往往被另一方面的退化所抵消或压倒。这样,从许多动物的早期阶段就可以看出,其发展已经具有退化性质。较高的发展跟退化一样,都是适应外部力量的结果。在这两种情况下,本能的作用都只限于以一种快乐源泉的方式来保留某种必须作出的改变。

我们许多人很难抛弃这一信念:人类具有一种趋向完善的本能,它使人类到达目前所有的智力水平和道德高度,也许还可能让人类发展到超人阶段。然而我并不相信人类有这种本能,也不认为这种似乎让人高兴的幻觉应该保留下去。在我看来，对人类迄今为止的发展，其解释无须不同于对其他动物。表现在极少数人身上的那种趋向于完善的不懈努力，完全可以解释成一种本能压抑的结果。人类文明中最有价值的东西就是建立在这种本能压抑的基础之上的。

这种被压抑的本能为获得完全满足的斗争从未停止过，它存在于对一种原始满足经验的重复之中。任何替代、反相形成以及升华作用都无法消除这一被压抑本能的持久紧张状态。它所要求的满足和实际获得的满足之间的差别产生一种驱动力量，促使它不停留在任何已经达到的一点上。一般说来，被压抑的本能要想退回到能够完全满足的方向是不可能的，因为那里通常有着坚持压抑的抵抗在起阻挡作用。这样，它除了继续朝着那个没有阻挡的方向继续前进，没有任何别的选择。但也不能指望这个过程可能终结或实现目标。在恐怖性神经症中，所谓的发展实际上只是试图逃避某种本能的满足，这就为我们提供了一种原型，这种所谓趋向完善的本能到底是怎样来的。并非每个人都有这种"趋向完善的本能"，其动力学条件确实普遍存在，但有利于这一现象产生的实际状况却极少。

这里我想再多说一点：我们或许可以用爱欲本能的努力来取代这种根本不存在的"趋向完善的本能"，这一努力是把那些有机体结合到更大的统一体之中。爱欲本能所作的努力以及压抑的结果，似乎都可以用来解释那些被归之于这种本能的现象。

——《超越快乐原则》

5. 当代文明人对待死亡的态度

我们之所以对这个可爱的世界产生一种异化的感觉，是因为在对待死亡的态度上有了烦恼。一直到现在，我们仍然持有这种态度。

不过这种态度并非是直接显现的。表面看来，我们对死亡是有思想准备的，把它看成生命的必然归宿，认为死亡是自然的、无法否认的、不可避免的。而实际上我们却用自己的言行表明，情况不是这样的。我们试图"暂不考虑"死亡，或者把它排除在我们的生活之外。我们总想把死亡包藏起来，不肯告人。我们甚至有这样的说法："我想到这事就像想到死亡一样。"当然这是指自己的死亡。我们确实很难想象自己的死，每当我们尝试着想象死亡时，就会看到，实际上我们是作为一个旁观死亡的人而活着。因此，精神分析学者认为：归根结底，没有人相信自己会死亡，换言之，在无意识中，人人都相信自己是长生不老的。

而对于他人的死亡，我们文明人都注意不当别人的面说，只有小孩无所顾忌，他们放肆地用死亡来威胁对方，甚至对所爱的人谈论死亡，例如："亲爱的妈妈，我很惋惜你会死。不过你死之后，我还会做这个，做那个。"除了医生、律师等职业是同死亡打交道的人，一般的文明人是不会谈论或想到他人的死亡的，除非这个人对自己很坏。如果他人的死亡可以给自己带来自由、金钱、地位等方面的好处，文明人就更加不会去谈这个人的死亡了。我们对死亡的敏感并不能让死神住手，当死亡来临时，我们的感情会经受极大震撼，好像我们的希望完全破灭了一样。于是我们开始强调导致死亡的偶然性：事故、疾病、感染、衰老等等，这种做法暴露出我们在竭力改变死亡的意义，把一种必然性变为偶然性。当大量的人同时死去时，我们感到特别可怕。对于死人，我们有一种特殊态度，就像在向一个完成特别困难任务的人表示敬意那样。我们在评价死人时往往是只说好话，不揭短处，所谓隐恶扬善。由此看来，在悼词中和墓碑上只写上对死人有利的话语，这是很自然的事情了。本来死人是不需要什么敬意的，但在我们这些活人看来，对死人的敬意似乎比说实话更为重要，甚至要超过对活人的敬意。

在所爱的人如妻儿老小、兄弟姊妹、亲戚朋友死去的时候，文明人这种对待死亡的态度达到极点。这时我们感到痛不欲生，好像所有的希望、尊严、快乐都随着死去的人进入坟墓；任何事情都不能安慰我们，任何东西都无法弥补由此造成的损失。由此看来，我们的行为也像阿什拉族的原始人一样，几乎要随着所爱的人一起去死。

这种对待死亡的态度深刻地影响着我们的生活。我们很容易被爱情所控制，所爱的人死后我们往往痛不欲生。这就让我们不愿意想到自己也会有危险，也不愿意想象同自己有关系的人会遭到不幸。我们往往不敢去从事那些危险而又必要的工作，如空中飞行、远征敌国、爆破实验等等。我们不敢设想自己会遭到不幸，因为如果那样了，像母亲失去儿子、妻子失去丈夫、孩子失去父亲这样重大损失如何才能够得到弥补呢？我们总是想从所有的事情中排除死亡，同时也就排除了其他许多东西。

这一切导致的必然结果，就是我们力求在虚构世界即文学和戏剧中寻找某种能给贫乏生活以补偿的东西。在这个世界里，我们看到了知道该怎么去死的人，看到了能够杀死他人的人。只有在这个世界里，我们才同死亡有一种协调的关系：人世间变化无常,我们自己却平安无事。在现实人生中,是不能有失误的,一着不慎,满盘皆输,这真是莫问如何的事情。人生不像下棋,不可能重下一局,也无法悔棋。而在文学领域中,我们找到了所希望的多种多样的生活。在文学作品中,我们好像随着某个确定人物死去了,实际上他是死了,而我们还活着。我们随时准备跟着下一个人物再次死去,不过是象征性的。

　　而战争显然让这一切有了根本改变:我们再也无法否认死亡,不得不相信它的存在。现在是真有人死去,而且是许多人死去,成千上万的人在同一天一起死去。再也不能说死亡是偶然事件了。一颗子弹打中了这个人而不是那个人,似乎也是偶然巧合的情况,但活着的那个人也随时可能吃上另一颗子弹而死去。所有这一切都让我们意识到,死亡再也不是偶然事件了。这时,生活又变得趣味盎然,生命充满了意义。

　　　　　　　　　　——《我们对目前战争和死亡的看法》

6. 原始人对待死亡的态度

　　原始人对待死亡的态度引起我们高度注意,他们并不是前后一致的,而是自相矛盾的。一方面,他不承认自己可能的死亡,将死亡威胁降低到最低点;另一方面,在对待他人即不认识的人、敌人的死亡时,他并不反对死亡,反而毫无掩饰地承认,他人死去只是意味着某个可恨的家伙被消灭了。实际上原始人是十分残忍的,比其他动物更残酷、更凶狠。他们喜欢自相残杀,把杀人看成很自然的事情。其他动物身上有一种抑制同种互相杀害和吞食的本能,而原始人身上却没有。

　　因此人类原始社会充满了凶杀现象,甚至到现在,我们孩子学习的世界史实际上是一部种族残杀的历史。从史前时期一直到现在，人们都有一种模模糊糊的犯罪感，宗教把它归之为原罪。这种犯罪感或原罪应该是从原始人杀人后的罪恶感演化而来的。在《图腾与禁忌》一书中，根据斯密思和达尔文提供的材料，我为猜测这种原罪感的性质作了一番尝试。在我看来，我们也可以从当代基督教教义中推演出这种原罪感。如果基督通过牺牲自己的生命来为人类赎罪，那么根据报复法则，这种原罪一定是凶杀或谋杀罪，此外就没有什么罪是需要用牺牲生命的方式来赎的了。如果原罪是指对天父上帝的行为，那么人类这种最初的罪行一定是杀父之罪，也就是原始人杀死他们最初的父亲而犯下的罪行，而记忆中最初的父亲后来被理想化为神了。

同我们现在的人一样，原始人也无法想象自己的死，也不相信自己真的会死，但在一定情况下，他们对待死亡的两种态度却互相冲突起来。这种冲突具有极大的意义，影响十分深远。当原始人看到他爱的某个人如妻子、孩子、朋友死去的时候，这两种态度就发生冲突，因为正如我们所知，爱是和恨同时产生的。这样，在伤痛之余他感受到自己也会死去。这其实是承认了自己以前曾竭力抵抗的死亡，因为这些爱的人实际上是他所爱的自我的一部分。尽管如此，从另一方面看，他也认为这些人是该死的，因为在每一个所爱的人身上都有被他仇视的陌生的东西。这种相爱者之间互相矛盾的感情关系和心理，至今还是占支配地位的法则，它在原始社会必定有更为广泛和强大的影响。由此看来，原始人所爱的死人也曾是他的敌人或不认识的人，曾经被他仇视。

哲学家说过，正是死亡的景象让原始人感到难以理解，促使他思考此事，并由此出发来思考世界上的一切。我认为这些哲学家的看法太理性化，未能充分考虑其最初的动机。因此，我得对这种说法作些修正：原始人看着被杀死的敌人，知道自己获得胜利，但此时他不会费神去求解死之谜。促使原始人思考的，不是笼统的死亡难解之谜，不是每个死去的人，而是既爱又恨、既熟悉又陌生的人，是他们之死造成的他感情方面的冲突。心理学就是这一感情冲突的直接产物。人们再也不能同死亡保持一定距离，因为在哀悼死人的过程中他们体验了死亡。但他仍然不相信自己会死，不能想象自己的死。于是他采取了一个折中的办法：承认死亡的事实，甚至承认自己也会死，但同时否认死亡所包含的毁灭一切的意义。在想到敌人之死时，他不会去探求这种意义；在看到所爱的人尸体时，他创造出鬼神来。他内心一方面感到悲哀，另一方面又有一种因满足而生的犯罪感，两者融合在一起，就使得创造出的鬼神邪恶可怕。死亡产生的变化让他懂得，死亡把每个人瓦解成肉体和灵魂，首先是瓦解成几个灵魂。于是他就沿着死亡产生的瓦解过程进行思考。对于死人的长久怀念让他萌发还有另外生存形式的观念。因此他认为，人死了以后生命还会继续下去。

　　这一观念最初是含混不清、内容贫乏的，只是到了后来才有了一些价值。又过了很久，各种宗教才提出这一思想：来世才是人们应该向往的，才是人的真正归宿，而到死为止的此生只是超脱以前的准备阶段。这种观念也涉及生命的过去，想象出以前的生命即灵魂的轮回和再生。所有这些观念的目的都是为了除掉死亡具有的终止生命的含义。从前面我们勾画出的文明社会习俗可以知道，对死亡的否认实际上早就存在了。

　　看到所爱的人死去的情景，人们不但产生了灵魂的观念、不朽的信仰、深深的犯罪感，还开始在心中构想着伦理法则。那些良心被唤醒的人作出的第一条禁律就是"你不得杀人"。这条禁律是在仇恨愿望被满足之后产生的，这种仇恨满足是潜藏在对所爱的人哀悼之中；后来这一禁律范围逐渐扩大，也适用于自己不爱的不认识的人；最后，它也适用于敌人。

　　文明人不会宽恕敌人，他们也意识不到自己杀人。当这场疯狂战争结束的时候，每个获胜的战士会兴高采烈地回到家中，回到妻子儿女身边。他从来不会想到，自己也曾使用杀伤武器或近或远地杀死过敌人，因此，他从未有过良心的不安。值得注意的是，当今世界上还存在的原始部落（肯定比我们更接近原始人类）跟我们的行为有很大不同，至少在受到我们文明影响之前是这样的。那些野蛮人，如澳大利亚土著人、南非卡拉哈利沙漠地区的游牧民族、南美最南部的特拉夫格群岛的土著人，在杀人后都不是没有悔恨的。在胜利凯旋后，他们不进自己的村庄，也不接触自己的妻儿，直至长期苦行赎了自己战争中的杀人罪后，才跟家人团聚。我们当然可以把这种行为看成是迷信的结果，例如野蛮人害怕死人的灵魂会来报复。实际上，死去的敌人灵魂并不是别的什么，而是自己的良心发现，是自己的杀人罪使得良心不安。这里迷信因素把道德感受给遮掩了，而我们文明人则完全没有这种道德感。

　　那些虔诚的人认为我们人类是不会干卑劣丑恶的事情的，他们的根据是古代不允许凶杀的禁令，自以为是地得出这一结论：人类心里一定有一种道德力量在涌动。令人遗憾的是，这种说法反而证明了与此相反的观点。这是因为，这样厉害的禁令只会用来对付同样厉害的本能冲动。人们并不想要的东西是用不着禁止的，它很自然地就被排除在禁令之外。强调"你不得杀人"的禁令正好说明，我们的祖先是杀人者，他们的血液中有着杀人的欲望。而今天我们也可能有这样的欲望。迄今为止，人类在道德方面做了大量努力，我们并不低估这些努力的效果和意义。这些努力是在进化过程中获得的，已经成为我们这些活着的人的遗产，但我们对它们的继承并不稳固。

　　　　　　　　　　——《我们对目前战争和死亡的看法》

7. 现代人对于死亡的无意识态度

人的无意识不相信自己会死，它认为自己似乎是不朽的。我们称为无意识的东西是不知道否定的，死亡意味着否定，所以无意识不知道我们自己的死。我们的许多本能都不相信死亡这件事。所谓英雄主义的秘密也就在这里。人们往往对英雄主义有一种概念化的解释：这是把某种抽象的普遍理想看得高于个体的生命。在我看来，来自本能冲动的英雄主义并没有形成这样清楚的动机，或者说，这种动机的形成只是为了消除人们行动时的犹豫不决，与无意识的方向是一致的。而对死亡的恐惧虽然是更为经常地支配着我们，这时却处于次要地位。这一恐惧感通常是犯罪感的产物。

另一方面，我们确实承认不认识的人和敌人的死亡，并且时刻希望他们死去，对此没有怎么多想。这跟原始人的态度是一样的。当然，在实际行动上有一个重要区别：我们的无意识并没有去杀人，它只是想杀人。但是，在比较心理现实与客观现实的时候，如果我们看轻了心理现实的作用，那就大错特错了。搞清楚这一点具有深远意义。在无意识中，我们常常想把所有妨碍、开罪或伤害我们的人赶走。在对人发火时，我们常会这样喊道："让魔鬼把你抓走！"实际上这是我们无意识中真正的死亡意愿，其意思是："让他去死吧！"在无意识中，我们往往会为一点小事杀人，就像雅典时期的德拉克法律一样，对任何犯罪的惩罚只有一个：判处死刑。我们的无意识继承了德拉克法律，在它看来，对无所不能、独断专行的自我所作的任何贬损，都是大逆不道的罪行。

这样，如果只看无意识的愿望，我们跟原始人一样，是一伙杀人者。幸运的是，这些愿望没有原始社会时期那样强大的效力了，不然的话，在互相残酷的攻击中，人类早就灭亡了，即使是最优秀智慧的男人和最美丽可爱的女人也一样会消亡殆尽。

在原始人那里以及在我们的无意识中，一方面承认死亡会消灭生命，另一方面又否认死亡会达到这个目的，这两个方面往往互相冲突。这里说的是我们所爱的人——父母、丈夫或妻子、兄弟姊妹、孩子和朋友——的死亡。一方面，这些所爱的人是我们内心的一种财产，我们自我的一部分；另一方面，他们又是不认识的人甚至是敌人。除了极少情况，我们同所爱的人的爱情中总会残留着一些敌意的痕迹，从而鼓动我们关于死亡的愿望。但这种心理矛盾冲突无论在过去还是现在，都没有在我们的心理和道德理论中反映出来，却表现在神经症病人身上。通过对神经症病人的研究，我们可以考察清楚正常人的精神生活。精神分析医生常常观察到病人表现出这样的症状：对亲友的关心太过分了，或者在所爱的人死去后，毫无理由怪罪于自己。在研究了这些病例后，精神分析医生对无意识中的死亡愿望、其强烈程度和意义会有较深入的了解。

不了解情况的人看到自己可能有这样的感情会十分惊骇，不肯承认这种可能性，并因此而反对精神分析的观点。在我看来，这其实只是一种误解。精神分析一点也没有否认我们的爱人之情，在其理论中也没有任何贬低它的东西。诚然，把爱和恨联系在一起是我们不太习惯的做法，但这个世界就是这样的，它让爱和恨成为一对孪生兄弟，让爱生动活跃并时刻提防着潜伏于其后的恨的攻击。如果说爱情可以像鲜花一样灿烂，那是因为我们对心中恨的冲动作出了反应。

总而言之，我们的无意识一方面不承认我们自己会死，另一方面却充满杀人的念头，盼望不认识的人去死。自人类原始时代以来,对于所爱的人之死,人们都会有一种分裂或矛盾的心理,但今天我们对于死亡已有一种文明化的态度,不同于原始时代。

我们很容易就看到,战争对于无意识的两重性造成影响。战争把文明的外表剥去,暴露出我们每个人的本性。战争迫使我们再次变成不相信自己死亡的英雄,而给外邦人贴上"敌人"的标签,希望他们早点死去,或者把他们杀死。战争还告诉我们,要从所爱的人的尸体旁站起来。然而战争是无法消除的,只要各个民族生存境况不同,它们彼此强烈排斥,就必定会有战争发生。因此,我们不得不面对这样一些问题:我们是否应该顺从现实,让自己去适应战争? 我们是否应该坦率地承认:如果以文明态度对待战争,在心理上我们再一次感到黔驴技穷,必须改变这种态度,必须正视现实? 更好的做法是否应该是,在我们的观念中,给死亡以恰当的地位,让无意识对死亡的态度不再那样被压抑? 在思考这些问题时,确实不能说我们有了多大进步,反而表明在有些方面我们已退回到过去,但这却有助于我们较好地认清事情的真相,并因此感到生命又有了长久的意义。归根到底,让生命具有长久意义是一切生物的首要职责,但任何不切实际的幻想都是没有价值的。

这里我想起了一句名言:"要想和平,你就得准备战争。"按照精神分析的观点,我们可以把这句话翻译为:"要想长生不老,你就得准备去死。"

——《我们对目前战争和死亡的看法》

8. 法律与暴力的关系

使用暴力来解决人与人之间的利益冲突是一个普遍原则。在整个动物界这都是一个真理。人不可能把自己排除在动物界之外。当然,人类发生意见冲突,有时问题十分抽象,需要使用别的方式来予以解决。不过这是后来才出现的较为复杂的情况。最开始,在一个个小游牧人群中,只有最强壮的人才能决定财产的分配,他的意志就是所有人的意志。到后来,对于工具的使用取代了肌肉的力量,拥有优良武器或熟练使用武器的人成了胜利者。从使用武器之日起,智力上的优势开始取代肌肉的蛮力,而争斗的最终目的却是一样的:让对方受伤或失去战斗力而被迫放弃抵抗。如果胜利者消灭了对手,也就是把他杀死,这一目的就完全达到了。这样做的好处是,对手不会复活,对手的下场对其他人有威慑作用。此外,杀死一个敌人还满足了某种本能倾向。另有一种想法可能阻止这一杀人倾向:如果让敌人在被胁迫的情况下活下去,可以利用他为自己服务。这样,胜利者也可能只满足于制服对手,而不杀死他。饶恕敌人不死的观念就是这样开始产生的。但在这之后,胜利者却不得不时时关注被打败对手的复仇愿望,并以牺牲自己的某些安全为代价。

这就是事情的原初状况:谁的力量大,谁就占据统治地位,这一统治地位是靠野蛮的暴力或受智慧支持的暴力获得的。我们知道,在人类进化过程中,这种统治状况发生过改变,人们从暴力走向正义和法律。但这条道路是怎样走过来的?我认为是这样的:一些弱者联合起来对付那个强者。“团结就是力量"，联合起来的力量可以战胜一个人的暴力，这种力量后来就代表了与一个人的暴力相对的法律。因此，我们发现，所谓正义，就是一个团体的力量。其实它也是暴力，时时准备打击任何抵抗它的人，它使用的方法和要达到的目的都与一个人的暴力相同。两者唯一的区别是，前者不再是一个人的暴力，而是一个团体的暴力。但是，要想顺利完成这个由个人暴力到公理或正义的转变，就必须满足一个心理学方面的条件，即大多数人的联合应该是持久稳固的。如果联合只是为了反对某一个统治者，在打败对方后就解散了，那么就不会有任何结果，而另一个力量强大的人就会再次建立一种暴力统治，这种权力交接游戏就会永无休止地继续下去。一个团体必须永久地保持自己的存在，必须有各种组织，必须制定各种规则即法律来预防反叛的危险，必须设立权力机构来察看法律是否受到人们的尊重，并监督法律的实施。由于认可了各群体的利益，这一联合体中各成员之间的感情得到发展，这才是团体力量的真正源泉。

如果一个团体是由许多力量相当的个体组成，情况就比较简单。这一联合体的法律就会规定：为了保证团体生活的安全，每个人都要在同等程度上放弃个体自由，并把自己的力量转为团体暴力。但这种情况只是在理论上才存在。实际情况则很复杂：从一开始团体中就包含着各种不平等的力量如男人和女人、父母和孩子，不久之后，由于战争和征服，团体中还包含战胜者和战败者、主人和奴隶。因此，一个团体的正义在其内部变成了对于不平等关系的规定。法律总是由统治者制定的，并且是为他们制定的，其中几乎没有被统治者的任何权力。从这时起，在一个团体中就有两个因素在起作用，它们既是法律不稳定的根源，又促进了法律进一步发展。第一个因素：统治者企图让自己凌驾于每个人都必须遵守的禁律之上，也就是想从法律统治退回到原始的暴力统治。第二个因素：团体中被压迫者不断地要求获得更多的权力，并要求获得法律的承认，推动法律向前，也就是说，要求从不平等的正义达到人人平等的正义。如果一个团体内部真的发生了权力转移，这第二个因素就更为重要了。在这种情况下，正义就会逐渐适应新的权力分配。而更为经常发生的是，统治者往往不愿意承认这一变化，于是就会发生反叛和内战，法律暂时中断，大家都用暴力来解决问题，最后一种新的法律统治建立起来。

　　因此，我们发现，即使在一个团体内部，用暴力解决利益冲突，也是不可避免的。共处一地的人会有一些日常共同需要和关注的问题，这可以让彼此的争斗得到迅速和平的解决。但只要对人类种族史有所了解，就可以发现，在几个团体之间，在大群体和小群体之间，在城市、省、民族、国家、大帝国之间，经常会发生无休止的矛盾冲突，几乎全靠武力来解决。这种战争的结果是掠夺、推翻或征服某一个团体。很难对征服性的战争作出概括性评价。有些战争如蒙古和土耳其之间的战争除了造成一些战争罪行，没有其他结果。另一些战争则建立起更大的群体，将暴力转变为法律。在这些更大的团体内部不可能使用暴力，新的法律体系可以解决相关冲突。罗马统治者以这种方式使得地中海沿岸国家获得极为宝贵的两百年和平，法国国王拼命扩展统治疆域，创造了一个和平统一、繁荣昌盛的国家。这些情况看起来有些矛盾，但应该承认，战争有可能成为实现人们渴望的永久和平的恰当手段。这是因为，战争能促使大团体的建立，在大团体中，一个强有力的中央政府可能使战争不再发生。不过征服的结果通常都不会长久，新建立的大团体会再次分裂，这是由于通过暴力联合起来的各个部分往往缺乏凝聚力。此外，到目前为止，靠征服建立起来的大统一虽然范围广泛，却只是部分的统一，这些部分之间的冲突比以前更加需要用暴力来解决。因此，这种结果就是，把人类无数无休止的小战争转变成大规模战争，这种大规模战争虽然较少发生，却更有破坏性。

现在看看我们自己的时代。如果人类各个团体将裁决所有利益冲突的权力交给一个中央权力机构，那么，战争就可以避免。这里有两个必要条件：第一个条件是建立一个最高权力机构，并赋予它必要的权力。国际联盟就是作为这种权力机构建立起来的。但这个条件如果没有另一个条件作为补充，就不能成立。这第二个条件是：国家联盟本身并没有权力，只有在这个新团体的成员国即各个国家都打算服从它时，它才能获得权力。就目前的情况看，这一前景十分渺茫。

我们已经发现，一个团体是靠两种因素维持的：强迫性的暴力和其成员中的感情联系。如果一个因素不存在，这个团体只有靠另一个因素维持。如果是靠某些观念来维持，只有在这些观念能够表达其成员之间的重要联系时，它们才是有意义的。由此产生一个问题：这些观念有多大力量？从历史上看，它们在一定程度上是有效力的。例如大希腊主义观念，这是一种比周围野蛮人优越的感觉，它表现在邻近国同盟会议上、神谕宣示仪式上和运动会上，它强大到足以调和希腊人之间的战争规则，但还不足以制止希腊国家各城邦之间的战争冲突，也不足以制止一个城邦为了自己的利益而与敌人联合起来。基督教徒的感情力量也很强大，但在文艺复兴时期，同样无法制止基督教国家在互相的战争中寻求土耳其国王的帮助。在今天，我们也没有任何现成的观念可以行使这种统一的权威。对我们来说，终结战争是一个十分遥远的目标，也许只有在经历了最可怕的内战后才可能实现。因此，试图用观念的力量来取代实际力量，是注定要失败的。如果我们无视这一事实：法律在其最初阶段是野蛮的暴力，即使在今天，一旦失去暴力的支持,法律也不可能发挥任何作用,那么我们就有可能得出一些错误的结论。

——《为什么会有战争:答爱因斯坦》

9.　论战争引起的幻想破灭

我们不愿相信的世界大战爆发了,并且带来了幻想破灭。由于进攻和防守武器的完善,这场战争比以前的任何战争都更为血腥、更有毁灭性,而其残酷和致人痛苦的程度不会低于从前。这场战争使得和平时期各个国家遵守的国际法成为一纸空文,人们无视伤员和医护人员应有的特权,不加区别地攻击军事目标和居民区,侵占私人财产。战争狂暴地、不顾一切地践踏所有阻挡它的东西,好像战争之后人类就再也没有前途,人们再也不会有善意了。战争切断了战斗双方的情感纽带,想让他们长期为敌,不能重归于好。

进一步说,这场战争还让不同民族的人们互相隔膜,一个民族仇视和诅咒另一个民族。例如,一个伟大民族在历史上曾为共同的文明事业作出突出贡献,也能与其他民族和睦相处,现在却被称为声名狼藉的"野蛮人",被排除在文明大家庭之外。我们希望历史会作出公正判决,表明正是这个民族,我们所爱的人为之牺牲的民族,没有太违反文明社会的规矩。但在目前情况下,又有谁能站出来对此作出评判呢?

民族的存在形式是国家,国家由政府来治理。在这场战争中,每一个国家的每个人都会十分难受地体验到他们在和平时期无法体验的事情:国家禁止每个人去做坏事。这并非是因为国家想把坏事给消除掉,而是因为国家想把它们给垄断起来,就像垄断盐和烟草一样。参战的国家干下一系列坏事，犯下一系列暴行，使我们每个人深以为耻。国家不仅要人们接受其战略方针，也有意识地欺骗敌人。从某种意义上讲，这场战争在要手段上已经超出了以前的战争。国家要求公民绝对服从，作出最大牺牲，同时却把他们当成小孩，不让他们知道任何国家机密；国家还实行新闻言论检查，从精神上解除了人民反对奴役力量的武装，使他们无法应对不利形势，无法识破蛊惑人心的谣言。国家无视对其他国家的承诺，撕毁自己签订的协议，毫不知耻地坦陈自己不能餍足的对财富和权力的贪欲。与此同时，国家却要求每个人都以爱国主义的名义对此作出表态。

严格说来，幻想破灭并不是一件坏事。我们喜欢幻想，因为它使我们免遭感情上的折磨，给了我们心理上的满足。但如果幻想碰上现实后被砸得粉碎，我们不应该埋怨什么。

这场战争有两件事让我们的幻想破灭。一个是国家的表现：它对内作出一副道德维护者的姿态，对外即对其他国家则不讲道德；一个是个人的野蛮表现，而文明人是不应该如此的。

我们先看第二件事。我们要问，一个人是经由什么途径达到较高的道德境界呢？一种观点是，人在其发展过程中，在教育和文明环境的影响下，消除了身上的邪恶而代之以美德。如果我们相信这样的观点，肯定会对下述情况感到困惑不解：许多人尽管受过良好教育，在他身上仍然可以看到邪恶力量的作用。

实际上，"邪恶"是不可能被消除的。精神分析的调查表明，人性最根本的东西是本能，存在于所有人身上，其目的是满足人的基本需要。这些本能自身无所谓好坏。我们只是根据人类社会的需求来给它们分类。我们不得不承认，被社会指责为邪恶的那些本能如自私和残酷等，具有原始性。

经过长期发展后，这些原始本能以曲折的形式在当代人身上表现出来：它们受到禁止，被引导向别的目标和活动，互相融合，方向有了变化。最后，在某种程度又回到这些本能上。那些反对本能的反应使得本能以自欺的形式存在，利己主义似乎变成了利他主义，冷酷似乎变成了同情。许多本能一开始就以矛盾的形式出现。对于那些外行来说，这一引人注目的现象十分奇特，通常被称为矛盾心理。我们最容易观察和最好理解的情况是，深深的爱和深深的恨同时存在于一个人身上。精神分析要补充说明的是，这种互相矛盾的感情都针对一个人的现象是并不少见的。

我们知道，将人的性格仅仅分为好的和坏的，是很不准确的。很少有这种情况：一个人是一个彻底的坏人，或者是一个完全的好人。通常情况是，他在一方面是好的，而在另一方面有些坏；或者在某种外部条件下是好的，而在另一种条件下坏。很有意思的是，孩童时代被看成是坏的强烈冲动，往往成为成年人做好事的必要条件。那些童年表现出明显利己主义的人，很可能成为最乐于助人和牺牲自我的社会成员，我们当中大多数有怜悯之心的人、人道主义者、喜爱动物的人，他们在童年时曾是虐待动物的坏小孩。

文明社会只要求一个人的行为好，而不管他行为的动机，因此大多数人都表示服从社会的要求，尽管他们并不一定是真心想这样做。受到这一结果的鼓励，社会就进一步把道德标准提高，让其成员更加远离自己的本性，不断地压抑本能。当这一压抑达到极限时，本能就以反应和补偿的形式明显表现出来。这种压抑在性的领域最难实现，导致的结果往往是神经紊乱；在其他领域，文明造成的压抑虽然没有产生疾病，却导致了性格畸变。而受到压抑的本能时时蠢蠢欲动，利用一切可乘之机来冲破压制，让自己获得满足。从心理学的角度看，一个人只按文明信条那一套办，而不正视自己的本能，他的生活就会越来越糟,无论他自己是否意识到,他都是一个伪善的人。不可否认的是,我们文明社会特别有利于产生这种虚伪。可以毫不客气地说,如果我们能够正视心理现实,就会明白:文明社会正是建立在这种虚伪的基础之上的。应该改变这种情况,这一改变有着深远的意义,因为现在伪善的人要比真正的文明人多得多。

通过上面的观察分析,我们可以获得安慰:我们不必为世界上的同胞们在这场战争中表现出来的不文明行为感到羞耻,不必为幻想破灭而痛苦。这种羞耻和痛苦所依托的基础正是产生幻想的东西。实际上这些同胞们并没有像我们担心的那样堕落,因为他们从来没有像我们想象的那样高尚。人类的大多数,包括个人和国家,都放松了对自己的道德控制,许多人得以短暂地满足一下自己被压抑的本能。而这一短暂满足并不会毁坏一个民族业已形成的道德观念。

我们看到,对一个国家或一个民族不能要求太高。也许每一个民族都在重复着个体进化的过程,当其组织和形成较高级群体的时候,实际上同时处于较原始的阶段。民族更容易直接服从自己的感情,而不是较多地考虑到利益问题。利益只是其感情的观念化,是为满足自己感情提供一个理由。为什么各民族之间,就是在和平时期也是互相轻视、厌恶、仇恨呢?这仍然是一个谜,我说不上是什么原因。这与下述情况十分相似:当一群人在一起时,个体的道德观念就消失殆尽,只剩下最原始、最古老、最野蛮的心理状态。也许只有在未来发展的某一阶段,这种状况才可能改变。但是,假如我们能够比较公平地处理人与人之间的关系、平民与统治者之间的关系,也可能为这种发展起到一点促进作用。

　　　　　　　——《我们对目前战争和死亡的看法》

10. 为什么战争不可避免

你感到惊讶的是，人们会这么容易产生战争热情，因而怀疑他们身上有什么东西在起作用，这就是仇恨和毁灭的本能，它们让那些战争狂人的挑动能够得逞。我再一次表示完全同意你的看法。我们相信存在着这样的本能，实际上过去几年我们一直致力于对它的研究。你能允许我利用这一机会谈谈这一本能理论吗？这种理论是经过多次试验探索和犹豫动摇后才为精神分析工作者认可的。

我们假设人类的本能只有两种，一种是谋求保存和联合的本能，我们称之为爱欲本能，另一种是谋求破坏和杀戮的本能，我们称之为攻击或毁灭的本能。正如你所知，这只不过是对人们熟悉的爱和恨之间的对立做了一种理论上的阐述，这一对立跟你的知识领域中涉及的吸引和排斥有着某种基本联系。但我们不要太匆忙地对此作出善恶判断。爱欲和攻击都是基本的本能，生命现象产生于两者同时发生的事件或两者互相对抗的活动中。在我们看来，一种本能似乎很难单独发生作用，它总是同另一种有一定分量的本能结合在一起，从而使得自己的目的有所改变。例如，自我保存是一种爱欲本能，但是，它要实现自己的目的，就必须让攻击性受其支配。性爱本能也一样，当它指向一个对象并想占有之，就需要所支配的攻击本能帮助。我们很难将这两种本能从它们的实际表现中区分开来，这也是长期以来我们无法识别它们的原因。

人类被煽动起来进行战争时，他们有着多种动机：有些看起来很崇高，有些显得有些卑鄙，有些是公开宣扬的，有些则从不提起。这里我们没有必要将它们一一罗列。这其中就有攻击和毁灭的本能或渴望,在历史上和在我们日常生活中都有无数残酷的事实证明了它的存在和力量。这些毁灭性冲动能够得到满足,显然是由于它们与那些爱欲冲动或理想主义冲动混合起来的结果。从历史记载的情况看,许多残暴行为都是在所谓的理想主义动机借口下实施的,它们实际上满足了那种毁灭性愿望。例如,在宗教裁判所的暴行中,表面看起来是理想主义动机在有意识地发挥作用,实际上那种毁灭性动机在无意识中让它得到强化。这两种情况都是真实的。

　　毁灭性本能在每一种生物中都起作用,并让该生物走向毁灭,使生命退回到无机物的原始状态。这里,我们应该将其称为死的本能,而爱欲本能则代表了生存下去的努力。在一些特定器官的帮助下,死的本能指向一个外部对象,它就变成毁灭本能。也可以说,有机体是通过毁灭外部有机体而保存自己生命的。但死的本能有些部分是在本身起作用。我们已经发现,有较多的正常现象和病理现象都可以归因于这种毁灭本能的内在化。人们也许会责备我们是异端邪说,因为我们把良心说成是起源于攻击性的内在化。你会注意到,如果这一内在化进程太过分了,对该有机体的健康是十分不利的。另一方面,如果这些力量转向对外部世界的毁灭,这一有机体会得到解脱,对它是有好处的。从生物学的角度看,我们所反对的这些丑恶而危险的冲动是有其正当理由的。应该承认,我们很难找到什么解释来抵抗这些冲动,还不如说它们的存在是十分自然的。也许在你看来,我们的理论近乎一种神话,而且在当前情况下不可能引起人们赞同。但是,任何一门科学说到底不都是这样的神话吗?

　　因此,就直接目的而言,我们完全可以得出结论:试图消除人类的攻击性倾向是徒劳的。我们这一"神话"本能理论有可能给出一些间接反对战争的方式。如果发动战争是毁灭本能的结果,最有作用的方法是拿它的对立面爱欲与之作对。一切鼓励人们发展情感联系的东西都应该用来反对战争。这些联系有两种:一种虽然没有性的目的,却可能是类似于面对被爱对象的联系。另一种是通过认同作用建立的联系。凡是可以让人们分享重大利益的一切都会产生这种认同作用,也就是情感方面的一致性。而且人类社会结构在很大程度上是建立在这些认同作用之上的。

有一个问题你在信中没有提到,我却特别感兴趣,想在这里讨论一下:为什么你和我以及许多人都这样强烈地反对战争呢?我们为什么不把它作为许多苦难当中的一种而接受下来呢?不管怎么说,战争有一个实在的生物学基础,实际上又难以避免,因此它似乎是一件十分自然的事情。请不要为我这样提问题而感到震惊。也许有人会这样回答我的问题:我们之所以反对战争,是因为每个人都有生存的权利,战争可能毁灭充满希望的人生,战争还让个体蒙受羞辱,迫使他们违心杀人,战争还毁灭了人类劳动创造的宝贵物质财富。此外,还可以举出其他一些理由,如在当前形势下,战争不再像以前那样可以获得实现英雄主义理想的机会;由于完备的毁灭性武器,未来战争可能完全消灭对方,或者双方同归于尽。所有这一切都是真的,其真实性是不可否认的,因此人们往往为战争未受到一致谴责而惊讶。大家也许会对这样的问题进行争论:一个群体是否有权处置个体的生命?是否每一种战争都应该受到同样的谴责?只要有国家和民族打算无情地毁灭其他国家和民族,后者就一定会武装起来准备战争。但我并不想让自己停留在这样的问题上,这些并不是你想同我讨论的,而且我还有一些不同的看法。在我看来,我们反对战争的主要原因是,我们不得不这样做。我们是和平主义者,其原因是先天固有的。因此,要证明我们的态度是正确的,这并不困难。

人类经历了很长的文明进化过程。我们把一切幸福生活以及遭受的苦难都归因于它。虽然文明的原因和发端还不清楚,其结果也不确定,它的某些特征却很容易看出来。也许它正在导致人类的灭亡,因为它以多种方式损害了性功能,而未开化的种族和落后的阶层要比开化程度高的人群在人口方面增加得更为迅速。这一文明过程也许可以跟某种动物驯养相类似。这一过程无疑让人类的身体产生变化。而伴随这一过程发生的心理变化也是十分明显的。这些变化表现为本能目的不断被移置,本能冲动不断受到限制。让我们祖先愉快的感觉,对我们来说已经十分淡漠,甚至不可忍受,在我们的道德和美学理想中就有发生这些变化的基础。在文明的心理特征中,有两个特别重要:一个是理智增强(可以更好地驾驭本能),一个是攻击性冲动内在化,文明带来的一切好处和危害都可以归之于它们。现在战争就是为了最彻底地反对文明而施加于我们的心理态度;正是由于这一点,我们才不得不反对战争;我们再也不能容忍它了。我们和平主义者对战争不仅有一种理智或感情上的否定,在体质上也无法忍受它。

要让所有的人都成为和平主义者,还需要等多久?这一点很难说。而我们希望文明的态度和对未来战争后果的合理恐惧,或许在不久的将来能够制止战争的进行。但我们无法猜测,靠什么方法才能做到这一点。不过有一点倒是可以说说:凡是能够促进文明发展的事情,都可以用来反对战争。

——《为什么会有战争:答爱因斯坦》

八、人类社会的起源和发展

1. 图腾的特征

什么是图腾？图腾通常是一种动物（或者是可以食用而无害的，或者是危险而可怕的），偶尔也会是一种植物或自然现象（如雨或者水），它与整个氏族有着一种奇特的关系。图腾首先是氏族的共同祖先，同时也是发布神谕的守护神。对氏族外的人来说，图腾是很危险的，但它能识别本氏族的人并保护他们。反过来说，凡是本氏族的人，都有神圣的义务不宰杀、不毁坏图腾，不吃图腾肉，不利用图腾为自己捞好处。图腾并不是只存在于某一个动物或东西之中，它存在于某一类物品的所有个体之中。在举行喜庆活动时，本氏族的人在礼仪中手舞足蹈，模仿着图腾的动作或特性。

图腾通过母系或父系传承下来。也许最初是母系传承，后来才变为父系传承。个人与图腾的关系是澳洲土著人一切社会义务的基础，其重要性大大超过一个人在部落中的血缘关系和其他关系。图腾并不是固着在某个特定地区。一个氏族内的成员往往散布在各个地方，他们可以同其他图腾氏族和谐相处。

说到这里，我们终于涉及图腾系统中引起精神分析学者重视的特征了。凡是有图腾的地方,都可以发现这样一条规定:有相同图腾的人们彼此间不能发生性关系,因此不能通婚。这样就有了族外婚这种与图腾崇拜相关的习俗。进一步的探讨可以让我们更加了解这一禁忌的意义:

①违犯这一禁忌不像违犯其他禁忌(如不可宰杀图腾动物)那样只是受到报应,而将受到氏族全体成员的一致报复,就像在对付一个危及全氏族的重大灾祸或重大罪行一样。

②相应的惩罚对于没有生小孩、短暂婚外恋的情况也同样严厉,因此,形成这一禁忌的原因不太可能具有实际意义。

③图腾世代相传,不因婚姻而改变,因此禁忌的后果很容易看到。例如,在母系传承中,如果一个属袋鼠图腾的男子娶了一个属鸸鹋图腾的女子做妻子,生的孩子无论男女都属鸸鹋氏族。这里,图腾规则保证了在这一婚姻中出生的男孩,不可能与其同属鸸鹋的母亲或姊妹发生乱伦关系;另一方面,在这一禁忌中,一位属袋鼠的父亲却可以跟自己属鸸鹋的女儿乱伦。如果图腾是由父系传承,属袋鼠的父亲就被禁止与女儿乱伦,因为其儿女都属袋鼠;而儿子却可以与母亲乱伦。图腾禁忌的这些内在意义让我们联想到,母系传承要比父系传承古老,因为有理由相信,图腾禁忌主要是用来控制儿子的乱伦欲望。

④深入思索一下就可以发现,与图腾相关的族外婚的作用是很大的,因此其目的也很深远,不仅仅是防止一个男人跟母亲或姊妹乱伦。族外婚把氏族内所有的女子,包括许多非血亲的女人都当作是一个男子的血亲,从而使得他不可能与这些女人性交。由此我们可以知道,图腾被当成祖先,是一件十分当真的事情。来自同一图腾的人都是血亲,组成了一个大家庭,其中即使是最遥远的亲缘关系,也被当作性结合的绝对障碍。

前面我一直没有机会说明,运用精神分析方法为什么有助于从一个新角度来理解社会心理现象。这是因为蒙昧人类表现出来的乱伦恐惧早已为我们所熟知，不需要再作解释。为了加深对这一问题的认识，我要做的是强调一下这个事实：从根本上说，乱伦恐惧是一种幼稚的表现，与神经症病人的心理生活有明显相似的地方。精神分析告诉我们，男孩最早爱恋的对象具有乱伦性，是其母亲和姊妹。我们还了解他在成长过程中是怎样摆脱这种乱伦诱惑的。而神经症病人总是表现出一种心理幼稚症状。他既不能摆脱孩童时期的性心理状态，又不能完全回到这种状态中去，也就是说，其心理发展被抑制或被退回。在其无意识精神活动中，乱伦里比多继续起着主要作用。因此我们可以说，在乱伦欲望的控制下，孩子与父母的关系是神经症的核心情结。许多成年人或正常人都会怀疑我们对神经症中乱伦意义的揭示。我认为，说到底，这种怀疑或抵制态度，主要是出于人类对其早年乱伦欲望的厌恶。因此，如果我们能够证明，那些后来注定要成为无意识的人类乱伦欲望，在蒙昧民族那里仍然被当作必须采用最严厉手段来对付的直接的毁灭性灾祸，其意义将是非常深远的。

——《图腾与禁忌》

2 . 原始民族对岳母和女婿交往的禁忌

在原始民族的乱伦禁忌中，最普遍、最严格的回避，是一个人与其岳母的交往。在我们看来，这也是最有趣的一种回避。在米拉尼西亚的一个岛上，这种回避规则十分严格和详尽。在那里，女婿不能接近岳母，岳母也不能接近女婿。如果两人在小路上偶然相遇，岳母会转过身站在路旁直到女婿走过去。如果有另一条路，女婿也会走那里来避开。在所罗门群岛，女婿在婚后不能见岳母，更不能与之交谈。偶然遇见后，他必须装着没有认出岳母来，同时跑开躲藏起来。在东班图人那里，女婿与岳母偶然相遇，岳母须藏身于树林之中，而女婿须以盾牌遮脸；如果两人手中什么都没有，岳母就会拔一把野草缠绕在脸上，以此作为礼仪性回避的标志。两人要说话，必须经由第三者转达，或者隔着牲口栏一类障碍物大声喊叫，但不能说出对方的名字。

通常认为，近亲回避的目的和意义是防止乱伦，但女婿和岳母之间交往的禁忌可能还有别的原因。为什么这些种族中的男子会害怕一位足以当他妈妈的老年妇女的诱惑呢？这实在是很没道理的。

我们知道，在文明社会的家庭组织中，女婿与岳母的关系也是一个敏感的问题。在欧美白人种族的社会体制中，这一关系不再受回避规则的限制了，但作为一种习俗的回避仍然存在，个体只要照此行事，就可能消除许多争执和不快。有些欧洲人认为，这些未开化种族的做法很有道理，它们用回避规则完全排除了两个关系密切的人之间的任何接触。而在岳母和女婿之间，由于某些心理因素，必然存在着一些敌意，很难同时生活在一起。在我看来，这一事实表明，岳母和女婿之间的关系是矛盾的，既有温情，又有敌意。

其中敌意的冲动很明显。岳母不愿意失去女儿，不信任那个接手女儿的陌生人，这种冲动是要保持自己在家中的主宰地位。女婿则不愿意屈从他人的意志，嫉妒以前拥有其妻子感情的人，不希望有任何东西扰乱自己的性感受。岳母的身影就是一种扰乱，她的许多特征让自己想起妻子，但岳母已经老了，青春的明媚、诱人的姿色以及心灵的纯真都不存在了；而正是这一切才让自己爱上妻子。

但我要指出的是,这里还有另外一种动机。通过对人类个体的精神分析,我们可以了解那些被隐藏的心理动机。女人的性心理需要,应该在其婚姻和家庭生活中得到满足,但由于婚姻关系过早结束,情感生活平淡乏味,女人往往面临不能获得满足的危险。随着年岁渐老,母亲就以儿女自居,与之认同,把他们的情感体验当成自己的体验,从而让自己获得满足。据说父母跟儿女在一起就不会感觉老,这实在是他们从儿女那里得到的最宝贵的心理收益。母亲在以女儿自居方面,往往会有很深的感情投入,会爱上女儿所爱的男子。在极端情况下,由于排斥这种情感境况,岳母会有激烈的内心斗争,可能导致严重的神经症。岳母往往以这种方式受到恋爱冲动的制约,无论是冲动本身还是排斥冲动的倾向,都加剧了其内心各种冲突力量的活动。因此,为了压制自己那些受到禁忌的脉脉温情,她往往会在女婿面前表现出爱情的另一面:尖酸刻薄。

女婿对岳母也有类似的冲动,虽然其来源也许不一样。一个男子在最终找到心上人之前,选择的爱恋对象往往是其母亲或姊妹。由于存在着防止乱伦的障碍,他的恋情逐渐由孩童时的对象转移到外界相似的对象上,于是岳母就取代了其母亲或姊妹的地位。他又产生了转向自己原初恋爱对象的冲动,因此不得不动用全部力量来予以压制。乱伦禁忌警告他不能重复孩童时期对家人的爱恋,实际上岳母也并不真正是他孩童时期的家人,这让他决然放弃这一冲动。至此,他对自己的岳母还不太了解,在无意识中还没有关于她的任何不可改变的形象。我们从这个男子那复杂情感中表现出来的不安和敌意看出,她确实是一种乱伦诱惑。有不少这样的事例:一个男子是先爱上后来成为其岳母的人,然后再移情于她的女儿,也证实了这一看法。

正是这种交往中存在的乱伦因素,使得未开化的人们产生了确定女婿和岳母回避规则的动机。在我看来，这是毫无疑问的。对原始民族严格实行的这些回避，我们应该接受费森的解释，他认为，这些回避是进一步防止可能的乱伦。这一解释也适用于其他血缘和部落关系间的回避。唯一不同的是，在血亲间，乱伦随时可能发生，因此防范意识十分清楚；而女婿与岳母之间的乱伦，可能只是存在于幻想之中，是一种由无意识起作用的诱惑。

——《图腾与禁忌》

3. 图腾：父亲的替代物之一

精神分析已经揭示，图腾动物实际上是父亲的替代物。这一点正好与以下事实相符合：尽管这一动物是禁止宰杀的，但这种宰杀又是一个必要的节日场合，可以让动物先被宰杀然后被哀悼。原始人身上表现出的这种对图腾动物——父亲替代物——的矛盾情感态度，到现在还表现在孩子甚至我们成年人身上。

如果我们把关于图腾的精神分析解释与图腾餐这一事实以及达尔文关于人类社会早期状况的理论结合在一起，就有可能在至今仍互相割裂的种种现象中建立一种确定的关系，从而加深对它们的理解。

达尔文的原始部落理论中根本没有提及图腾崇拜的起源。我们只是看到一个行为狂暴、妒忌成性的父亲，他独占所有女人，儿子们一长大就被赶走。社会这种最原始的状态从来没有成为考察的对象。我们实际上能见到的那种最原始的社会组织是由几帮男子组成的，其中每一帮的成员都有相同的权利，都要服从图腾体系的种种限制,包括母系传承。这种形式的组织是从哪里发展来的呢? 是怎样发展的呢?

如果借助于图腾餐的庆典,我们有可能找到答案。有一天,那些流落外地的兄弟们聚集在一起,杀死并吃下他们的父亲,这种家长式统治的部落就瓦解了。他们团结在一起,鼓起勇气,完成了他们每个人单独无法干成的事情。他们是吃人的蒙昧人,他们肯定既杀了人,又生吃了他。这位狂暴的父亲让所有的兄弟们害怕和嫉妒,通过把他吞食这一动作,他们完成了跟他的认同,每个人都获得一份他的力量。很可能是人类最早节日的图腾餐,就这样成为对这一刻骨铭心的罪行的重复和纪念。它是社会组织、道德限制和宗教等现象的开始。

我们设想,这一由愤怒的兄弟们组成的暴众群体充满了我们在自己的孩子和神经症病人那里可以觉察到的对父亲爱恨交加的矛盾感情。他们恨自己的父亲,因为父亲是他们满足权力欲和性欲的巨大障碍,但他们又是那样地敬爱他。在他们消灭他、满足了仇恨的要求并与之认同后,那种曾被抛掉的敬爱之情必定会再次涌动,以悔恨的形式或罪恶感表现出来。死去的父亲比生前更为强大,这一事件的影响在当今人类事务中仍然可以常常见到。在他生前人们不能做的事情,由儿子们加以禁忌,这就是我们熟悉的精神分析中叫做"滞后服从"心理过程。他们禁止宰杀图腾这一父亲的替代物,以此来否定自己的杀父行为。他们也放弃了对已获自由的女人们的占有,以此来拒绝杀父行为的结果。正是这种犯罪感使他们形成了图腾崇拜的两个根本的塔布,这两个塔布必定要与俄狄浦斯情结中两个被压抑的欲望相对应。无论是谁,触犯了这两个塔布就是犯了原始社会最痛恨的两大罪恶。

图腾崇拜的这两个塔布,作为人类的道德起源,在心理学上的价值是不相同的。首先,图腾动物保护法全都是建立在情感动机之上：父亲实际上被消灭了，因此这一杀父行为在任何意义上都不可能取消。其次，乱伦禁忌立足于一个现实基础之上：虽然兄弟们为了推翻父亲结合在一起，在女人问题上他们彼此又是对手。他们每个人都跟父亲一样，想独占所有女人。这样势必造成人人互相为敌的混乱局面，没有一个人能够具有压倒一切的力量而真正取代父亲的角色，新的社会组织将会瓦解。兄弟们要想继续共同生活，只有制定乱伦法。由此放弃自己想要独占的女人，而占有这些女人却正是他们杀父的主要动机。他们以这种方式拯救了曾使他们十分强大的社会组织，这个组织可能形成于他们被赶出部落之时，建立在同性恋感受和行为之上。巴赫芬所说的母权制的萌芽就是这样产生的，后来被父权制的家族组织所取代。

另一方面，以禁止伤害图腾动物生命的塔布为基础，我们可以看到，图腾崇拜是人类走向宗教的首次尝试。在这些儿子的印象中，图腾动物确实是父亲的自然替代物，但他们对待图腾动物的方式不仅仅体现了表达悔恨之情的心理需求。通过与这个被替代的父亲的关系，他们试图减轻让自己痛苦的犯罪感，与父亲重归于好。这一图腾系统好像成了与父亲的一种和约。在这种和约中，父亲保证儿子们能从父亲那里得到幻想的一切（养育、照料和亲情），而他们则保证尊重他的生命，也就是说，不再重复杀父行为。此外，图腾崇拜还包含了一种自我辩解："如果父亲像图腾那样对待我们，我们不会想到去杀他。"这样，图腾崇拜就帮助他们解决了各种矛盾，使他们可能忘却作为图腾崇拜起源的那个事件。

图腾宗教发源于杀父事件产生的犯罪感，为的是减轻这一感受，通过对父亲的滞后服从来让他息怒。后来所有的宗教大概都致力于解决这一问题。它们各不相同，因为它们产生于不同的文明阶段，使用了不同的方法。但它们又都指向同一个目的,都是对那个导致文明开端的杀父事件的反应,这一事件一旦发生,人类就再也没有安宁之日。

我们发现,隐藏在父亲情结中的矛盾感情继续存在于图腾崇拜和一般宗教之中。图腾宗教不仅表达了悔恨和赎罪之意,还是对战胜父亲的一种回忆。获胜的满足感导致图腾餐这一纪念性节日的成立。在节日中,滞后服从的种种限制不再存在。由于生活条件的变化,人们可能不再记起他们杀父的结果,却会以牺牲图腾动物的方式来反复再现杀父之罪。我们发现,在后来的一些宗教产物中,也有着儿子反抗这一因素,尽管是经过伪装和变形而存在的。对此我们并不感到意外。

说到这里,我们追踪了对待父亲感情的变化发展,在我们看到的宗教和道德戒律中,它变形为悔恨而出现。值得注意的是,这种感情变化总是跟那些导致杀父的冲动分不开的。在以后很长时间里,这种兄弟感情继续对社会发展产生影响。他们宣称不会像联合起来对待父亲那样来彼此相待,竭力让自己不再重蹈父亲命运的覆辙。在图腾原有的带宗教色彩的杀生禁忌之上,他们又加上一条社会性的杀兄(弟)禁忌。这一禁忌经过很长时间,不再局限于氏族成员之中,演变为一句简短的话:"你不可杀人!"最初,父权部落被兄弟氏族所取代,但它们都是以血缘关系来保证自身的存在。现在,社会的基础是同谋罪中的共犯关系,宗教的基础是带有悔恨的犯罪感,道德的基础部分是社会的迫切需要,部分是由犯罪感而要求的赎罪行为。

因此,尽管与当前一些关于图腾系统的观点不一致,精神分析仍然要求我们假定,图腾崇拜和族外婚不仅关系密切,而且来自同一根源。

——《图腾与禁忌》

4． 神：父亲的替代物之二

如果图腾是父亲替代物的第一种形式，神就是第二种形式，在这一形式中，父亲又重获人形。从构成宗教种种形式的根源（也就是对父亲的渴望）中产生这样一种新的东西，这是完全可能的。这是因为，随着时间的流变，在人与父亲或人与动物的关系中发生了一些根本变化。

在对动物驯化的过程中，人们在心理上开始疏远动物，图腾崇拜也逐渐瓦解。那些为了杀死父亲而结合在一起的兄弟们，他们每个人心中都有一个欲望，要成为像父亲那样的人，并通过分食图腾餐上父亲的替代物，表达了这一欲望。但由于兄弟氏族作为一个整体对每一个成员都施加着压力，这一欲望不能得到实现。未来没有人能够得到像父亲那样的至高无上的权力。这样，经过漫长岁月，那种对父亲的痛恨逐渐减弱，而对他的渴望却越来越强。由此可能形成一种理想，它体现了死去的父亲曾拥有的无限的权力，当初他们合力反对他，现在却愿意随时听命于他。在敬仰一个人的基础上，通过创造诸神来恢复古代的父亲理想。把遭受杀害的父亲提升到部落祖先的神的高度，这是比古代与图腾缔结和约更为认真的赎罪意图。

可以肯定的是，对父亲态度的转变不仅限于宗教领域，还延伸到人类的社会组织之中。由于引进了父亲神，一个没有父亲的社会逐渐变为在父权基础上建立起来的社会。家族是对先前原始部落的恢复，把父亲先前的大部分权力重新给了人们。这样又有了父亲，但兄弟氏族取得的社会成就并没有被抛弃，家族的新父亲们与原始部落那位不受任何约束的父亲之间仍有巨大差距，因此，那种对父亲的渴求仍然没有得到根本满足，由此导致宗教的产生和进一步发展。

随着岁月的流逝，动物失去了其神圣性，牺牲物也失去了与图腾餐的内在联系，成了献给神的一种纯粹的祭物，一种讨好神的自我否定行为。上帝凌驾于人类之上，人们只有通过僧侣才能接近他。同时，在人类社会结构中，出现了天命神授的君王，父权体系进入国家。应该承认，那位曾被废除而又重现的父亲进行的报复是十分严厉的，其权威统治已达到极盛。而那些被制服的儿子们利用这一形势，让自己进一步摆脱犯罪感。实际上，无论怎样说，他们都不用再为献祭承担责任了，是上帝亲自要求并规定献祭。在这一阶段，我们发现，神话表明是神亲自宰杀献祭给他的动物，而这一动物其实正是他自己。这里我们看到对那个最大罪行的最极端的否定，而这一最大罪行却是社会和犯罪感的开端。这种献祭还有一层意思：对于放弃早期父亲的替代物而接受上帝这一至高无上观念的做法，神表示满意。在这一点上，精神分析的解释与此大致相符，即神代表了对其本性中动物一面的征服。

不管怎么说，如果认为在恢复父权时期那种父亲情结中的敌意冲动被消除了，那就错了。恰恰相反，神和君王这两种父亲替代物的最初统治表明，作为宗教特征的那种矛盾感情仍然富有活力。

我们假定这是一个事实：在宗教后来发展过程中，儿子的犯罪感和他们的反抗作为动因，从来没有被消除。无论作出怎样的努力解决这一宗教问题时，无论在两种对立的心理力量中进行怎样的调节，由于历史事变、文化变迁和内部心理变化的共同影响，这样的努力终归不会完全达到目的。

儿子越来越明显地把自己放在父神的地位上，农业的出现加强儿子在父权家庭中的重要性。他开始大胆地展示其乱伦里比多,在对大地母亲的耕作中获得象征性的满足。诸如阿提斯、阿多尼斯、塔姆兹等神产生了,植物精灵和年轻的神受到母神的爱抚,它们无视父神的存在而与母神有乱伦的行为。然而犯罪感并没有因为这些创造物而有所缓解,在神话中,它被表现为,这些受到母神爱抚的年轻神灵生命短促,并被阉割或被震怒的父神变为动物。阿多尼斯被野猪咬伤而死,西贝丽神宠爱的阿提斯因阉割而死。对这些神的哀悼以及对其复活的欢庆都融合在另一个注定会取得最终胜利的儿神的仪式之中。

基督教最初出现在古代世界时,遭遇到来自米特拉教的竞争,一段时间里,人们搞不清楚哪一个神会取胜。尽管围绕着一层神圣的光环,我们对这位年轻的波斯神几乎一无所知。从米特拉宰牛的雕塑中,我们或许可以推测,他代表了将自己独自献祭给父亲的儿子,以此来减轻其兄弟们共同杀父的罪行。还有一种减轻儿子们罪行的办法,就是基督首先采用的。他牺牲了自己的生命,以此把兄弟们从罪孽中解救出来。

毋庸置疑,基督教神话中的原罪是指对天父上帝的违背。然而,如果基督是牺牲自己的生命来将人类从原罪中解救出来,那么我们就可以得出这样的结论:所谓原罪是一种杀害之罪。以牙还牙的报复法深深植根于人类的感情之中,它规定:杀人者偿命。因此,自我牺牲就意味着原来所有的是杀人之罪。如果这种牺牲就能从天父上帝那里赎罪,所赎的罪就只能是杀父之罪。

因此,在基督教教义中,人们不加掩饰地承认了远古时代那一杀父之罪,因为他们从一个儿子的牺牲中找到了对这一原罪的彻底补偿。对父亲更为彻底的补偿,是儿子们随后完全放弃女人的牺牲行为(正是她们引发了儿子们的反抗行为)。但就在这一点上,矛盾感情这一必然的心理现象表现出来了:在对父亲做出最大补偿的同时,也实现了他们反对父亲的愿望。

儿子自己变成了神,与父亲平起平坐,或者更恰当地说法是取代了父亲。一种以儿子为神的宗教取代了原先以父亲为神的宗教。作为这种替代的标志,古老的图腾餐以圣餐形式复活了。在圣餐仪式中,兄弟们分享的不再是父亲的血肉,而是儿子的,以此来获得神圣性,并实现了与这个被分食的儿子的认同。这样一来,我们就可以透过历史长河,找寻到图腾餐与动物献祭、神人合一的人祭以及基督教的圣餐之间的同一性。而且在这种种仪式中,我们都可以看到那种原罪对人类的影响:他们一方面背负着这个重罪,另一方面又因此感到自豪。不过从根本上说,基督教的圣餐仪式是对父亲肉体的消灭,是对杀父之罪的重演。

——《图腾与禁忌》

5. 伟人是怎样产生的

　　一个形单影只的人竟能造成这样非同寻常的结果,这可能吗?他竟能将零散的个体和家庭聚合成一个民族,竟能给他们烙上性格的印记,并决定其命运数千年。承认有这样的人,难道不是让我们回到那种造物主神话和英雄崇拜的思维方式去了吗?难道不是回到写历史就是写一个人、写一个统治者或征服者的行为和命运的时代去了吗?

　　这里涉及"伟人"问题。在什么条件下,我们才会给予某人"伟人"称号呢?要回答这个问题并不很容易。有一种说法是:如果一个人具有我们高度重视的了不起的性质,我们就称他为伟人。但这一说法很难成立。例如,一个人有不同常人的美貌,或者有非凡的力气,无论这些品质有多么了不起,我们都不会称之为伟大。由此可见，属于伟大的品质应该是心理方面的，也就是精神和理智的品质。但对于这方面的品质，我们仍然有一些保留，某人在某一特殊领域中有卓越成就，我们不一定会称之为伟人。例如对一位象棋大师或一位音乐高手，我们不会称呼他们是伟人；而对于一位著名的艺术家或科学家，我们也不太会称为伟人。我们也许会称之为伟大的诗人、画家、数学家或物理学家等等，却不会称为伟人。如果我们把歌德、达·芬奇和贝多芬称为伟人，那一定不是由于他们非凡的创作活动。也许我们可以将伟人的称号给那些实际行动者如征服者、将军、统治者等，他们获得了极大的成就，有着巨大的影响力，但这也不能让我们满意。有些人对当时的世界以及后世有着不容置疑的巨大影响，但他们是卑鄙宵小之徒，当不得伟人的称号。有些被我们称为伟人的人，在世时并没有取得成功，反而死于不幸。可见，在当世的成就并非是判断伟人的标准。

因此，就目前而言，我们不必为伟人寻求一个十分明确的定义，它只是一个带有一定随意性的术语，来称谓某些具有超越人类发展水平的品质的人。实际上我们感兴趣的不是伟人的本质，而是他们影响同类的方式。

在我们看来，伟人以两种方式影响其同胞：一个是他的人格，一个是他提出的观念。这种观念可能是强调一种大众所希望的古人形象，也可能是指出一种他们所希望的新目标，或者是其他能够迷惑大众的东西。有时人格的力量起主要作用，而观念的影响则是次要的。一个伟人为什么会变得如此重要呢？我们知道，人类对于权威有一种强烈需要，人们推崇一个权威，在他面前百依百顺，接受他的统治，还会受他的虐待。在个体心理学中，我们已经知道这种大众需要的根源了：这是我们每个人从童年就有的对父亲的渴望，是对传说中已被英雄打败的父亲的渴望。现在我们开始有些明白，我们赋予伟人的一切特征其实都是父亲的特征,我们一直在探寻的伟人的实质就是这种一致性。思想明确、意志坚定、行动果断,这些都是父亲的形象,而更为重要的是这位伟人的自主性和独立性,是神圣的冷漠或冷酷无情。人们崇拜他、信任他,同时也会害怕他。我们都知道这句话:"除了父亲,还有谁是儿童心中的伟人呢?"

摩西无疑也是一个父亲的原型,他成为贫穷犹太人的父亲,向他们作出承诺,视他们为亲爱的孩子。一个唯一、不朽、全能的上帝的观念对他们有着绝对影响,他们愿意与这样的人物订立契约,因为摩西承诺,只要他们忠诚地崇拜他,他就会像父亲般地关怀他们。对这些人来说,很难将摩西这个人的形象同上帝的形象区分开来。他们的感觉是准确的,因为在摩西的性格中确实可以看到上帝的影子:脾气暴躁、冷酷无情。如果有一天他们杀害了自己的伟人,那不过是重犯了古代的罪行,即对当时神圣帝王的反抗,或者是重犯了更为古老的罪行,即儿子们合伙杀了他们的父亲。

如果发现摩西这样的伟人是这样发展为有神性的,我们应该记住的一点是,父亲也曾是一个儿子。在我们看来,摩西所宣讲的宗教教义并非是他自己的,他是从埃赫纳国王那里接受过来的。而作为宗教创立者的埃赫纳所遵循的暗示,又是通过他母亲和其他渠道而得来的。

——《摩西与一神教》

6. 文明违背初衷:爱欲与文明的分裂

创造了家庭的爱在文明中以两种形式起作用:一种是最初的形式,即直接的性满足;一种是改变了的形式,即目的受限制的爱,对文明的进展产生影响。爱以这两种形式将许多的男男女女结合在一起。这要比共同工作的利益更能起作用。从爱这个词的用法上可以看到人类文明的演变。一般来说,爱是指生殖的欲望,一个男人和一个女人组成家庭。但是,在一个家庭内部,父母和子女之间、兄弟和姊妹之间的积极情感态度也被称为爱;在我们看来,这种关系应该被称为目的受限制的爱。这种目的受限制的爱起初也是完全的性爱,现在人们的无意识中仍然是这样。性爱和目的受限制的爱都超出了家庭的爱,性爱是跟以前陌生的人结合在一起。生殖的爱导致新家庭的产生,从文明的角度看,目的受限制为友谊的爱是很有价值的,它没有生殖的爱的排他性。但是,在文明的发展过程中,爱和文明之间的关系变得越来越不明确:一方面,爱对文明的利益有所违背;另一方面,文明对爱实施了不能忍受的限制。

　　爱与文明之间的这种分裂似乎是不可避免的。但其原因我们还得作深入探析。这一分裂首先表现为家庭和个体所属的大群体之间的冲突。我们已经知道,文明的目的就是要让人们结合成越来越大的统一体,但是家庭又要将个体留在自身之中。家庭成员之间的关系越亲密,他们跟家庭以外的人关系就越疏远,也就越难进入更广泛的生活范围。家庭生活在人类最古老的时代就有了,这也是个体在童年唯一的生活方式。这一生活方式对以后要取代它的社会文化生活方式进行抵抗。脱离家庭是每一个年轻人要完成的任务,社会通常在个体青春期采用一些仪式来帮助他完成这一任务。

　　其次,爱与文明的不一致表现为女人与文明倾向的对立,而最初是她们的爱为文明创造了基础。女人代表了家庭和性生活的利益,而对于文明的建设越来越变成男人的任务。因此,男人们不得不迫使自己的本能升华,将很大一部分里比多用于文明的目的,从而减少了同女人过性生活的能量。男人在同其他男性的不断联系以及对这种联系的依赖中，疏远了女人，减弱了做丈夫和父亲的责任。女人们发现自己被文明逼入困境，因此对它怀有敌意。

最后，这一分裂表现为文明对性生活的限制。这一限制是十分明显的，即使是文明最初阶段也就是图腾崇拜阶段，也有着严厉的乱伦禁忌。在各个时代，性生活的限制都给人类造成最严重的创伤。种种禁忌、法规和习俗，给性生活加上越来越多的限制。这种限制不仅对男人有影响，也对女人有影响。不同的文明，其影响的程度也不一样。社会组织的经济结构对性自由的影响也是很大的。我们知道，文明对性生活进行限制时要服从经济规律，将里比多从性欲中撤回，从而获得很多能量用于自身目的。这里文明对待性欲，就像一个已经获胜并能控制和支配对方的民族或阶级，由于害怕对方反抗，会采取更为严厉的预防措施。我们的西欧文明已经达到这一发展类型的最高峰。从心理学的角度看，文明对儿童性生活的指责是很有理由的：如果不在个体童年时就进行控制，等到他成年时就无法控制其性欲了。但文明社会的控制如此极端，竟然完全否认儿童性生活的存在，而这一存在不仅是可以证明的，而且其表现十分明显。文明使得处于性成熟期的人只能选择异性为性对象，并且将许多非生殖器形式的性满足看作性反常行为而予以禁止。文明的禁律要求所有的人都过同一种性生活，完全无视个体在性方面的差异，将很大一部分性快乐排除掉了，因而造成极大的不公正。即使是唯一没有受到文明谴责的异性生殖的爱，也要受合法性及一夫一妻制的进一步限制。性欲作为一种人类寻求快乐的源泉，是文明不能容忍的；文明只是将性欲看作一种大量增加人口的手段，才容许其存在。

当然这里所说的是一种极端情况。我们都知道，这些限制并不能都付之实行，有些哪怕是短期实行也不可能。只有力量弱小的人才会容忍对其性自由的侵犯,而那些力量强大的人只有在获得补偿即有某种安全保障的情况下,才会同意这样做。文明社会发现,自己不得不默认许多侵犯行为,而按照社会法律,它们都应该受到惩罚。在我看来,文明人的性生活显得很无能,给人的印象是,其性功能正在萎缩,就像牙齿、头发等的功能那样。这一假定可能是正确的,性欲作为一种满足的根源,作为一种实现人生目标的手段,其重要性已经大大减小。有时我们设想,不仅文明产生的压抑,就是性功能本身,也有某种东西不让我们获得满足。

以下的思考是对上述观点的支持。人是一个有着明显两性特征的动物有机体。人类有一半是男性,而另一半是女性。而这每一半最初都是雌雄共同体。性首先是一个生物学的事实,虽然它在心理生活中也具有非常重要的意义。我们常常说,每一个人都表现出男性和女性的本能冲动、需要和特性,但男性和女性的特点只能在解剖学中得到证明,而不是在心理学中。在心理学中,性的对立变成了主动和被动之间的对立。我们很容易把主动与男性等同,把被动与女性等同。不过雌雄同体理论还不是很清晰,在精神分析中,我们还无法将其与本能理论结合起来。无论怎样,如果我们假定这是一个事实,即每一个人在性生活中都有男性和女性的欲望需要满足,那么,我们就得接受这种可能性:这些欲望需要不可能在同一个对象身上都得到满足;如果这些需要难以分开,不能各自进入适合自己的领域,那么,它们就可能互相干扰。

我有一个更为深入的猜测:由于人类采取站立姿势,降低了嗅觉价值,性欲受到损害,成了器质性压抑的牺牲品。从那时起,性功能就遭遇到对它的反感,其完全的满足受到限制,并被迫离开性的目的而升华或移置。据我所知,布洛伊尔曾指出,人们确实有这种拒绝性生活的基本倾向。所有的神经症病人以及其他许多人都十分反感"我们是出生于尿和粪便之中"这一事实。在某种程度上,生殖器也对嗅觉器官产生强烈刺激,而让许多人无法忍受,从而使得性交活动不能进行。我们发现,这种直立姿势是文明对性压抑最深刻的根源。当然,这些看法还只是一些未能最终确定的可能性,并没有在科学上得到证实。

——《文明及其缺陷》

7. 文明要求人类牺牲攻击性倾向

　　文明的目的是用里比多把社会成员结合在一起,为此而采取一切手段,通过一切途径,使得他们有一种强烈的认同作用。为了通过友谊关系加强社会凝聚力,文明需要大量的目的受到限制的里比多。要实现这一目的,就不可避免地要对性生活加以限制。但是,我们无法理解,文明有什么必要沿着这一条路走,并对性欲进行对抗。这里肯定有着我们还没有发现的某种干扰因素。

　　人们不愿承认的一个真相就是,人类并不是这样的动物:他们只是希望得到爱,温良和顺,在受到攻击时顶多只是自卫;人类的本能天赋具有强烈的攻击性。结果是,对他们来说,周围的人不仅可能是其合作伙伴或性对象,还可能是满足其攻击性的目标、无偿付出劳动的被剥削者、被强奸者;他们会抢夺其财产,羞辱其人格,使之痛苦、备受折磨甚至被杀害。"人对人像狼一样。"面对现实生活和历史经验揭示的这一切,我们谁还能对此质疑呢?通常这种残酷的攻击性等待着某种刺激,或者使自己服务于某些其他目的,这些目的也可以通过比较温和的方式达到。而在有利于攻击性的情况下，平时抑制它的心理力量失去作用时，它会自动出现，暴露出人是野兽的特点，与人们平时自认的情况正好相反。我们只要想到早期种族大迁移或匈奴人入侵时期，成吉思汗和铁木尔率领下的蒙古人的侵略，虔诚的十字军侵占耶路撒冷，甚至最近世界大战的恐怖罪行，就不得不承认这一观点是真理。

　　我们可以在自己身上发现这种攻击性倾向，还可以十分准确地在其他人身上找到它。这种倾向的存在干扰了我们同周围人的关系，使文明不得不消耗这样巨大的能量。由于人与人之间这种原始的敌意，文明社会总是处于瓦解的威胁之中。共同工作中的利益不会让人们结合在一起，本能的情感要强过理性的兴趣。文明不得不召集最大的力量来抵制人的攻击性本能，利用心理上的反作用力来控制其表现。因此，这些方法的使用使得人们进入认同和目的受限制的爱的关系中；然后是对性生活的限制，再往后就有了"爱人如爱己"的圣训。唯一能说明这一圣训合理之处的是，再没有其他更能反对人类原始的攻击天性的了。虽然用尽了一切力量，迄今为止，文明并没有取得多少成效。文明试图通过暴力对付犯罪，来防止残暴行为，但法律不能控制人类更谨慎、更狡猾的攻击行为。年轻时我们曾对此抱有希望，现在是放弃这种虚幻期待的时候了。

　　显然，要人们放弃这种攻击性倾向的满足是不容易的。这一倾向得不到满足，他们就会不自在。在较小的文化团体中，人的攻击性本能可以通过向团体以外的人发泄敌意来得到满足。只要还有一些人成为攻击性表现的对象，那么，就有可能通过爱把相当数量的人结合在一起。一旦使徒保罗把人们普遍的爱作为其基督教团体的基础，不可避免的后果是，基督教世界对它之外的所有人表现出最大的不宽容。德国人统治世界的梦想必须以反犹太主义为补充，这并非是一件不可理解的事情。在俄国,试图建立一种新的共产主义式的文明,它通过压迫资产阶级而获得心理上的支持,这也是很容易理解的。人们只是很想知道,当苏联完全消灭了资产阶级以后,他们将怎么办。

如果文明不仅要求人的性欲作出牺牲,还要求牺牲人的攻击性倾向,我们就能更好地理解,为什么在这种文明中人类难以获得幸福。实际上,原始人的境况要好一些,因为他们根本就不懂得对其本能的限制。作为一种得失相当,他们享受这种幸福的时间不可能很长。文明人把他一部分可能得到的幸福变成了安全的一部分。然而我们不要忘记,在原始的家庭里,只有其首领才能享有这种本能的自由,其他人则处于被奴役的地位。在文明的原始时期,从文明中获得利益的少数人与被剥夺了这些利益的大多数人之间的差别达到顶点。

文明没有充分满足我们幸福生活计划提出的要求,使我们遭受许多本来可以避免的痛苦,我们正确地指出这一现状,我们以压力的批判来揭示其不完善的根源,我们无疑是在行使正当权利,而并非意味着我们是文明的敌人。我们可以希望,文明会逐渐发生变化,更好地满足我们的需要,不再受到我们的批判。但我们也很清楚这样的思想:文明本身固有的难点会让它不去尝试任何改革。

——《文明及其缺陷》

8. 犯罪感:文明对付攻击性本能的方法

人类迈向文明的一大步就是用联合体的力量来取代个体的力量。其实质是群体成员对每个人可能得到的满足加以限制。文明的首要条件就是公正，也就是让法律制定以后，不会因为任何个人的利益而被破坏。这里还谈不上法律的道德价值。文明的进一步发展看来是要确保法律将不代表任何小群体，如种族、部落、阶层的意志。

文明似乎并不能给个体的自由带来什么好处。在文明诞生之前，个体具有最大的自由。不过这种自由没有什么价值，因为他们几乎都不能保证自己的安全。文明的发展让个体自由受到限制，公正要求对每一个人都进行这种限制。在人类群体中，个体往往有一种对自由的渴望，这可能是对群体内存在的不公正现象的一种反抗，因此与文明的发展有着一致性。但是，这种对自由的渴望也可能起源于人的原始本性中，这样，它与文明有一种对抗关系。因此，对自由的渴望既指向文明的某种特定形式，也可能指向文明本身。看来文明无论怎样影响到人性，都不会将人变成蚂蚁。人类个体必定会用其自由的要求来抵抗群体的意志。人类各种争斗的要点在于，怎样解决个体要求和文明社会的要求之间的冲突和矛盾，从而让人们可能过上较为幸福的生活。我们能否找到这种解决方法，这是关系到人类命运的重大问题。

人除了爱欲以外，还有一种死亡本能。一部分死亡本能指向外部世界，成为一种攻击性和破坏性本能。这一本能以这种方式为爱欲服务，通过毁灭其他生物和无生物来替代自身的毁灭。如果情况相反，死亡本能不能指向外部世界，它就一定会在内部进行，从而加强自我毁灭的作用。

文明是一个服务于爱欲的过程，爱欲将每一个人组织在家庭里，将每一个家庭组织在部落里，将每一个部落组织在种族里，将每一个种族组织在国家里，总之将人们结合成越来越大的统一体，最后成为一个全人类的统一体。这就是爱欲要做的事。人们结合在一起，不仅仅是物质需要或共同工作的需要，还是由于里比多的作用。但是人们自然产生的攻击本能、个体对群体的敌意以及群体对个体的敌意都对抗着文明的这一目的。这种攻击本能是死亡本能的衍生物和主要代表。我们同时发现了死亡本能和爱欲本能,对文明进化的意义可以作出比较清楚的解释:文明进化其实就是爱欲和死亡之间、生的本能和破坏本能之间的斗争。这一斗争构成了所有生命最基本的东西。

为什么跟我们关系密切的其他动物没有表现出这种文化意义上的斗争呢?有些动物如蜜蜂、蚂蚁、白蚁等经历了几千个世纪才形成了这种我们今天十分赞赏的国家制度、功能分工和对个体的限制。根据我们在自己世界的体会,我们知道,在这种动物世界的任何群体里扮演任何角色,都是不会幸福的。这些动物在环境影响和其内部互相斗争的本能之间很可能已经形成了一种平衡,这样发展就停止了。而在原始人那里,破坏本能伴随里比多重新爆发出来。

现在有一个跟我们密切相关的问题:文明是用什么方法来控制攻击性,使之无害,或者将其消除掉呢?我们可以通过个体发展的历史来研究这种攻击性。当个体希望自己的攻击性无害时,会发生什么呢?这时的情况比较复杂,我们难以猜测,但其主要意图似乎很明显。这时它的攻击性会指向内部,是内在化的。实际上攻击性回到发源处,也就是指向自我。自我的一部分接受了这种攻击性,它把自己当作超我而与自我的其他部分对立起来,并且以良心的形式对它们进行严厉攻击。这样,自我就会享受到攻击他人的快乐。在严厉的超我和其他自我之间的这种紧张,我们称之为犯罪感;它表现为一种惩罚的需要。因此,文明通过减弱或消除这种紧张来控制个体危险的攻击性欲望,其做法就像在一个被征服的城市里驻扎军队一样。

　　犯罪感有两个根源：一个是对权威的畏惧，一个是对超我的畏惧。对权威的畏惧使得我们克制对本能的满足；而对超我的畏惧使得我们遭受更多惩罚，因为即使有此愿望也无法瞒过超我。犯罪感是心理冲突的表现，是爱欲和破坏本能之间斗争的结果。当一个人与其他人一起生活时，就会产生这种冲突；在家庭中，这种冲突以俄狄浦斯情结的方式表现出来，促使良心发展，首次产生犯罪感。当人们尝试构成更广泛的共同生活形式时，同样的冲突就会在过去形式的基础上继续发生，并使犯罪感得到强化。随着从家庭群体到人类群体的文明发展，从天生的矛盾心理以及爱欲与死亡的斗争中产生犯罪感也必定会不断增强，直到这种犯罪感达到人类个体无法承受的程度。

　　在我看来，对于人类来说，最为重要的是，文明的发展在多大程度上能够将攻击和自我毁灭本能控制住，防止社会生活的混乱。也许这是我们时代应该特别注意的。现在人类对于自然力量的控制已经达到这种程度：借助自然之力，他们可以毫不费劲地互相消灭直到最后一个人。得知这一点引起他们极大的不安。人们期待着爱欲的力量能够战胜对手。但是有谁能够作出胜负的预言呢？

——《文明以及缺陷》

9. 人类经历的三次创伤

　　我想谈谈人类的自恋是怎样受到来自科学研究的三次打击的。

　　出于好奇心，人类第一次试图了解地球这个他居住的地方。在他看来，地球是宇宙的中心，是静止不动的，而太阳、月亮、星星都围绕着地球转动。他感觉不到地球的运动,当他的视线不受遮挡时,发现自己总是站在一个圆的中心。在他看来,地球的中心位置象征着地球对宇宙的主宰。这一看法同他将自己看成世界的主人是一致的。

到 16 世纪,哥白尼的著作使得这一自恋的幻想破灭了。其实在哥白尼之前很早,毕达哥拉斯的信徒就对地球的这种中心地位表示怀疑。公元前 3 世纪,阿思塔克斯就宣称,地球要比太阳小得多,而且围绕着太阳转。由此可见,前人早就有了类似哥白尼的重大发现,但是,只有在这一重大发现得到普遍承认后,人类的自恋才遭到科学的第一次打击,也就是天体论的打击。

随着文明的发展,人类获得支配动物世界其他动物的权力。但他对此仍不满足,还要在人的本性和动物的本性之间划下一道截然界限。他不承认动物具有理性,认为自己的灵魂永存,宣称自己跟动物世界在习性方面没有任何联系,具有特别高贵的血统。值得我们注意的是,在儿童、野蛮人和原始人那里,并没有这种对待动物的傲慢态度。在图腾崇拜阶段,原始人认为自己的祖先是动物,他们对此并不讳言。神话就反映了原始人的这种态度。在神话中,神是以动物的外貌出现的,史前艺术也把神描画成有着动物头脑的样子。在儿童看来,他的本性跟动物没有什么区别,因此,他对童话中动物能思考、能说话,一点也不惊讶。他会像害怕父亲一样害怕一条狗或一匹马,而这并非意在贬损自己的父亲。只有在长大成人后,他才开始同动物疏远起来,并用动物之名来骂人。

我们知道,半个多世纪前,查尔斯·达尔文以及他的同事和前辈的科学研究结束了人类这种傲慢态度。这一研究表明,人并非不同于其他动物的生物,也不比其他动物优越。人类起源于动物,并且与动物有着或亲或疏的关系。人类后来进化了,但这并不意味着他在身体结构和精神气质方面跟其他动物有什么根本区别。这就是人类遭受科学的第二次打击,也就是生物学的打击。

第三次打击是来自心理学,这也许是人类自恋受到的最沉重打击。

在同外界的关系方面,人类已经没有什么可自傲的了,但他感到,在自己的内部世界,他仍然主宰一切。他的自我观察和监视着自己的动机和行为,如果不合要求,就要进行制裁。各种感觉和意识为自我提供了大脑运转的各种重要信息。这样,人的意志根据这些信息报告采取行动,执行自我的命令,对那些试图违规的动机和行为进行矫正。在人类看来,人的心理世界并非那么简单,它是一个等级森严的世界。动机错综复杂,引发出各种行动,随之而来的是众多本能和内外关系,而其中许多动机和本能又互相对抗,无法调和。为了让整个心理系统正常运转,必须让所有这些力量的最高执行官了解一切,其意志能贯穿一切。自我就是这位最高执行官,它对自己获取信息和发布命令的渠道之可靠性是深信不疑的。

在一些病症中,特别是我们专门研究的神经症症中,情况并不是这样的。自我感到出了问题,它的权力受到限制:大脑中突然冒出一些想法,意识却不知道它们是从哪里来的,也不知道怎样将它们驱除。尽管不符合现实,它们似乎比自我统治下的思想强大得多,对意志进行抵抗,也不服从逻辑的力量。自我不得不否认这些动机,并对之采取防范措施,它对自己说:"这是一种毛病,是一种外来的侵犯。"尽管自我高度防范它们,却奇怪地感到力不从心。

对于这种情况,精神病学明确地说,这意味着外部邪恶侵入头脑。此外就只能说:"这是退化,是遗传本性,是劣等体质!"精神分析学说开始解释这些奇怪的症状,进行了深入细致的调查研究工作，提出假设，确定科学方法，最后，它对人的自我说："你并没有受到什么外来的侵犯，是头脑内的一部分活动要避开你的知觉，要摆脱你的意志的控制。这也是你感到无能为力的原因。这是你的一部分力量同另一部分力量斗争，因此不能像一致对外那样集中你的精力。此外，同你对抗的，并非是头脑中最劣等、最无用的部分。弄成这种情况，责任全在于你自己。你认为自己可以随心所欲地对待性本能，可以无视其目的，这是过高地估计了自己的力量。结果导致这些性本能起来反抗了，它们独立在黑暗中行走，来抵制你的压迫。它们用强力行使自己的权利，你却无法制裁它们。它们是怎样走到这一步，是通过什么途径达到自己的目的，你一点都不知道。你只知道它们行动的结果以及你感受到痛苦症状。于是，你不承认这是被你抛弃的动机的产物，不知道这是它们替代性的满足。"

"你在另一个重要问题上也有错误，这样才造成整个反抗过程。你认为脑子里所有重要的事情都被意识告知了。如果没有听到什么特别的东西，你就认为它不存在。在你看来，脑子和意识是一回事，也就是说，跟你知道的事情是一回事，而没有看到这样一个事实：许多事情在脑子里发生，而你的意识却不知晓。你应该学会弄懂这方面的事情。脑子里的东西跟你的意识并不完全相等，脑子里发生的事，跟你所听到的东西，完全是两回事。在通常情况下，达到你的意识的信息或许可以满足你的需要，因此你产生了这样的幻想：你知道所有重要的事情。但是，在有些情况下，当种种本能发生冲突时，你的信息来源出了问题。这时到达你的意识的信息是不完全的，有时甚至是不可靠的。更为常见的是，只有当事情过去后，你才知道发生了什么。这时你已经无法改变任何东西了。你的作为表明，你就像一个掌握绝对权力的君主，只是满足于高官给你提供的信息,从不深入群众,从不听取他们的意见。你应该深入到内心去了解自己,才可能明白这种情况为什么会突然发生在你身上。也许此后可能避免这一状况的发生。"

精神分析学说希望这样来教育人的自我。它的两个发现:一个是,性本能的力量不可能被完全压抑;另一个是,思维是无意识的过程,它是通过不完全和不可靠的感觉传送给自我并受其控制,也就是说,自我并不是自己家里的主人。这两个发现表明人类的自恋受到科学的第三次打击,我称之为心理学的打击。因此,自我不喜欢精神分析学说,拒绝相信它,就不足为怪了。

——《精神分析的一个难点》

10. 科学能否评判宗教

在艺术、哲学、宗教这三种可能反对科学基本立场的力量中,只有宗教才是科学的真正敌人。艺术通常是有益无害的,它只是追求一种幻想。除了一些被艺术迷住的人外,艺术并没有打算侵占科学在现实中的领域。哲学与科学并不对立,就一些局部问题而言,它采用的方法与科学相同,但从总体上说,它有别于科学,认为我们能够搞清楚统一的世界图景。随着我们对于自然认识的加深,这种幻想一定会破灭。哲学过高地估计了逻辑和直觉活动等的认识价值,在方法上有错误。但哲学对大众并没有直接影响,即使在知识分子中也只有很少的人对它感兴趣,对其他人来说,哲学是难以理解的。宗教则是一股强大的力量,它支配着人类最强烈的感情。正如我们所知,在人类早期,它在我们的精神生活的各个领域里都起作用,甚至还扮演着科学的角色；它还构建了一种十分连贯的，可以自圆其说的宇宙观。虽然这一宇宙观后来受到巨大冲击，仍然延续下来。

宗教为人类提供了宇宙起源和形成的资料；它承诺给人们以保护和幸福；它还制定戒律来指导人们的思想和行动。这样，它就实现了三种功能。第一种功能是满足人类对知识的渴望；它用自己的方法去做本该由科学做的事情，并以此与科学相对立。第二种功能是消除人们对生活的恐惧，保证他们的幸福，对其不幸进行安慰。这是宗教影响最大的功能，科学无法与之相比。当然，科学确实可以教导我们避免某些危险，帮助我们战胜某些困难，否认它是人类有力的帮助者显然是不公正的。但是，在许多情况下，科学不得不任凭人们遭受苦难而无能为力。第三种功能是发布戒律，明确限制和禁止做的事情。在这一点上，宗教和科学之间有着很大区别。科学也有指导人们生活的规则和告诫，但它首先重视的是调查研究，查证事实。有时科学和宗教的某些规则和告诫是一样的，但它们的理由却不相同。

宗教这三个方面的联系并不很清楚。只有从接受发生学的角度看，才能找出端倪。宇宙起源论为什么会成为宗教体系一个固定的成分？宗教教义说，宇宙是由一个类似于人的存在物创造的，这一存在物的力量、智慧和情感都得到极大的夸张，成了一个理想的超人。很有意思的是，即使有许多受到崇拜的神灵，宇宙的创造者却总是某一个存在物，并且通常是一个男性。在精神分析看来，他就是父亲。他出现在宗教信仰者面前，就像给幼儿一种神奇感的父亲一样；这些信仰者所描画的宇宙诞生过程，就像描画他自己的出生一样。

这样，我们就比较容易理解，安慰性的承诺、严格的道德要求为什么会跟宇宙起源论结合在一起了。儿童将自己的存在归之于父亲,父亲也确实为弱小无助的孩子提供监护。儿童面临外部世界的危险,所以在父亲的保护下感到安全。长大后他的力量也变大了,但他知道,从根本上说,他仍然像童年一样无助,面对世界他还是一个孩子;没有童年受到的那种保护,他什么也做不了。而现在父亲给他的印象不再是无所不能的。因此,他不得不返回到童年状态,将记忆中的父亲形象抬高到神的位置,这是神的最早起源。

宗教的道德要求也很符合这种儿童状态。父亲给了儿童生命,让他躲开危险,也教导他应该做什么,不应该做什么,教导他应该对自己的性欲加以限制,让他懂得,如果想在家庭和后来更大群体中成为受欢迎的一员,就应该更加关心父母、兄弟和姊妹。这一爱的奖惩体系教育了儿童,使他认识到自己的社会职责,认识到自己的安全要仰赖于父母以及其他人都爱他,他们也相信他爱他们。所以这些东西后来都被引入到宗教中。父母的告诫在他身上保留下来,成为一种道德意识。上帝用同一种奖惩体系来统治人类世界,根据每个人的道德状况来分配给他们的保护和幸福。他对上帝的爱以及被上帝爱的意识,是其生活安全感的基础,由此可以抵抗外部世界以及人类环境的危险。最后,在祈祷中,他相信自己直接影响了神的意志,并分享了神的万能。

科学凭借着对自然过程的考察,开始将宗教当作一件人类的事,并对它作批判性考察。宗教不能经受这种考察。首先被科学怀疑的是宗教关于各种奇迹的传说,这些神话有着人类想象的印记,与认真的观察所发现的东西是互相矛盾的。然后那些解释宇宙起源的宗教教义也被科学否定了,因为它们表现出古代的无知。人们越来越认识到自然法则要优于宗教教义,他们不太相信宇宙是由类似于人类交媾的行为而产生的说法,因为生物与非生物的区别已经是一个十分明显的事实,使得人类无法再保留原始泛灵论的信仰。

科学力量逐渐强大起来，最终敢于对宗教宇宙观中最重要、最有情感价值的成分进行考察。宗教承诺，只要人们遵守某些道德要求，就向他们提供保护和幸福。现在人们发现这种承诺是不可信的。宇宙中并没有那种像父母一样关照他们、给其活动以完满结局的力量。恰恰相反，人类的实际命运反驳了宇宙行善或公正的说法。例如，地震、海啸、火灾等并不考虑人是否善良或虔诚。何况我们谈论的是人而不是无生命物，他们的命运在很大程度上要依赖跟他人的关系，所以，这个世界绝不会是"善有善报，恶有恶报"。往往有这样的情况：凶恶、狡诈或残忍的人飞黄腾达、富可敌国，而善良的人却形同乞丐。支配着人们命运的是种种阴沉黑暗、冷酷无情的力量。宗教赋予宇宙统治的奖惩体系实际上并不存在。我们完全有理由抛弃宗教从泛灵论那里继承的这一理论。

精神分析说明宗教是怎样起源于儿童的无助状态，并在成人欲望和需要的童年残痕中寻求宗教的内容，从而对宗教宇宙观提出了新的批判。但这并不意味着否定宗教，而是更完善、更深入地认识宗教。当种种不同的宗教教派为谁占有真理而争论不休时，我们却认为宗教的真理性是一个不可能有确定答案的问题。宗教是一种控制感性世界的企图。由于生理和心理的需要，我们有一种渴望，因此处于感性世界之中。但宗教并不能做到这一点，其教义留有人类童年无知时代的印记。它对我们的抚慰是不可信任的；我们凭经验可知，世界并不是一个育婴室。宗教强调的那些道德要求对人类社会来说是必要的，但将这些要求与宗教信仰联系起来却很危险，它们应该另有一个基础。宗教在人类发展史中并不占有永恒的地位，它有些类似于文明社会中的个体从童年到成人的发展过程中所经历的神经症状。

我们遇到第一个反对意见是,不应该用科学来研究宗教,因为宗教是比人类任何理智活动都更为崇高和优越的东西,不可能用琐碎的批判来进行研究。也就是说,科学没有资格评价宗教。我们要问:宗教的这种优越地位有什么根据?我们得到的答复是,宗教是无法用人类的尺度来衡量的,因为它起源于神灵,是神灵对我们的启示,而人类精神无法理解这个神灵。这一论证显然是用未经证实的假设作为根据。问题在于,是否存在着这样的神灵以及它给予的启示。下面的说法并不能解答这一问题:你们不能提出这一问题,因为神灵是不能被怀疑的。

另一种反对意见是,宗教是人类灵魂产生的最高级、最珍贵和最崇高的东西,表现了最深厚的情感;有了它,世界才对人们变得宽容,生活才对人们变得有价值,所以科学不能对其作批判性考察。我们的回答是,这里并非是科学侵犯了宗教的领域,而是宗教侵犯了科学思想的领域。宗教无论有多重要、有多少价值,它都无权对思想进行限制,也就是无权拒绝科学对它的思考。

宗教为保护自己而作出限制思想的禁令,会对人类个体和社会造成危害。精神分析告诉我们,这样的禁令最初只限于某种特殊领域,到后来就会扩张,并成为许多人因遭受压抑患病的根源。这一后果也可以在女性性生活中看到,她们甚至都不允许想到性。在许多传记材料中都可以看到,几乎所有的世界知名人士在其一生中都遭受过宗教对其思想的限制而造成的伤害。

宗教本可以这样来回答有关问题:"实际上我不可能给你们通常所说的真理;如果你们需要,就只能从科学那里获得。我能够提供给你们的,是比科学所能提供的一切更美好、更安慰人、更能给人快乐的东西。因此,宗教是更为高级的真理。"

它为什么不直接这样说呢？这是因为，如果它这样说了，就会丧失对大众的影响。人们通常所知的是日常语言意义上的真理，很难想象更高级或最高级的真理是什么。

尽管科学还不完善，面临许多困难，对我们来说，它仍然是必不可少的，也没有任何东西可以取而代之，它还会不断取得进步。而宗教宇宙观则正好相反，它看起来是完美无缺的，如果它曾经是谬误，那么它就会永远是谬误。科学充分考虑到我们对外部真实世界的依赖性，而宗教却是一种幻想，其力量来自我们的各种本能冲动。

——《精神分析引论续编》

九、文学艺术

1. 成年人的幻想——白日梦

　　作为一个成年人，他能够回忆起童年游戏时那种严肃认真的态度，如果把现在严肃的工作当成童年游戏来做，他就可以卸掉现实生活过于沉重的负担，通过诙谐的方式得到许多快乐。

　　因此，当我们长大后，停止了游戏，也就放弃了从游戏中获得的快乐。但我们也知道，要一个人放弃他已经体验过的快乐，那是非常难的事情。实际上我们并没有放弃任何东西，我们只是用某个东西去交换另一个东西。看起来是被抛弃的东西，实际上是被别的东西替代了。孩子长大后停止游戏，除了跟真实事物的联系外，他什么也没有抛弃；这时幻想替代了游戏。他开始建造空中楼阁，创造所谓的白日梦。我相信，大多数人在生活的某一时刻都会构建幻想。这一事实长期以来被忽视了，其重要性也就不能被充分认识到。

　　观察成人的幻想要比观察儿童游戏困难得多。一个孩子要么独自游戏，要么跟其他孩子一起游戏，他们构成一个封闭的精神系统。也许有时他们在大人面前不做游戏，但在大人面前也不避讳这一点。而成年人却跟孩子相反，羞于表现自己的幻想,并在他人面前隐藏自己的幻想。他视自己的幻想为珍贵的私人财产。人们宁可承认自己有越轨和过错行为,也不肯向任何人透露自己的幻想。其原因可能是,他相信只有自己创造了这种幻想,殊不知别人也一样创造着幻想。做游戏和创造幻想这两种行为表现不同,是由于其动机不同,但它们又是互相依存的。

孩子做游戏的愿望是长大成人,这一愿望在他的成长中起着很大的促进作用。他总是在做"已经成人"的游戏,在游戏中模仿他所知道的成年人的生活方式。他没有必要掩盖自己的愿望。而成年人的情况不同。一方面,他知道自己不能再继续做游戏,不能再幻想了,应该在现实世界中扮演某种角色;另一方面,他又有继续幻想的愿望。他意识到应该把这一愿望隐藏起来。于是他为自己那些幼稚而不被允许的幻想感到羞愧。

现在让我们来认识一下幻想的特点。我们可以断定,一个幸福的人是不会发生幻想的,只有那些愿望得不到满足的人才会去幻想。幻想的动力是还没有满足的愿望,每一个幻想都是一个愿望的满足,都是对不满现实的补偿。这些作为动力的愿望因幻想者的性别、性格和境况的不同而有差异,但它们又大致可分为两大类。一类愿望是野心,它可以提升幻想者的人格;另一类愿望是性。在年轻女子那里,性的愿望总是占有主要地位,因为她们的野心愿望往往被性愿望所同化。而在年轻男子那里,这两种愿望往往同时并存。在此我们不打算强调这两种愿望的对立,实际上它们常常结合在一起。

这各种各样的幻想或白日梦并非是已经定型或不可改变的东西,恰恰相反,它们随着幻想者对生活的不同理解而改变,随着幻想者境况的变化而改变。幻想与时间的关系是非常重要的。我们的想象或幻想要经历三个阶段。心理活动与一些现在的印象相联系,与当前的一些事件有关,这些事件可能引起主体的一个重大愿望。由此,心理活动退回到对以前经历(通常是童年经历)的记忆。而此时有更大的愿望想得到满足,于是在幻想中创造一个与未来相联系的情景来满足这一愿望。心理活动这样创造出来的东西就叫白日梦或幻想,而其根源是刺激它产生的现时事件和对过去某段经历的记忆。这样,过去、现在和未来就联系在一起了,而愿望是贯穿于其中的主线。

现在举一个很普通的例子,就可以把我要说的问题解说明白。我们以一个贫穷的孤儿为例。我们给他一个老板的地址,他有可能在那里找到一份工作。在去找老板的路上,他可能会沉迷于一个白日梦中,与这时的场景相适应。他也许会幻想这样的事情:他谋到了这份工作,老板很看重他,他成了这一企业举足轻重、不可或缺的人物,他被老板的家庭所接纳,同老板年轻漂亮的女儿结了婚,随后又成了企业董事,老板的合伙人,接着又成了其继承人。在这一幻想中,做白日梦的人重新获得他在幸福童年时有过的东西:呵护他的家庭、疼爱他的父母、他喜爱的小女孩。从这个例子中我们可以看到,一个成人的愿望是利用一个现在的场合,在过去经历的基础上,给自己描绘出一幅未来的情景。

关于幻想还有许多可说的地方,这里只能扼要说明其中几点。如果幻想太过丰富、太过强烈,就有可能发作神经症和精神病。此外,幻想往往是病人感到痛苦的病状的心理前兆。我们晚上做的梦也是一种幻想,这一点可以通过对梦的解释得到证实。很早以前,我们使用的语言就十分精到地把幻想创造称之为"白日梦"。

——《作家与白日梦》

2. 作家的白日梦

　　我们真的可以把富有想象力的作家与"光天化日下的做梦者"作比较吗？真的可以把作家的创作与白日梦作比较吗？这里我们先要搞清楚一个问题：我们应该区分两类作家：一类是像古代史诗和悲剧作家那样的，一类是自己选择题材的作家。我们进行比较时，主要针对第二类作家，而且不挑选那些被评论家特别推崇的作家，而是选择这样一些作家：他们写长篇小说、传奇文学和短篇故事等，名气不太大，却拥有最广大和最热情的读者。我们可以看出，这些作品有一个共同特点：每部作品都有一个主人公，读者的兴趣都集中在他身上，作家试图采用一切手法来唤起我们对这个主人公的同情，还把他置于神灵的护佑之下。如果在小说的某一章，作者把主人公抛弃了，让他流血受伤，昏迷不醒，那么可以肯定，在下一章的开头，我们会读到，他已经得到精心治疗，逐渐恢复健康。如果小说第一卷的结尾是，主人公乘船在海上，遇到暴风雨而沉没，那么我可以肯定，第二卷开头就会读到，他奇迹般地获救了。没有获救这一情节，小说就无法继续写下去。在跟随主人公走过其危险历程时，我始终有一种安全感，这就像现实生活中的一位英雄跳进水去救一个落水者，或暴露在敌人猛烈炮火下的感觉一样。这种感觉是真正英雄的感觉，一位最优秀的作家写的一句话最好地表达了这个意思："我不会出事的！"但是，从每一个白日梦和每一篇小说中，我们都可以看到主人公这种不会被伤害和不死的特点，都有一个"至高无上"的自我。

　　这些以自我为中心的小说在其他方面也有类似的地方。

小说中所有的女人都爱上了男主人公。这很难说是对现实的描写,但作为白日梦的构成要素却很好理解。同样,作者往往无视现实生活的复杂多样性,把小说中的其他人物整齐划一地分为好人和坏人:好人是自我的帮手,坏人是自我的对手,这个自我就是小说的主人公。

我注意到被人们称为心理小说的作品只有一个人物,就是那个通过内心描写而呈现出来的主人公。作者好像就在主人公的脑子里,从外部来观察其他人物。一般来说,心理小说特殊的地方,就在于现代作家倾向于通过自我观察,把主人公分裂为几个自我,这样作者就把自己心理生活中互相冲突的几个倾向体现在主人公的不同自我上。在我看来,一篇富有创造性的作品就像一场白日梦,是童年时期做过的游戏的继续,也是这种游戏的替代物。而神话故事这一类作品是所有民族满足自身愿望的幻想,也是人类原初时期还没有宗教化的梦幻被歪曲后的残痕。

作家是采用什么手段来激发我们内心的情感效应? 我曾说过,由于对自己创造的幻想感到羞惭,做白日梦的人往往小心翼翼地在别人面前把自己的幻想隐藏起来。这里应该补充说明的是,即使他想把这些幻想告诉我们,也不会给我们带来任何乐趣。我们听到这些幻想时反而会产生反感或者觉得扫兴。但一位作家把自己的白日梦作为戏剧或故事奉献给我们时,我们会体验到很大的快乐。作者是怎样达到这一目的的?我们可以猜测,其技巧有二:一是改变或掩饰其白日梦的利己主义性质;二是以纯形式的即美学的快感来收买我们这些读者。我们把这种快感称为由额外刺激或前期刺激带来的快乐。这种作家提供的快乐,可以让我们从更深的精神源泉中释放出更大的快乐。在我看来,我们之所以欣赏一部富有想象力的作品,是为了消除我们精神上的紧张状态。之所以有这样的效果,很大程度上在于,作家能够让我们享受自己的白日梦,而又不会自责或羞惭。

——《作家与白日梦》

3. 史诗与英雄神话

父亲后来被提升为世界的创造者,这是很公平的,因为他生出的儿子组成了第一个群体。他是他们每个人的榜样,既是让他们恐惧的榜样,又是让他们崇拜的榜样。这一事实导致后来的禁忌观念。这许多儿子联合起来,最终杀死父亲,但他们没有一个能取代他的位置。如果他们中有谁这样做,就会开始新的战争,他们终于明白,不得不放弃父亲的遗产,于是他们形成了图腾制的兄弟共同体,拥有同样的权利,并通过图腾禁令而结合在一起。但他们对已经获得的东西仍然是不满足的,这就促成新的发展。这一群体的人们逐渐在新的水平上恢复旧的状态。男性再次成为家庭的主宰,破除了无父亲时期建立的女性政治特权。作为补偿,男性承认母亲的神圣;为了母亲的安全,其祭司遭到阉割,这其实是在仿效原始部落父亲的榜样。这种新家庭只是旧家庭的缩影,其间有许多父亲,每一个父亲的权利都受到其他父亲的限制。

也许就是在那时,有这么一个人,他迫切希望自己能脱离这一群体,并接替父亲的位置。这个人就是第一个史诗诗人。他用自己的想象力获得这一进展。这个诗人按照自己的渴望,编造了谎言,掩盖了事情的真相。他创造了一种英雄神话。这个英雄独自杀死了父亲,这个父亲在神话中是一个图腾怪物。正像父亲是男孩子的第一个榜样,通过创造一个渴望达到父亲位置的英雄，这个诗人创造了第一个自我理想。变成英雄的那个人通常是最小的儿子，是母亲的宠儿，母亲保护他不受父亲的嫉妒，在原始部落时期他是父亲的继承人。在史前时期虚幻的诗意想象中，这个曾是战利品和谋杀诱惑物的女人，成了教唆杀人犯。

这个英雄宣称自己单独完成的业绩，实际上只有整个部落才有力量完成。正像兰克所观察的那样，童话保留了这些被否认的事实的痕迹。我们在童话中往往可以发现，那个不得不执行某种艰难任务的英雄，通常需要一群小动物如蜜蜂或蚂蚁的帮助才能完成任务。在原始部落中，这些小动物常常代表兄弟们，正像在梦中昆虫通常代表兄弟姊妹一样。而且在神话和童话中的每一个任务，都代表一个英雄业绩。

这样，神话是个体用来在群体中显现自己的手段。最初的神话无疑是心理上的，也就是英雄神话。那种解释性的自然神话想必是很久以后才出现的。那位采用这一手段、以此在想象中使自己摆脱群体的诗人，仍然能够找到返回现实群体的通道，因为他可以用自己创造的英雄业绩走向群体并与之结合。说到底这个英雄不过是他自己。这样一来，他就把自己降低到现实的水平，而把其听众提升到想象的水平。而他的听众们能够理解这位诗人，他们都渴望与原始的父亲有同样的联系，因此与这位英雄认同。

这一英雄神话的谎言发展到极点就是英雄的神圣化。也许被神圣化的英雄比父神出现得更早一些，是回复为神的原始父亲的先驱。因此，神按照年代的序列应该是：母神，英雄，父神。

——《群体心理学和自我的分析》

4. 蒙娜丽莎微笑之谜

任何一个看了达·芬奇油画的人都会想起一个独特的微笑，一个让人陶醉而又迷惑的微笑，一个作者将其想象画在他的女性形象上的微笑。这个挂在弯长嘴唇上的永恒微笑成了作者风格的一个标志，被称为达·芬奇式的微笑。每一个看了佛罗伦萨人蒙娜丽莎·德·吉奥孔多那美丽异常的脸的人，都会体验到一种十分强烈而又让人困惑的效果。这种微笑需要作出解释，也得到了种种解释，但没有一种是让人满意的。一些评论者发现，蒙娜丽莎微笑中凝结着两种不同的要素，控制女性性生活的诱惑与节制之间的冲突，最真挚的柔情与最无情的贪欲之间的冲突在这个美丽的佛罗伦萨人的表情中得到最完美的体现。

达·芬奇创作这幅画花了四年时间，大约是在 1503 到 1507 年，那时他第二次在佛罗伦萨居住，已经五十多岁了。按照瓦萨里的说法，达·芬奇作了细心安排，让蒙娜丽莎十分舒适地坐着，脸上保持着那个著名的微笑。他当时展现在画布上的那些细致入微的笔触，在现在保存的这幅画中已经看不出多少了。还在绘画的时候，这幅画就被看成已经达到最高艺术成就。但显然达·芬奇自己对它是不满意的。他说这幅画还没有完成，没有把它交给委托人，而是随身带到法国。他的保护人弗朗西斯一世获得了这幅画，把它放进卢浮宫。

让我们暂时放下蒙娜丽莎脸上表情之谜，来注意一个无可辩驳的事实：蒙娜丽莎微笑对达·芬奇本人展示的魅力，就像以后四百年对其他所有看到它的人一样深刻。从那以后，这个迷人的微笑就反复出现在他和他的学生所有的画中。由于这是一幅肖像画，我们就不能设想，这是作者由于自己的原因而在她脸上加上了一个并非她自己具有的表情。因此，似乎不能不得出这样的结论：他在其模特儿脸上发现了这个微笑，并被它深深迷住了，于是在其幻想中自由创造了它。之所以如此，是因为这个微笑唤醒了在他心中沉睡已久的东西，很可能是以往的记忆。这个记忆一经再现，就不会再被遗忘，因为对他来说它具有特别重要的意义，以至于他不断地给它加上新的表现。

画中微笑的女人就是达·芬奇的母亲卡特琳娜的摹本。我们可以猜想，他母亲拥有这种微笑，他曾遗忘了它，当他在佛罗伦萨的这位夫人脸上重新发现它时，被其深深吸引。在达·芬奇的油画中，与《蒙娜丽莎》创作时间最接近的是《圣安妮和另外两人》那幅画。画中最美的仍然是达·芬奇式的微笑，它十分清楚地表现在两个女人的脸上。由于这两幅画创作时间都持续了数年，要想弄清楚它们孰先孰后是不可能的。我想，也许作者是同时创作了这两幅画。如果达·芬奇的身心被蒙娜丽莎的特征所吸引，就会激发他在幻想中创造出圣安妮这个形象来。如果蒙娜丽莎的微笑唤醒了他关于母亲的记忆，我们就很容易理解，这个微笑怎样促使他立即进行创作，来表示对母亲的赞美，把贵妇人脸上的微笑还原到母亲的脸上。因此，我们现在要把探究的兴趣转移到另一幅画中，它现在也挂在卢浮宫里，与第一幅画相比毫不逊色。

圣安妮和她的女儿及外孙是意大利绘画中较少表现的主题。达·芬奇对此的处理与其他人不同。莫塞写道："另外一些艺术家真正画出了圣安妮和另外两个人，也就是说，他们把圣安妮画成抱着稍小一点的玛利亚，而形象更小一点的救世主坐在玛利亚身上。而在达·芬奇的画中，玛利亚坐在母亲的膝头,身体前倾,两手伸向男孩,男孩正在同一只小羊羔玩,对它的态度似乎有点不太好。外祖母坐着,一只胳臂外露,脸上带着欢乐的微笑看着另外两人。显然这一安排是有一些限制的。这两个女人唇边的微笑跟蒙娜丽莎画像上的微笑一样,却没有了奇怪和神秘的特性,所表达是内心的感情和宁静的幸福。"

对这幅画作了一段时间的研究后,我们忽然明白了,只有达·芬奇才能创作这幅画。这幅画是他对自己童年历史的综合。只有联系达·芬奇生活的个人印象,才能理解这画的细节。他发现,在父亲家里,善良的继母唐娜·阿尔贝和祖母莫娜·露西亚都很温柔地待他。这让他想创作一幅画来表现母亲和祖母共同照料他的童年生活。这幅画的另一特征具有更大的意义。圣安妮是玛利亚的母亲,小男孩的外祖母,一位主妇,在画中本该被描绘得比圣母玛利亚更成熟和庄重一些,但她却被描绘成一个风韵犹存的年轻女子。实际上,达·芬奇给了小男孩两个母亲,一个向他伸开双臂,另一个在背景中;这两人都被赋予母亲般快乐幸福的微笑。这一独特的处理让评论者感到惊讶,例如莫塞就认为,这是由于达·芬奇不忍心画有皱纹的老人,因此圣安妮被画成光艳照人的美女。但我们是否满足于这种解释呢?

达·芬奇的童年跟画中的情景十分相似。他有两个母亲:一个是亲生母亲卡特琳娜,在他三至五岁时他被迫离开了她;一个是他年轻温柔的继母唐娜·阿尔贝。这一事实与我们前面提到的事实(他的继母和外祖母的存在)结合在一起,就凝结成一个整体,形成了《圣安妮和另外两人》的构思。离小男孩较远的女人即外祖母,不仅在外形上,而且在与男孩的特殊关系上,都与他亲生母亲卡特琳娜相符合。画家似乎在用圣安妮的幸福微笑来否认和掩饰这个不幸女人的嫉妒,她被迫放弃自己的儿子,把他交到一个出身高贵的女人手中,就像她放弃这个孩子的父亲那样。

这样,我们在达·芬奇的另一幅画中找到我们猜想的证据:蒙娜丽莎的微笑唤醒了成年的达·芬奇对童年早期母亲的记忆。从那时起,在意大利绘画中,贵族夫人们都被画成卑下地低着头,脸上挂着卡特琳娜那样奇怪而幸福的微笑,而这位可怜的农村姑娘将自己杰出的儿子带给世界,让他绘画、研究,并承受痛苦。

达·芬奇成年后再见到那种幸福而迷人的微笑时(这微笑在母亲爱抚他时曾掠过她的嘴唇),他已经处于长期压抑之中,这阻碍他渴求从女人嘴唇上得到爱抚。但他是一个画家,他努力用画笔来再现这个微笑(实际上他亲自这样做,或指导学生这样做),把它画在《丽达》、《施洗者约翰》和《巴克斯》中。这些画充满了一种神秘的气氛,人们甚至不敢去洞察它们,至多将其与达·芬奇早期创作联系起来。这些形象是带有女性美丽外形的年轻人,她们没有垂下眼睛,而是怀着神秘的喜悦凝视着,似乎是获知了一个了不起的秘密,却必须保持沉默。我们熟悉的这个迷人微笑诱使人们去猜测这是一个爱的秘密。很可能的是,通过这些形象,达·芬奇表现了他作为一个男孩的愿望,也就是迷恋母亲;画中体现的男性和女性充满幸福的结合让他获得一种满足,以此来否定他性生活的不幸,并在艺术中成功地超越这一不幸。

——《达·芬奇和他对童年的一个记忆》

5. 秃鹫撞嘴:达·芬奇关于童年的一个幻想

就我所知,达·芬奇的科学笔记本中只有一个地方记载了他童年的情况。这是描述秃鹫的飞行情况,他突然中断了描述,回忆起浮现在脑海中的早年事情:"似乎注定了我跟秃鹫有如此深厚的关系,因为我记起了很早的一件事情,那时我还在摇篮中,一只秃鹫向我飞来,用尾巴撞开我的嘴,接着又撞了多次。"

我们这里看到的是一个童年的记忆,十分奇特,其内容以及涉及的年龄都很奇特。也许有的人可能保有其婴儿时期的记忆,但其真实性很难确定,达·芬奇回忆中所说的秃鹫用尾巴撞开一个小孩子的嘴,这种情况听起来太离奇、太不可能了。对此,一种观点认为,这一情景并非达·芬奇对童年的记忆,而是他后来形成的一个幻想,变换到童年中去了。这一观点有助于解答我们的疑问,并可能对这一"记忆"作出正确判断。

如果达·芬奇有关秃鹫落到他摇篮的故事仅仅是他后来的一个幻想,我们会觉得不必在它上面花费那么多时间。然而一个人对其童年记忆的思索并不是一件不值得我们注意的事。情况往往是这样的:在他自己都不清楚的残存记忆中,正好隐藏着他心理发展过程最重要特征的证据。现在精神分析技术已经可以帮助我们把隐藏的材料揭示出来,通过这一极好的分析方法,我们可以把达·芬奇关于童年的幻想融入其生活故事中去。

如果以精神分析学家的眼光来看,达·芬奇对秃鹫的幻想并不显得多么奇怪。我们似乎可以回想起许多类似的事,例如在梦中所见。因此,我们可以将这种幻想的特殊语言转换成通常容易理解的语言。这一幻想的实质是关于性的。在意大利语以及其他许多语言中,"尾巴"一词往往作为男性性器官的象征和替代物来使用。秃鹫用尾巴撞开孩子的嘴,并在里面有力地拍打,这一幻想意味着把阴茎放进有性关系的人嘴里的性行为。这一幻想具有被动特征,就像在女人或被动的男同性恋者那里发现的一些梦和幻想一样。

这里我要请读者能够克制一下自己，不要因为我们把精神分析首次用在一位伟大而纯洁的人的记忆上，就对我们愤愤不平。实际上这种愤愤不平并不能让我们知晓达·芬奇童年幻想的意义。既然达·芬奇已经承认有这个幻想，我们就不能放弃这一探寻的好机会；我们断定，这类幻想必定有某种意义，与另一些心理创造活动如一个梦、一个妄想有着相似的地方。

把男性性器官放进嘴里并吮吸它，这在上流社会里被视为令人恶心的性变态行为，但今天有不少女性有这种行为；正像一尊古代雕像所表现的那样，过去也有类似的行为，看起来似乎并不那样让人恶心。医生们发现，女性中不少人会自发地产生这种性幻想。进一步的发现告诉我们，这种受到道德严厉谴责的行为实际上来自一种最纯洁的原初状态：它只是以不同形式重复了我们都曾感受过的一种愉悦：我们还在吃奶时，把妈妈或奶妈的奶头放进嘴里吮吸，这是我们生命中最初的快乐源泉，这一体验无疑在我们心中留下无法磨灭的印象。后来，孩子逐渐熟悉了跟人乳房功能相同的牛乳房，而它的形状和在肚子下面的位置，让孩子将它与阴茎联系在一起，这一阶段会让他产生令人恶心的性幻想。

现在我们理解了，达·芬奇想象中的秃鹫体验，要掩盖的是在妈妈怀里吮吸奶头的回忆。这其实是一幅人类美好的情景。他跟许多艺术家一样，借着圣母和她孩子的形象来描绘这一情景。这里有一点我们不能忽略：这一回忆本来对两性都很重要，却被达·芬奇这个男人转换成一个被动的同性恋幻想。实际上，传统观点确实把达·芬奇当作一个具有同性恋感情的人对待。为了解释达·芬奇的幻想，我们还得回答这样一个问题：达·芬奇用秃鹫替代了他的母亲，那么这个秃鹫是从哪里来的？

我们注意到，这里关于单性秃鹫的寓言是一件很重要的事情。教士们抓住这个自然史中的"事实"，作为对他们有利的证据，来对抗那些怀疑神圣历史的人。如果在那些最好的古代记载中秃鹫就是迎风受孕，为什么同样的事情不可能发生在女人身上呢？既然秃鹫的寓言已经这样重要，被几乎所有的教士们经常挂在嘴边，我们可以假定达·芬奇也知晓这个广为流传的寓言。

现在我们可以重新构建达·芬奇关于秃鹫幻想的起源了。他偶然在一个教士那里或一本自然史的书中读到，所有的秃鹫都是雌的，而且它们在没有雄性帮助的情况下能够自己繁殖。这时一个记忆浮现在他脑海中。而这个记忆被改造成我们正在讨论的这个幻想。这一幻想表示他也是这样的一个小秃鹫：有过母亲，却没有父亲，与此相联系的是在母亲胸前吃奶的愉快感受。而教士们经常宣讲的关于圣母和孩子的思想，也就是每个艺术家都喜爱的主题，对达·芬奇来说，更为增加了这个幻想的价值和重要性。他以这种方式将自己等同于小基督，不仅仅是一个女人的安慰者和拯救者。

我们分析一个童年幻想，其目的是区分其中哪些是真正的记忆，哪些是后来被修改和歪曲的东西。就达·芬奇的情况而言，我们已经了解其幻想的真实内容：秃鹫替代母亲，意味着孩子意识到自己缺少父亲，只有他和母亲相伴。达·芬奇是一个私生子，这一事实与他关于秃鹫的幻想是一致的。正因为如此，他才将自己比作一只秃鹫的孩子。我们对他童年的另一个事实也有确切的了解：大约五岁时，他被父亲的家庭所接受。这里秃鹫幻想的意义在于，它似乎在告诉我们，达·芬奇一生最关键的几年，不是在其父亲和继母身边度过的，而是与他那贫穷和被抛弃的亲生母亲在一起，因此，在一段时间里他体验了缺乏父亲的感受。我们精神分析得出的这一大胆结论，其根

据虽然不够充分,随着我们研究的深入,其意义会更为明显地
体现出来。如果我们考虑到童年情况确实对达·芬奇起作用,
这一结论就具有更强的肯定性。据有关史料记载,在达·芬奇
出生的那一年,他父亲与出身名门的阿尔贝小姐结婚。由于他
们婚后一直没有小孩,他被父亲家庭收养。正如有关文件所表
明的,那一年他五岁。婚后时间不太长,就让一个年轻并希望
自己生养小孩的新娘来抚养一个私生子,这样的事很少见。如
果达·芬奇跟孤独的母亲生活了至少三年或者五年之后才变
成有父有母的,那么这就与秃鹫的幻想相吻合了。但这时已经
晚了,在生命的最初三四年,一些印象已经固定下来,对外部世
界的反应方式也已经建立,后来的经验很难将其抵消。

　　如果一个人童年时难以了解的记忆以及在此基础上建立
的幻想是其精神发展最重要的成分,那么,由秃鹫幻想证实的
达·芬奇最初几年同亲生母亲共同度过这一事实,会对他塑造
内心生活产生决定性的影响。这一情况的必然后果是,这个孩
子要比别的孩子多产生一种问题:婴儿是从哪里来的? 父亲对
婴儿的产生有什么关系? 等等。他会带着一种特殊的感情来
思考这个谜,使得他在很小时就成了一个研究者。我们有一个
模糊的猜测:达·芬奇的研究和他童年的经历就这样联系着,
促使他后来声称:还是躺在摇篮时,秃鹫就来拜访过他,因此,
他是注定从一开始起就要对鸟的飞翔问题进行研究的。

　　　　　　　——《达·芬奇对童年的一个记忆》

6. 达·芬奇的性特征与艺术活动

　　现在我们已经认识到,健康和疾病之间、正常人和神经症

病人之间并没有明显区别,而且一个人有神经症症状并不代表他是较低级的。我们也知道,神经症症状是一种替代某种压抑的结果,而一个人由孩子长成有教养的大人,必定会经历这些压抑。我们还知道,其实我们每个人都会产生这种症状,只是数量、强度和分布情况有所不同。从对达·芬奇个性痕迹的一些了解看,我们认为他的情况跟强迫性神经症很类似。我们的目的是要对达·芬奇性生活和艺术活动中的抑制情况作出解释。下面是我们的一些发现。

我们没有他在遗传方面的资料。另一方面,我们看到,他童年的遭遇对其生活产生了十分深远的影响。他的非法出生使得他五岁前不可能承受父亲的任何影响。只有母亲向他敞开心扉,给他以温情,他是母亲唯一的安慰。母亲的亲吻使得他过早的性成熟。有一点是可以肯定的:童年早期印象强化了他的视觉和求知本能,强化了他的口腔性欲带,以后这种强化一直保持下来。

童年时期结束于一种强大的压抑,从而形成一些倾向,到青春期变得更为明显。这就是回避原初感官活动的禁欲倾向,好像是一个无性人。在青春期,由于童年早熟,他的很大一部分性本能升华为一种广泛的求知欲,由此逃避了压抑;只有很小一部分里比多继续用于性目的,表现为一种发展迟缓的成人性生活。由于对母亲的爱被压抑了,他不得不采用同性恋的态度,以对男孩理想的爱来维持性的存在。这样,对于成年的达·芬奇来说,压抑、固恋、升华对其精神生活都在起着重要作用。

达·芬奇成为一个艺术家、画家和雕塑家,是由于他那特殊的天赋,童年性视觉本能的早熟加强了这一天赋。我们应该强调这一事实:一个艺术家创造的东西是他性欲的一种发泄。在青春期,达·芬奇的创作活动是十分自由的;在米兰,他度过了男性艺术创造力的最好时期,并在罗德维克公爵身上找到了父亲的替代者。然而对性生活的过度压抑并不能给升华创造最好的条件。达·芬奇创作活动能力开始下降,在创作《最后的晚餐》的过程中,他那迟缓拖拉的倾向已经十分明显。这一倾向影响了他的创作技巧,对其伟大作品的命运有了决定性的作用。发生在他身上的这一情况有些类似于神经症病人的退化行为。当他的保护人、父亲的替代者去世后,这一退化现象越来越严重,他对于绘画变得越来越不耐烦。他退回到童年早期,满足着早年的求知本能,由一位艺术家转变为一位科学研究者,这时他的特点是,永不满足、很有恒心,但缺乏适应环境的能力。

　　在达·芬奇五十岁时,他的精神状态有了一个新的变化。他遇到了一个女人,将他关于母亲那充满情欲、幸福快乐的微笑的记忆唤醒,同时也唤醒了他的艺术活动力。他以微笑的女性为模特,创作了《蒙娜丽莎》和《圣安妮和另外两人》等一系列以谜一样的神秘微笑为特点的画。他再次体验到克服艺术中的压抑的快乐。在我们看来,这个最后的发展因其临近老年而不太显眼。而在此之前,他的智慧所及,已经远远超出他那个时代。

　　　　　——《达·芬奇和他对童年的一个记忆》

　　　　　　　　　　　　　　　7.　米开朗基罗的摩西

　　我们已经看到,许多人都拜倒在米开朗基罗的这尊摩西雕像前,他们解释说,雕像表现了摩西为其子民沾染恶习并围绕偶像跳舞而激怒。但我们应该放弃这一解释,因为按照这种解释,我们会期待他在下一时刻跳将起来,摔碎《十诫》,实行报复。然而这一看法与雕像设计的实际情况完全相反,它跟另外三五座雕像一起,组成朱利叶斯二世陵墓的一部分。在我们复制的摩西画像中,摩西既不会跳起来,也不会扔掉《十诫》。我们看到的摩西形象,不是他的一个激烈行动的开始,而是已经发生的行动的延续。刚开始摩西大发脾气,想采取行动,跳起来报复,忘记自己手中拿着《十诫》;但他克服了冲动,继续静静地坐着,只是在胸中强压着怒火,十分痛苦,又含着对众人的蔑视。他决不会把《十诫》扔到地上让其破碎;正是考虑到这本圣书,他才抑制住自己的愤怒;正是为了维护它,他才控制住自己的感情。在发泄怒火时,他想必忘记了手中拿着《十诫》,所以将这只手移开,《十诫》开始往下滑动,随时有摔碎的危险。这时他醒悟过来,记起自己的使命,为了这部书,他抑制了自己发作的感情。他的手回到原处,在《十诫》就要落地时,护住失去支撑的圣书。他保持这种姿势不动。米开朗基罗采用了这一姿势,把摩西塑造为陵墓的守护者。

如果我们将雕像从上往下看,就会发现,它表现出三个感情层面。脸上的线条反映了一种强烈的情绪;雕像中部显示着对行动的克制;而脚部仍然保持一种行动的姿势,好像是要控制一切力量从上往下传播。到现在为止,我们还没有提到雕像的左臂,其实也应该对它作些解释。雕像的左手轻轻地放在腿上,抚摸着飘动的胡子末梢,似乎想用左手来抵消右手刚才对胡子的"虐待"。

这里应该指出的是,这并不是《圣经》中的摩西。那个摩西确实大发脾气并且把《十诫》摔得粉碎。这位摩西则不同,他是艺术家心目中的摩西。因此,我们可以猜想,米开朗基罗想必打算过校勘《圣经》文本,改写这位圣人的性格。他在反映作品的主人公对这一痛苦的意外之事的反应时,出于自己内心的需要,偏离了《圣经》文本。

　　按照我们的猜测,这一雕像的重要意义还不在于修改了《圣经》,而是改变了摩西这个人的性格。传说中的摩西脾气十分暴躁,动不动就发火。在大怒之下,他曾杀死过一个虐待以色列人的埃及人,因此不得不逃到偏僻之地;后来,在一怒之下,他又摔碎了上帝亲自书写的法规《十诫》。传说不带偏见地记载了摩西这一特性,保存了一个在世伟人的形象。而米开朗基罗却在教皇陵墓上放置了一个不一样的摩西,一个超越历史或传统形象的摩西。他没有让摩西在大怒之下打碎《十诫》,而是让摩西想到它有被打碎的危险,从而压抑怒火,不让怒火变为行动。这样一来,米开朗基罗就给了摩西雕像一种新的超人的内容,这一巨人形象就有了人才能达到的最高精神境界:一个人为了他愿意献身的事业,同自己的内心情感进行斗争并取得胜利。

　　现在我们已经对米开朗基罗的摩西雕像作了自己的解释。不过我们还有个问题是,是什么动机促使他选择摩西这个人物,而且是经过很大修改的摩西来作为朱利叶斯二世陵墓的装饰物?有不少人认为,从教皇的性格以及他同米开朗基罗的关系中可以找到答案。他们两人有相似之处:都想通过大规模的设计来实现一个伟大的目标。朱利叶斯二世性格坚定果敢,他的目标是,把整个意大利都纳入教皇的统治之下。他本想独自努力来实现这一几百年未能实现的奇迹,后来是联合国外武装才实现了自己的愿望。在任教皇的短暂时期,他一意孤行,专横跋扈,并采用过激的暴力手段。他对米开朗基罗十分欣赏,认为跟自己是一类人。但他动不动就大发雷霆,完全无视别人的意见,因此米开朗基罗与他相处时小心谨慎。米开朗基罗也感受自身有一种强烈的意志力,而作为一个有着反省精神的思想家,也许他已经预见到他们俩都会有的失败。于是他在教皇陵墓上雕刻了自己心目中的摩西,来表达对已去世的教皇的批评,同时也作为对自己的警告。通过自我批判,米开朗基罗的人性得到升华。

——《米开朗基罗的摩西》

8. 陀思妥耶夫斯基为什么沉迷于赌博?

陀思妥耶夫斯基留下的手稿和他妻子的日记的出版,让我们对他在德国期间是怎样沉迷于疯狂的赌博的情况有了一个清楚的了解,人们通常把这说成是他病态情感的明显发作。这一行为有些古怪,没有价值,同时又遮掩着什么。陀思妥耶夫斯基的做法有些像在神经症病人身上经常发生的那样,以承担债务为由来表现自己的罪疚感:他在赌场赢钱,是为了回到俄国时不被债主抓住,因此心安理得。实际上这只是一个借口,后来他很清楚地承认了这个事实。他认识到,自己主要还是为了赌博而赌博。他在冲动时表现出的荒谬行为都表明了这一点,不是输得一文不名,他是不会罢手的。对他来说,赌博似乎成了一种自我惩罚的手段。一次又一次,他向年轻的妻子保证再也不去赌了,或者到哪一天他就不去赌了,但正如他妻子说的那样,他从未遵守过自己的诺言。赌博使得他们的生活处于极度贫困的状况,他反而从中获得一种继发性的病态满足。赌博之后他在妻子面前责骂、侮辱自己,要她把自己不当人,要她为嫁给他这样不改恶习的坏人而悔恨。这样他就解脱了自己良心上的负担,第二天又会奔向赌场。年轻的妻子已经习惯了他这种恶性循环的行为,而她发现,有一件事可能在最后拯救他,这就是他的文学写作。当他们失去一切、卖光了所有财物后，陀思妥耶夫斯基的写作就会异彩纷呈。年轻妻子并不了解这其中的联系。实际上，在惩罚自己之后，他的罪疚感获得满足，这时他对自己作品的限制就不会那么严厉，于是就可以在艺术探求的道路上迈开大步。

　　在沉睡很久的童年经历中，是哪个因素致使一个赌徒沉迷于赌博？从一个年轻作家的小说中我们可以不费劲地找出答案来。出于偶然，在1920年斯蒂万·茨威格研究过陀思妥耶夫斯基，他的小说集《感情迷乱》收有三部短篇小说，其中一篇是《一位女性的24小时生活》。从表面上看，这部小说写的是，一个女人在生活中不负责任，她自己也对此困惑不解，而一个意外的经历让她走上了极端。实际上这个故事要讲的远远不止这些。如果我们用精神分析理论来解释它，就会发现它是想表现另一件事，一件带有普遍人性的事，或者可以说是男性的事。

　　小说中，一个年老的贵妇向作者讲述了20多年前的一段经历。她很年轻时就死了丈夫，成了寡妇，她抚养两个儿子长大成人，但后来他们不再需要她了。42岁那一年，她已经对生活不抱什么希望了。在一次漫无目的的旅行中，她来到蒙特卡洛赌场。在这里，她被一双赌博的手所深深吸引，它们仿佛体现了一个不幸赌徒的所有感情。这是一位长得很帅的年轻男子的手。作者好像是无意地把他的年龄写得与贵妇的儿子相当。这位年轻人输光了手中的钱，绝望地离开了赌场，好像是要去花园结束自己的生命。贵妇对他充满了怜悯，于是就跟踪他，用各种稀奇古怪的方式来拯救他。这年轻人以为她是常见的那种纠缠男性的女人，就想方设法摆脱她。而她仍然跟着他，仿佛不由自主地来到他住的旅馆房间，最后跟他共享鱼水之乐。在做爱之后，贵妇让这个已经平静下来的年轻人庄严发誓不再赌博。她给了他回家的路费，允诺在他走之前到车站为他送别。但这时她已经对他产生了十分深厚的感情,为此不惜放弃一切,要跟他一起走,而不是去与他道别。但一些意外的事情耽误了时间,她未能赶上火车。带着对这年轻人的思念,贵妇又来到赌场,看到的情况让她大吃一惊:她再一次看到那双引发她同情的双手,这个不守誓言的年轻人又来赌博了。她提醒他曾发过誓,而他沉迷于赌博之中,骂她是多事婆娘,要她滚开,把钱掷还给她,而这些钱本来是她想用来拯救他的。贵妇深感耻辱,匆匆离开。后来她得知,这年轻人还是自杀了。

这篇小说娓娓道来,情真意切,十分完美,肯定会打动读者。但精神分析学者指出,小说的意向实际上是建立在青春期的幻想上。它表达了男孩的愿望:母亲应该自己来让他了解性生活是怎么回事,以避免他遭受手淫的可怕伤害。小说中手淫的恶习换成了赌瘾,对手动作的描写表现出这一点。玩赌博与手淫这一原始激情确实可以对应。"玩弄"这个词在幼儿园里专指幼儿用手玩弄生殖器。在赌博中,那种无法抵抗的诱惑,那种严肃地保证永不再犯(实际上永远做不到),那种麻木不仁的快感,那种毁灭自己(自杀)的感受,所有这些手淫的因素都被保留下来。确实,茨威格的这个故事是由母亲讲述的,而不是由儿子来讲。这会让儿子想到:"如果母亲知道手淫对我如此有害,一定会把我从中拯救出来,会允许我把所有的感情都发泄在她身上。"在这个故事中,年轻男子把贵妇看成是一个妓女,这种母亲就是妓女的想法同上述青春期幻想是一致的,它使平时难以接近的女人得以接近。与这种幻想相伴随的不道德想法给这个故事带来一个不幸的结局。有意思的是,小说中这个贵妇的性活动仿佛受到一种突然产生的神秘力量的支配,这表明作者给了小说一个外壳,来掩饰其精神分析的意向。而在精神分析学者看来,这个长期没有爱情生活的女人行为尽管让人惊讶,其动机是完全可以解释的。为了忠实于死去的丈夫,她全神戒备来对付各种诱惑,但作为母亲,她无法逃避把真正无意识的爱转移到儿子身上,在她没有防备的地方,命运抓住了她。

如果对赌博的沉迷、改变这一习惯的不成功以及它所提供自我惩罚的机会都可以说是对手淫冲动的复制,我们对赌博在陀思妥耶夫斯基生活中占有如此重要的地位就不会感到惊讶了,因为我们发现,儿童和青春期自体性爱满足的情况没有不在严重的神经症中起作用的,而对自体性爱满足的抑制和对父亲的恐惧之间,有着较大的相关联系,则已经是一个不争的事实。

——《陀思妥耶夫斯基与杀父者》

9. 陀思妥耶夫斯基的杀父情结

《卡拉马佐夫兄弟》中父亲被杀与陀思妥耶夫斯基的父亲命运之间存在着不容置疑的联系,这一点使得为他写传记的作家们深感震动,并有意请教于现代心理学家。从精神分析的观点出发,我们想了解父亲被杀对他严重伤害的情况,并将对这一事件的反应作为他神经症的转折点。

我们的分析有一个确定的出发点。据了解,陀思妥耶夫斯基小的时候,其癫痫症的发作具有死亡的意义:发作之前对死亡感到恐惧,表现为嗜睡。这个病首次发作时,他还是个孩子,他的感觉是一阵忧伤突然无缘无故地袭来,就像要当场死去一样。后来他对朋友索罗维耶夫谈到自己的体验。实际上,随之而来的,确实是与死亡极其相似的状态。他的兄弟安德烈告诉我们,在他很小的时候,常在睡前留一张字条,写着:由于害怕在睡眠中死去,要求他的葬礼推迟 5 天举行。

我们明白这种死一般发作的意义和目的:它表明病人与死者认同,这死者要么是一个真正死了的人,要么是一个还活着、但病人希望其死去的人。后一种情况具有更为重要的意义。因此,这个发作具有惩罚的意义。一个人希望另一个人死,现在这个人就是那另一个人,也就是说,他自己也死了。精神分析理论认为,对一个男孩讲,那另一个人通常是他的父亲,因此这一发作是对自己希望其可恨的父亲死去的自我惩罚。

由于对父亲的恐惧、害怕被阉割,对父亲的仇恨被压抑了。其中第一个因素是对惩罚和阉割的直接恐惧,第二个因素是对女性态度的恐惧。这种两性同体的素质是神经症的先决条件或增强因素。在陀思妥耶夫斯基身上肯定有着这样的素质,它以一种潜在的同性恋形式表现出来:在他的生活中,男性友谊起着重要作用,他对自己的情敌也有一种令人费解的温柔态度;在他的小说中,有许多事例表明,他对那些受压抑的同性恋情况有着自己独特的理解。

我们可以把陀思妥耶夫斯基的罪疚感和受虐行为溯源于一种十分强烈的女性成分,具有这种素质的人特别能够防止自我依靠严厉的父亲。他早年像死一样的病情发作可以被理解为其自我与父亲的认同,这一认同作用被超我作为一种惩罚而容忍:“你为了要我成为你父亲而杀他;现在你就是你父亲,然而是一个死了的父亲。”这是歇斯底里应有的症状。接下来是:“现在你父亲正要杀你。”对于自我来说,死亡是对男性愿望幻想的满足,也是对一种受虐狂的满足。对于超我来说,是一种惩罚性满足,也就是施虐狂的满足。这里自我和超我都扮演了父亲的角色。

有一件事很清楚:在发作癫痫之前,陀思妥耶夫斯基常常出现一阵狂喜,这很可能是在得知死亡消息时感受到的胜利和解脱,接着是一种更为残酷的惩罚。我们从原始部落里那些杀了父亲的兄弟们身上可以看到这样一种情感变化顺序:先是胜利,然后是悲痛;先是欢庆,然后是哀悼。我们发现,在图腾祭宴仪式中也有类似的情感变化。如果说实际上陀思妥耶夫斯基在西伯利亚时不曾发作过癫痫病,那是因为,发作是对他的惩罚,当他受到其他方式惩罚时,就不需要再发作了。将陀思妥耶夫斯基判为政治犯是不公平的,他自己也一定知道这一点,但他接受了沙皇对他不公平的惩罚,以此作为他反对父亲应受到的惩罚。沙皇是作为父亲的代理人而惩罚他,而不是他自己惩罚自己。这里我们看到社会实施惩罚在心理学上的合法性。实际情况是,有许多罪犯想要受到惩罚,他们的超我要求这样,从而避免了自我惩罚。

可以肯定地说,陀思妥耶夫斯基从来没有消除因杀父意图而产生的罪疚感。这也决定了他对国家权威和上帝的态度。首先,他对假父亲沙皇是绝对服从的,在现实中这个沙皇跟他演过一出杀人的喜剧,他的发作经常在戏剧中表现出来。这里较多地表现为忏悔。在宗教方面,他的自由度更大一些:据可靠报道,直到生命的最后时刻,他仍然徘徊在信仰和无神论之间。他的智慧超人,这使得他不可能忽视由信仰而产生的种种难题。他希望能找到一条出路来摆脱自己的罪疚感。

在《卡拉马佐夫兄弟》中,佐西玛教士跟德米特里谈话时,发现对方正准备杀父,就跪在他脚下。这一行为不会让我们感到钦佩,因为这意味着这个教士正在竭力克服自己对杀人者的憎恶,向杀人者示好。陀思妥耶夫斯基对罪犯的同情,已经大大超出这些人所应该得到的,实际上是无边无际的,让我们想起"敬畏"一词。而过去人们就是这样来看待癫痫病人和神经症病人的。在陀思妥耶夫斯基看来,一个罪犯甚至可以被看成是耶稣基督样的人物,他承担了本该由别人承担的罪责,因为他杀了人，别人就没有必要再去杀人了；人们一定会感激他，如果不是他，别人就不得不去亲自杀人。这里不仅是仁慈的同情，而是有相似杀人冲动的认同作用，实际上是一个稍微移置了一下的自恋。这个由认同作用而产生的同情心是陀思妥耶夫斯基选择题材的决定因素。刚开始他描写的是一般罪犯和政治、宗教罪犯，直到生命晚期，他才描写那个主要罪犯即杀父者，并在一部艺术作品中通过这个杀父者来完成自己的忏悔。

　　　　　　　　　　　　　——《陀思妥耶夫斯基与杀父者》

１０.　观众怎样在戏剧中获得快乐

　　从亚里士多德开始，人们一直认为，戏剧的目的是"引起恐惧以及随之而来的同情"，从而净化自己的感情。从这一点出发，我们还可以把这一目的更为具体的表述为，戏剧是为了开掘我们情感生活中快乐或享受的源泉，这正如取笑或诙谐等智力活动中的情况一样。实际上这些活动有时难以达到目的。问题的关键在于，人们通过情感的完全宣泄而产生愉快感，让自己得到放松，另一方面，与之相随的又产生了性的兴奋。在我们看来，这种伴随情感宣泄而来的性兴奋，可以让人们感受到自己的心理潜力得到提高，而这正是他们所渴望的一种感觉。成年人作为一个观众饶有兴趣地观看戏剧表演，那感觉就像一个儿童在做游戏一样。在做游戏时，儿童潜在的想要做一个大人的愿望得到实现。普通观众人生经历不是很多，相关体验也较少，知道自己是一个小人物，不会有什么惊天动地的事情。长期以来，他不得不压抑或转移自己改天换地、叱咤风云的雄心壮志。实际上他还是渴望能够按照自己的意志去感受、行动和做事情，也就是说，他渴望成为一个英雄。而剧作家和演员可以让他实现对英雄的认同感，同时又可以给他省掉许多麻烦。观众很清楚地知道，在现实生活中，如果不经受一些痛苦、灾难和恐惧，他就不可能实现自己所渴望的的英雄行为；而真的要经受这些东西，那就没有什么乐趣了。他还清楚地知道，自己的生命只有一次，也许在这一次实际经历冒险中就可能失去它。所以，他的愉悦是建立在幻觉之上的，也就是说，他十分清楚地知道，那些在舞台上行动和吃苦的是别人而不是他自己，一切只不过是一场游戏，没有任何东西实际威胁到他的生命，他的痛苦就被大大淡化了。在这样的场景中，他可以尽情享受一个伟人的乐趣，可以肆意宣泄自己平时被宗教、政治、社会和性等压抑的种种冲动。

在其他文艺形式中也有类似的情况。抒情诗要比其他形式更能发泄多种强烈情感，就像舞蹈一样。史诗则可以让人们感受英雄人物获胜时的欢乐。而戏剧试图发掘出更深层次的情感变化，让灾难的凶兆也能给人带来愉悦。因此，戏剧通常是将英雄置于争斗甚至失败中来予以刻画。与痛苦、灾难联系在一起，这可以说是戏剧的特点：在正剧中，它以此引起观众的关注，然后又消除了；在悲剧中，它是真的发生。戏剧起源于古代对众神的祭祀仪式，戏剧的特点与此有密切关系。这种仪式允许人们对天神发泄自己的不满，由此导致戏剧中的英雄最初都是激烈反对上帝或其他神圣的反叛者。这一快乐似乎是由一个弱者面对神圣力量的痛苦而产生的，具有受虐狂的性质，观众由于欣赏一个历尽艰辛的英雄人物而产生了这种快乐。例如，在看戏剧时，我们的感受跟剧中的普罗米修斯一样，不过多了一点愿望：让自己获得片刻满足。

因此，各种痛苦就成为戏剧的题材，这些痛苦给观众带来快乐。于是我们搞清楚了戏剧这一艺术形式的首要条件：它不应该给观众带来痛苦,而应该创造可能的满足,来补偿观众因同情而产生的痛苦。但舞台上表现出来的痛苦很快就局限在人们的心灵中,而不会是肉体上的,因为他们知道,肉体痛苦产生的感觉会去掉所有的快乐。

在心理剧中,不同的心理冲动之间进行斗争,造成痛苦,只有当其中一种冲动被消除,这一斗争才宣告结束。但是,当这一痛苦的根源不再是可以意识到的两个冲动之间的冲突,而是一个意识到的冲动与一个被压抑的冲动之间的冲突时,这一心理剧就转变成心理变态剧。这里,观众要获得快乐,他就得首先是一个神经症病人,因为只有这种人才可能从被压抑冲动的某些意识中获得快乐,而不是反感。对于那些不是神经症病人的观众来说,这种意识带来的只是反感,还可能重复他以前的压抑行为;一个简单的压抑行为就足以完全抑制其被压抑的冲动。而神经症病人的压抑是不稳定的,需要不断地释放这些冲动;如果某种冲动被清楚地意识到,就不可能再去压抑它。所以说,只有在神经症病人头脑中才会发生这样的斗争,并成为心理变态剧的主题。不过即使在这些人身上,通过这样的戏剧,除了可以得到一种解脱的快乐以外,还会出现对于解脱的抵抗。第一部现代戏剧是《哈姆雷特》。这部戏剧要说的是,一个男子以前是正常的,而在承担一项特殊使命后就变得神经质了,体验到一种越来越活跃的冲动,甚至就要爆发为行动了,而此前它是被压抑的。《哈姆雷特》有三个特点,都跟我们讨论的问题关系密切:一、剧中主人公原来不是心理变态者,随着剧情发展而变成了心理变态者。二、剧中表现的被压抑的冲动是我们每个人都有的,对它的压抑构成我们个人发展的基础。随着剧情发展,这一压抑被破除了。由于这两个特点,我们很容易在主人公身上看到我们自己。三、这一艺术形式的必要条件是,这个竭力进入意识状态的冲动,并未引起观众的注意,他们被自己的情绪所控制,没有细心观察剧中发生的事情。这样,观众的抵抗成分较少,进入意识的不是被压抑的材料,而是其衍生物。《哈姆雷特》中的冲突隐藏得十分巧妙,不得不由我来揭示它。

——《戏剧中的变态人物》

11. 《俄狄浦斯王》与《哈姆雷特》

根据我的经验,那些精神神经症病人,在他们童年时,父母在其心理生活中都占有首要地位。但我并不认为,这些病人跟其他人有什么根本区别,他们不过是更为明显地表露出对父母爱和恨的感情,而大多数孩子的这种感情不是那样明显和强烈。我们可以从古代传说中证实这一发现,我想说的是关于俄狄浦斯王的传说和索福克勒斯的同名戏剧。

俄狄浦斯是底比斯国王拉伊奥斯和王后约卡斯塔的儿子。他一生下来就被遗弃,因为神谕示拉伊奥斯,这孩子将来会杀死自己的父亲。俄狄浦斯被人救活收养,并且当了异国的王子。后来他对自己的身世产生疑问,就去求助于神谕。神警告他要远离自己的家,以免杀父娶母。他离开家,在路上遇到拉伊奥斯王,在偶然的争执中杀死了对方。随后他来到底比斯王国,解答出不让他过去的斯芬克斯之谜。底比斯人十分感激他,拥戴他做了国王,并让约卡斯塔做了他的妻子。他当了多年国王,国家富强,人民生活安定,声望很高。他跟约卡斯塔生了两个儿子、两个女儿。后来底比斯王国瘟疫横行,底比斯人再次去求神谕,索福克勒斯的悲剧就此开始了。派去的使者带回神谕说,只有将杀死拉伊奥斯的凶手赶出王国,瘟疫才会消除。"他在哪里？这么久远的罪恶之痕迹到哪里去寻找?"戏剧情节围绕对罪恶的揭露而展开，环环相扣，高潮迭起，整个过程就像我们的精神分析一样。俄狄浦斯本人就是杀死拉伊奥斯的凶手，但他又是被害者和约卡斯塔的亲生儿子。俄狄浦斯最后终于发现这一悲惨而又令人厌恶的罪行，精神上受到极大打击，弄瞎了自己的双眼，远离家乡，神谕得到应验。

《俄狄浦斯王》是一部大家熟知的命运悲剧。据说其悲剧效果在于体现了神的最高意志与人类逃避噩运之间的冲突；这一悲剧能够深深打动观众，是由于从剧中认识到，人类的力量不可能战胜上帝的意志。近代许多戏剧家编写了体现同样冲突的戏剧，剧中那些无辜者尽了最大努力，而神谕仍然得到实现，希望能获得同样的悲剧效果。但是，观众对此无动于衷，这些悲剧没有达到预期的效果。

悲剧《俄狄浦斯王》对现代观众的感染力不下于对当时的希腊人，对此唯一可能的解释是，这种悲剧效果并不在于命运与人类意志之间的冲突，而在于体现冲突的材料中具有某种特殊性质。我们内心深处必定有某种东西，与导致俄狄浦斯王悲惨命运的强制力量相呼应。俄狄浦斯王的命运之所以深深打动我们，是因为这也是我们大家共同的命运；我们跟他一样，在还没有出生前，神谕就已经把同样的命运强加给我们了。我们所有人的命运都是把最初的性冲动指向自己的母亲，把最初的仇恨和杀戮愿望指向自己的父亲。我们的梦可以让我们相信这一说法。俄狄浦斯王杀死父亲、娶了母亲，不过是实现了我们童年的愿望。但我们比他幸运，我们没有变成精神神经症病人。我们成功地消除了对母亲的性冲动，也淡忘了对父亲的嫉妒。我们童年时的这些原始欲望在俄狄浦斯那里获得满足，同时我们以全部力量从他那里退回来，将这些欲望压抑下去。诗人揭示了过去，揭示了俄狄浦斯的罪行，同时也让我们看清，尽管我们内心深处这些相同的冲动受到压抑,却仍然存在。戏剧结尾时的合唱以鲜明的对比让我们看到:"看吧! 这就是俄狄浦斯,他解答了黑暗之谜,位处至尊,英明超人;人人仰慕其命运,就像仰视日月星辰;突然遭遇噩运,孤苦远行……"这段话也对我们提出警告。跟俄狄浦斯一样,我们对大自然强加在自己身上的某些违背道德的欲望也是一无所知,一旦它们被暴露出来,我们又都视而不见。

索福克勒斯的悲剧十分清楚地表明,俄狄浦斯传说是以远古某个梦的材料为来源,内容是儿童在初次性冲动时由于与父母关系的混乱而产生的痛苦情感。当时俄狄浦斯并不了解自己的身世,他回忆起神谕后感到不安。约卡斯塔安慰他,提到一个许多人都做过的梦:"以前有那么多人在梦中与自己的母亲结婚,但他们仍然该干什么就干什么,不把这个当回事。"

跟以前一样,现在也有许多人梦见自己与母亲发生性关系。但他们谈到这事时,往往表现出十分惊讶和气愤。这一情况显然是悲剧的关键,也是对父亲死亡之梦的一个补充。俄狄浦斯传说是对这两种梦的幻想性反应。在成人中产生这种梦,会让人感到厌恶;有关的传说中也一定会有恐惧和自责的成分。由于掩饰作用,梦的材料有了改变,并被用来符合神学的需要。

就像其他题材一样,这里想要把神的无所不能和人类的责任心协调起来,注定是不能成功的。

莎士比亚创作的《哈姆雷特》是一部伟大的悲剧诗,跟《俄狄浦斯王》的来源相同,但对相同的材料作了不同处理,反映出两个相隔遥远的文明时期在心理生活上的极大差异。在《俄狄浦斯王》中,潜藏在儿童心中的欲望可以用幻想的形式公开表现出来,并在梦中得以实现。而在《哈姆雷特》中,这种欲望仍然受到压抑,就像在神经症病人那里可以看到的一样,我们只有通过压抑的结果才能得知其存在。令人奇怪的是,这一近代悲剧之所以如此吸引人,是因为人们对剧中主人公的性格难以把握。这个戏剧着重表现了哈姆雷特完成复仇计划时的犹豫不决;但我们纵观全剧,看不出他为什么会犹豫不决。人们对此作出的各种解释,都不能让人满意。歌德提出了一个至今仍然十分流行的看法:哈姆雷特代表了一类人,他们因高度智慧而丧失了直接行动的能力。另一种观点认为,莎士比亚着力刻画的是一种病态的神经衰弱的性格。但是,戏剧的情节表明,哈姆雷特并不是一个不敢或不能行动的人。例如,在大怒之下,他一剑刺死了躲在帘子后面偷听的人;再如,他处死了两个企图谋害他的臣子,其做法十分精明果决。但他为什么对父亲鬼魂赋予自己的任务却表现得犹豫不决呢? 回答是,这只能归之于该任务的特殊性质。这个任务是向那个杀了自己父亲并娶了自己母亲的人复仇。哈姆雷特别的事情都可以干,唯独这个任务他难以完成,因为这人干的事正是他童年所欲望的。一方面,他要为父亲复仇,另一方面他又感到自己并不比那个凶手高尚。这是他犹豫不决的根本原因。这里我只是将哈姆雷特内心无意识的内容翻译成可以理解的语言。实际上《哈姆雷特》的特点跟莎士比亚自己的心理状态也有关系。我看过乔治·布兰德写的一本关于莎士比亚的书,其中谈到,《哈姆雷特》写于莎士比亚的父亲去世后不久。也就是说,莎士比亚是在失去父亲的悲痛情绪下完成这一作品的。因此,我们可以推测,写作时,他童年对父亲的感情复活了。此外,据说莎士比亚有一个儿子,很早就夭折了,名叫哈姆涅特,与哈姆雷特很相似。

——《梦的解析》

弗洛伊德年表

1856 年

5 月 6 日　西格蒙德·弗洛伊德出生于奥地利摩拉维亚(今捷克)的弗莱堡一个犹太人家庭。

1859 年

全家迁往莱比锡。

1860 年

全家迁往维也纳。

1865 年

就读于施波尔文科中学。

1873 年

进入维也纳大学医学院学习。

1876—1882 年

进入布吕克生理学研究所工作,在此期间结识约瑟夫·布洛伊尔医生。

1877 年

发表第一篇论文,内容是鳗的生殖腺形态与构造。

1878 年

发表关于八目鳗幼鱼脊髓神经节细胞产生的论文。

1879 年

发表关于淡水蟹神经系统的论文。

1880 年

应征入伍。

翻译约翰·穆勒的著作以及有关柏拉图的论文。

1881 年

大学毕业,获医学博士学位。

1882 年

6 月　与玛莎·波奈斯订婚。

1882—1885 年

在维也纳总医院多个专科从事临床工作,发表一系列关于神经解剖和生理的论文。

1884 年

研究可卡因的临床运用问题。

1885 年

6 月—1886 年 9 月　发表关于听觉神经的论文三篇。

9 月　任维也纳大学神经症理学讲师。

10 月—1886 年 2 月　到巴黎精神病院随沙可教授学习。

1886 年

翻译沙可的《神经症学讲稿》一书。

4 月　在维也纳开设私人诊所治疗神经症病人。

9 月 30 日　与玛莎·波奈斯结婚。

1887 年

与柏林内科、耳鼻喉科医生威廉·弗利斯建立友谊,长期通信。

同布洛伊尔合作,对歇斯底里症采用宣泄法治疗。

长女马蒂尔出生。

1888 年

发表伯恩海姆《暗示及其治疗作用》的译文。

1889 年

在对少女杜拉的治疗中开始梦的分析。

长子马丁出世。

1891 年

　　发表《论失语症》一文。

　　次子奥利弗出生。

1892 年

　　发表伯恩海姆《暗示研究》的译文。

　　小儿子恩斯特出生。

1893 年

　　发表与布洛伊尔合写的论文《歇斯底里症的心理机制》。

　　次女苏菲出生。

1895 年

　　与布洛伊尔合写的《歇斯底里研究》出版。

　　小女儿安娜出生。

1896 年

　　父亲去世。

　　与布洛伊尔关系破裂。

1898 年

　　发表《性欲在神经症病因中的地位》。

1900 年

　　《梦的解析》出版。

1902 年

　　被维也纳大学聘为教授。

　　与阿德勒等人创立心理学研究会。

1903 年

　　与弗利斯的友谊发生破裂。

1904 年

　　发表《少女杜拉病例报告》。

　　《日常生活的心理病理学》出版。

1905 年

《性欲三论》出版。

《诙谐及其与无意识的关系》出版。

1906 年

与弗利斯断绝关系。

1907 年

《詹森的〈格拉迪沃〉中的幻觉和梦》出版。

与荣格、阿伯拉罕交往。

1908 年

发表《文明性道德与现代神经症》、《作家与白日梦》、《幼儿关于性的想法》、《歇斯底里症幻想与两性共存的关系》、《性格与肛门性欲》等论文。

参加在萨尔茨堡召开的第一届国际精神分析学大会。

心理学研究会更名为维也纳精神分析学会。

开始与费伦茨、琼斯交往。

1909 年

应美国克拉克大学校长邀请,参加该校二十周年校庆,发表 5 次关于精神分析的演讲。

与美国著名心理学家威廉·詹姆士会面。

1910 年

发表《男人性对象选择的一个特殊类型——爱情心理学之一》。

《达·芬奇和他对童年的一个回忆》出版。

参加在纽伦堡召开的第二届国际精神分析学大会。

1911 年

参加在魏玛召开的第三届国际精神分析学大会。

与阿德勒决裂。

1912 年

发表《阳痿:一种常见的性活动退化——爱情心理

学之二》。

创办《意象》杂志。

1913 年

《图腾与禁忌》出版。

参加在慕尼黑召开的第四届国际精神分析学大会。

与荣格决裂。

1914 年

《精神分析运动的历史》出版。

1915 年

发表《我们对目前战争和死亡的看法》。

在维也纳大学开设关于精神分析的讲座。

1916 年

《精神分析引论》出版。

1918 年

发表《处女禁忌——爱情心理学之三》。

参加在布达佩斯召开的第五届国际精神分析学大会。

1920 年

发表《超越快乐原则》。

参加在海牙召开的第六届精神分析学大会。

次女苏菲去世。

1921 年

发表《群体心理学和自我的分析》。

1922 年

参加在柏林召开第七届精神分析学大会。

1923 年

《自我与本我》出版。

4 月　上颚发现肿瘤,首次动手术。

开始与罗曼·罗兰通信。

1924 年

参加在萨尔茨堡召开的第八届精神分析学大会。

1925 年

发表《自传》。

参加在洪堡召开的第九届国际精神分析学大会，小女儿安娜代为宣读论文。

1926 年

《抑制、症状与焦虑》、《非专业者的精神分析问题》出版。

在弗洛伊德七十寿辰之际，奥地利官方通过广播介绍其生平；收到罗曼·罗兰、爱因斯坦等人的贺电。

1927 年

《一个幻觉的未来》出版。

参加在因斯布鲁克召开的第十届国际精神分析学大会。

1928 年

发表《陀思妥耶夫斯基与杀父者》。

1929 年

德国作家托马斯·曼发表《弗洛伊德与未来》的演讲，称弗洛伊德是现代思想史上最重要的人物之一。

参加在牛津召开的第十一届国际精神分析学大会。

1930 年

《文明及其缺陷》出版。

获歌德文学奖，小女儿安娜代他前往法兰克福参加授奖仪式。

母亲去世。

1932 年

《精神分析引论新编》出版。

访问托马斯·曼。

参加在维斯巴登召开的国际精神分析学大会。

1933 年

　　发表《为什么会有战争：答爱因斯坦》。

1935 年

　　当选为英国皇家学会名誉会员。

1936 年

　　5 月 6 日　托马斯·曼、罗曼·罗兰、茨威格等 191 位作家共同赠送弗洛伊德八十寿辰礼物，由托马斯·曼当面呈送。

　　9 月 30 日　举行金婚典礼。

1938 年

　　写作《精神分析纲要》。

　　全家遭受纳粹迫害，女儿被捕，四个妹妹被杀害。

　　6 月　在琼斯等人帮助下逃亡伦敦。

1939 年

　　《摩西与一神教》出版。

　　9 月 23 日　西格蒙德·弗洛伊德在伦敦逝世。